우리는 산에 오르고 있는가

우리는 산에 오르고 있는가

김영도

한국산악명저선
01

수문출판사

산악 수필을 정리하며

여기 『우리는 산에 오르고 있는가』를 다시 편집하며 새삼 세월이 빠르고 등산계도 많이 변했다는 생각이 들었다.

지난 1990년에 나는 처음으로 수필집을 내며 그 표제를 『우리는 산에 오르고 있는가』로 했었다. 그리고 5년 뒤 두 번째 책으로 『산의 사상』을 냈는데 그때가 공교롭게도 나의 고희였다. 등산에 골똘하면서도 생각은 역시 생활을 떠나지 못했던지 그 책에는 등산과 장르를 달리하는 글들도 있었다.

그러고도 나는 여전히 우리는 '왜 산에 오르는가' 스스로 물어가며 결국 세 번째 책을 냈는데, 나는 산악계에서 한 세대를 살며 끝내 이 문제를 떠나지 못한 셈이다.

이제 어느덧 80 고개를 넘고 여기서 더 이상 무엇을 새로 쓰겠는가 싶어 그 전 것들을 다시 정리하며 두 책을 하나로 묶었다. 그러다보니 글 가운데 시차가 느껴지는 것들이 눈에 띄었지만 굳이 손대지 않았다. 당시의 등산 세계 모습을 보는 듯해서 우리가 걸어온 길은 그것대로 의미가 있다는 생각이었다.

무릇 과거는 현재가 되고 현재 또한 머지않아 미래로 발전하기 마련이지만 그 과정에서 영원히 퇴장하거나 아니면 퇴색하지 않는 것이 있다. 등산의 세계가 그런데, 이번에 『우리는 산에 오르고 있는가』를 새롭게 꾸미며 그 사실을 조용히 재확인했다.

2011년 11월
김영도

차례

▲

산악 수필을 정리하며 _ 4

산과 인간의 만남 _ 11

1
등산 세계를 연 산들

몽블랑 _ 21 마터호른 _ 31 안나푸르나 _ 41

아이거 북벽 _ 50 낭가 파르바트 _ 59 에베레스트 _ 69

K2 _ 78 캉첸중가 _ 87 마나슬루 _ 96

마칼루 _ 105 로체 _ 113 가셔브룸 _ 122

다울라기리 _ 131

2
등산 역사를 바꾼 사람들

드 소쉬르_143　에드워드 윔퍼_150　에밀 자벨_159

리카르도 카신_167　헤르만 불_176　존 헌트_185

토니 히벨러_195　귀도 레이_203　라인홀트 메스너_212

아문센과 스코트_219　머메리와 『알프스·카프카스 등반기』_230

『8,000미터 위와 아래』에 대하여_235　라인홀트 메스너의 세계_240

16년 걸린 드라마_247　예지 쿠쿠츠카라는 등산가_252

가스통 레뷔파와 『눈과 바위』_257

3
나는 산과 같이 살아왔다

스위스 일기 1_263　스위스 일기 2_271

에베레스트를 생각한다_279　북극의 여름_283

설악의 별_289　봉정암의 샘물_292

죽음을 두 번 이긴 사나이_294　바인타 브락에 지다_297

죽은 자를 욕하지 말라_301　무엇 때문에 손을 대나_304

우리는 산에 오르고 있는가_310　지리산 100리길_317

아이스폴 뷰 커피숍_330　알피니즘_333　고원의 꽃밭_340

9월 15일_343　우리가 갔던 길_346　대관령에서 설악산까지_354

아, 대청봉!_364　한 권의 산 책_366　언제나 정상을 향하여_371

극점까지 걸어간 사람들_374　나는 누구인가_377　산의 사상_383

산에 길이 있다_387　히말라야는 우리에게 무엇인가_391

책을 내놓으며_397

등산은
미지의 세계를 탐구하려는
근원적인 본능이다.

― 롱스태프

산과 인간의 만남

"미국 국회 도서관의 장서 목록을 보면 에베레스트 항목에 121점, 에베레스트 원정 항목에도 48점이나 올라 있다. 이제 여기에 더 보탤 것이 있겠는가…." 1976년 미국 독립 200주년 기념사업으로 벌인 에베레스트 원정에 참가했던 릿지웨이 대원이 뒤늦게 그의 원정기를 쓰려고 했을 때 망설이며 한 말이다.

1976년이라면 우리 한국이 에베레스트에 갔던 바로 전 해의 이야기고, 이 미국 원정대는 우리와 깊은 인연마저 있어 잊혀지지 않는다. 즉 그해 가을 우리는 두 번째로 현지 정찰대를 보냈는데, 그때 장문삼 대장은 바로 이 미국 대와 만나 그들이 남긴 산소통 50개를 우리가 쓰기로 했다.

미국 원정대는 릿지웨이의 이야기대로 평범한 원정대의 하나로 등정에 성공했다. 전통적인 루트를 전통적인 방법으로 오르면서 거의 변함없는 장소에 같은 개수의 캠프를 쳤다. 세상을 놀라게 할 사건도 일어나지 않았다. 한마디로 진부한 원정이었으니 그 등반기가 무슨 값어치를 가지겠는가 하는데 그의 고민이 있었을 것이다.

그러나 이 미국의 등산가는 '에베레스트는 바위와 얼음덩어리 그 이상의 것이며, 세계에서 제일 높다는 것뿐만 아니라 에베레스트는 상징이고 비유로서 궁극의 목표와 지상의 위업을 뜻한다'는 것을 알게 되어 붓을 들었다. 그리하여 그의 등반기 『The Boldest Dream』은 그 제목이 뜻하는 '터무니 없는 꿈'이 아닌 또 하나의 생생한 감동적인 인간승리의 기록으로 남았다.

등산이 스포츠로서 인류 역사에 기록되기 시작한 것은 1760년의 일이다. 이 해는 유럽 알프스의 최고봉 몽블랑(4,807m)에 사람이 올라가 보려는 생각을 처음으로 가졌던 때를 말한다. 그러니 등산의 역사도 이럭저럭 200여 년이 된다. 그러나 아직 등산 200년의 역사를 제대로 정리한 사람은 없다. 1957년에 『등산 100년사』라는 책을 아놀드 런이 썼지만 그 후 30년 가까운 짧은 기간에 새겨진 등산가들의 발자취는 우리가 하나하나 추적할 수 없으리 만큼 광범위하고 다양하다.

쿨리지가 등산의 역사를 여명기(1760-1800)와 개척기(1801-1840) 그리고 황금기(1841-1865)로 나눈 일이 있다. 그가 당시 이렇게 시대 구분을 한 것은 몽블랑의 첫 시등에서 마터호른 정복까지로 되어 있으니 이러한 정리는 알프스 등산사에 지나지 않았다. 그러나 등산이 알프스에서 시작했고 윔퍼가 마터호른을 오름으로써 등산의 무대와 등산 형식이 크게 바뀌게 된 점을 생각하면 쿨리지의 알프스 등산사는 그대로 세계 등산 200년의 역사로 이어진다.

등산의 역사는 인간과 산과의 관계사다. 그러나 자세히 들여다보면 자연과의 대결이라기보다는 인간이 자기와 싸운 과정이며 동료들과 사이에 벌어지는 인간관계의 이야기가 된다.

"등산은 스포츠가 아니라 삶의 방법이다"라고 말한 조지 핀치의 말이나 "산의 정복은 인간의 자기 정복의 일부"라고 한 아놀드 런의 이야기도 결국은 산이라는 대자연 속에 투영된 인간의 모습에 조명을 대고 있다.

그러나 귀도 레이의 경우는 한층 더 깊이 통찰하고 있는 것 같다. 그는 "알프스와의 싸움은 노동처럼 유익하고 예술처럼 고상하며 신앙처럼 아름답다"고 그의 등반기 『알피니즈모 아크로바티꼬』에서 말하고 있다. 귀도 레이가 활약한 19세기 후반부터 20세기 전반에 이르는 동안 유럽 등산계는 새 시대와 옛 시대가 교차하면서 고전적 등산을 계속하려는 층과 새로운 기술에 매력을 느끼는 신진 세력이 맞서는 과도기에 있었는데, 그 갈림길에서 레이는 『알피니즈모 아크로바티꼬』라는 책을 낼 정도로 새로운 기술을 사랑했지만, 이에 못지않게 옛 것도 소중히 여길 줄 아는 등산가였다. 그러나 레이는 오늘날 흔히 '무상의 행위'라는 말로 대변되는 등산에서 노동과 예술과 종교적인 측면에서 고귀한 대가를 찾았다. 레이는 등산가로서의 정열 외에도 시인과 같은 감수성과 경건한 신앙심이 있었기에 이것이 가능했다.

런의 『등산 100년사』가 나온 지 20년 만에 에릭 뉴비가 『위대한 등정』이라는 책을 썼다. 그는 세계 5대륙의 최고봉을 중심으로 초기에 벌어진 등산 활동을 주로 기록했는데, 이 두 권의 책을 보면 저자가 같이 느낀 고민이 저마다 그들의 책머리에 나타나 있어 재미있다. 그들은 이 책을 쓰며 '무엇을 담을 것인가'보다는 '무엇을 빼야 하는가'를 정하는 일에 더 어려움을 겪었다고 한다. 이것은 무엇을 말하고 있는가.

역사를 엮는 사람에게는 언제나 사관과 사료가 문제가 되는데, 이 점은 등산사를 펴내려고 할 때에도 마찬가지다. 여기서 사관이란 등산을 보는 눈이요, 그러한 눈에 따라 사료에 가치가 주어진다. 이에 대해 뉴비가 재미있는 말을 하고 있다.

"잡다한 짐을 싣고 난파해서 뜻밖에 산 사나이가 된 사공 노아를 나는 빼야겠다. 그는 산에 오르지도 않고 산에서 내려 왔으니까. 모리아 산에서 이삭을 제물로 바치려던 아브라함과도 헤어져야겠다(이때 같이 있던 아들도 물론이고). 코티언 알프스를 가로지른 한니발 장군도 역시 그렇다… 아르헨티나와 칠레 국경에 있는 표고 6,380미터의 세로 드 토로에서 살던 안데스 인디언, 쿠마운 히말라야 3,800미터 고지대 갠지스 강 수원의 얼음 위에서 도를 닦던 인도의 성인들도 이 책에서 뺐다…"

글이 길어졌는데 여기서 우리는 펜을 든 사람의 등산을 보는 눈을 알 수가 있다. 결론은 산에 오르는 동기에 따라서 등산이냐 아니냐가 정해진다는 이야기다. 과학적 답사, 종교적 수도, 군사적 접근 등이 등산이 될 수 없음은 두말 할 나위가 없다. 이런 활동으로서 산에 오른 기록이라면 역사상 얼마든지 있다.

그렇다면 등산이란 무엇인가?

등산이란 결국 산의 높이에 대한 도전이다. 그리하여 등산은 처녀봉에서 시작되었다. 그런데 처녀봉의 수가 줄어들면서 자연 베리에 이선 루트를 오르게 되고, 처음에는 안내자를 앞세우고 따라가던 것이 산에 대한 지식과 등산 기술이 늘면서 안내자 없는 이른바 가이드레스 클라이밍으로 바뀌었다. 현대 등반이 싹튼 것은 이 무렵이다.

역사에는 그 전진을 담당한 주역들이 있게 마련이며, 그런 인물은 대체로 그 시대를 상징한다. 에드워드 윔퍼나 알버트 머메리는 그런 등반가였으며 이들에 의해서 등산의 사조가 '등정주의'에서 '등로주의'로 옮아갔다. 머메리는 1895년 구르카 병사와 낭가 파르바트(8,125m)에 오르려다가 사라졌지만, 그의 주의와 주장은 유럽 등산계에 신풍을 불어넣었다.

20세기 전반에 낭가 파르바트와 알프스에서 처절한 싸움이 벌어진 것은 우연한 일이 아니었다. '디레티시마'에 '알파인 스타일', '솔로' 등으로 극한적인 등반을 추구하는 알피니스트들은 말하자면 모두가 머메리의 계보에 속한다고 보아도 좋으리라.

그러나 역사의 주역은 인물에 그치지 않는다. 장비의 발달과 기술의 신장 또한 등산의 새로운 영역을 놀라울 정도로 넓혀 나갔다. 우리는 19세기의 등산가들이 오늘의 피켈의 원형인 '알펜슈톡'을 사용하고 가정용 도끼로 발 디딜 자리를 만들며 산에 오른 당시를 마치 자기와 관계없는 원시인의 세계처럼 회상하기 쉽다. 그러나 1950년에 모리스 에르조그가 이끈 프랑스 원정대가 인류 최초로 8,000미터급인 안나푸르나에 오른 획기적인 등반이 나일론 발명에 의해서 경량화 원정이 가능해진 덕분이라고 하는 중평을 생각할 때 우리는 등산의 역사가 인류문화사의 일부라는 것을 실감한다.

이밖에도 자연관의 변천을 등산의 역사에서도 본다. 무지한 탓으로 자연의 현상을 신비스럽고 공포의 대상으로 여긴 시대가 있었고, 이것이 고대 그리스 철학과 원시종교를 형성한 것도 문화사에 나오는 그대로다. 산마루에 괴물이 산다는 생각은 몽블랑에 처음 오르던 18세기 후반까지도 알프스 산촌의 사람들을 지배했다. 그러나 산에 대한 신비는 이제 그러한 미신의 대상이 아니라, 고양된 정신을 추구하는 사람들의 차원 높은 대상이 되었다.

'사람들은 왜 모험을 좋아하는가?' 이 명제는 인간의 본질에 관한 물음인 동시에 현대적이고 상징적인 명제로서 큰 의미를 가진다.

그런데 모험의 의미는 시대에 따라 변천해 왔다. 이스라엘 민족이 모세에 이끌려서 광야에서 지낸 40년의 생활은 그 자체가 그들에게는 모험이었고, 18세기에 102명의 청교도가 신대륙에 건너가서 정착할 때까지의 생활은 실로 죽느냐 사느냐의 갈림길을 뜻했다. 이와 같은 예는 제한된 인간의 집단의 운명이었고 그들로서는 민족적이거나 종교적인 사명이었다. 이밖에 탐험이라는 이름으로 모험적 활동이 벌어졌던 시대가 있었는데, 20세기 초엽을 장식한 아문센과 스코트의 남극점 선착 경쟁은 그 좋은 예라고 생각된다.

그러나 오늘날 모험의 의미는 크게 달라졌다. 현대인은 현대를 살아가기 위해서 누구나 모험을 하고 있다. 현대라는 구속적 메커니즘에서 벗어나 인간으로서의 자유를 얻으려는 몸부림이 그것이다. 그런데 이러한 몸부림은 남다른 정열과 용기를 가진 클라이머들에 의해 상징적인 사건으로 번져 나갔으며, 지구의 높은 산들이 있는 곳에서는 처절한 인간 드라마가 연출됐다.

'마터호른 비극, 낭가 파르바트에서의 머메리와 그의 충실한 구르카 병사의 죽음, 아이거 북벽에서 밤새도록 매달려 팔이 꽁꽁 얼어 구조대와 피켈의 거리를 둔 채 숨진 토니 쿠르츠, 1934년 낭가 파르바트의 제 8캠프를 뒤로 한 셰르파와 등산가들의 죽음의 행군, 그리고 안나푸르나로부터의 공포의 퇴각…'. (에릭 뉴비: 『위대한 등정』)

그러나 기억하기에 너무나 처절했던 순간순간들이 우리에게도 있다. 지난 60년대 후반 설악산 죽음의 계곡으로부터 시작하여 히말라야, 북·남미, 유럽 알프스, 파키스탄의 미답봉에 이르기까지 우리 산악인들의 고귀한 희생이 오늘에 이어졌다.

우리도 이제 '험한 암벽에서 그리고 얼음으로 채운 크랙의 무서운 감옥에서 빠져나가려고 몸부림치지만 전신이 물에 젖어 추위에 덜덜 떨린다.'고 월터 언스워드가 그린 알프스의 어느 북벽에서 스스로 택한 운명과 싸우고 있는 클라이머의 모습에 감정이입 할 수가 있다. 이것은 우리 산악인들의 체험이고 소산이며 노력의 대가다.

금세기 중엽 불과 15년 사이에 인간의 경이와 공포의 대상이었던 지구 최후의 공백 지대 8,000미터 봉들이 모두 답파됐다. 이리하여 대원정 시대가 지나가며 소수 정예에 의한 알파인 스타일이 서서히 등장했다. 1976년 오스트리아 등산가 네 사람의 낭가 파르바트 도전이 그 대표적인 예다. 이 작은 원정대는 산소 기구를 쓰거나 고소 인부를 데리고 가던 전통적인 방법까지 멀리했다.

'19시였다. 어떻게 할 것인가. 그들은 망설이다가 의논 끝에 다시 한 번 비박하기로 결정을 보았나. 그들은 야간 낮은 8,020미터 지점에서 작은 암벽 밑에 눈이 덮인 평지를 찾아 냈다. 이때 그들에게는 침낭이 하나 있을 뿐이었다. 지게에 달린 류색 위에 앉아서 그들은 간신히 다리를 침낭 속에 쑤셔 넣었다. 윗몸은 우모 상의와 아노락이 감싸 주었다. 히말라야에서 보기 드물게 바람이 없는 검은 밤하늘에 둥근 달이 가까운 곳이나 먼 곳이나 모두 밝게 비추며 궤도를 그렸다. 네 사람은 깊이 잠들지 못했다. 동상이 무서웠다.'

라인홀트 메스너의 『낭가 파르바트 25년』 속에 나오는 그라츠 출신 4인조 비박 장면인데 8,000미터 고소에서의 극한 상황이 잘 나타나 있다. 그러나 냉혹한 히말라야 대자연을 보는 산악인의 정관적인 태도는 아름답기만 하다.

등산 200년 속에 사람의 마음을 끌어당기는 산과 인물은 너무나도 많다. 그중에서 우리는 얼마나 알고 있을까. 명산은 언제나 명등산가와 결부되었고 그 사이에는 고귀한 인생의 드라마가 연출되어 왔다. 마터호른과 윔퍼, 낭가 파르바트와 머메리, 안나푸르나와 에르조그···. 산은 그들의 운명을 좌우했고 그들은 산과 만남으로써 자기 생에 충실할 수 있었다.

등산가에게는 정열과 꿈이 있다. 정열이 타고 꿈이 현실로 될 때 그의 지평선이 넓어지고 새로운 미래가 열린다.

1

등산 세계를 연
산들

몽블랑

Mont Blanc 4,807m

1

괴테는 역사를 '하느님의 비밀로 가득한 일터'라고 했다.

이 비밀의 일터에서 무엇이 꾸며지고 있는지 사람들은 모른다.

1760년 어느 날 한 과학자가 저 높은 산에 오르는 자에게 상금을 내놓겠다고 말한 일도 분명 이러한 일터에서 벌어진 하느님의 계획이었다. 그 과학자는 스위스 제네바에 사는 스무 살의 오라스 베네딕트 드 소쉬르이며, 그가 가리킨 산은 표고 4,807미터의 몽블랑이었다.

지금으로부터 200여 년 전 알프스의 한 가난한 산마을에서 있었던 이 우화 같은 이야기는 창세기에 나오는 에덴동산의 장면을 연상케 한다. 즉 드 소쉬르의 말에 자극받은 발마와 파카르가 금단의 땅 몽블랑의 꼭대기를 밟게 되면서부터 인간이 등산을 알고 인간과 산 사이에 처절한 싸움이 벌어지기 시작했기 때문이다.

그런데 드 소쉬르의 제의는 즉각 받아들여지지 않았다. 한 젊은이가 느닷없이 나타나서 던진 말에 산마을 사람들이 쉽게 따라가지 않은 데는 그런 대로 까닭이 있었다.

'산에서 태어나 그곳에서 자란 사람들은 겉보기에 산을 사랑한 다기보다 산을 두려워하는 경향이 짙다.'

덕 스코트가 『빅 월 클라이밍』이라는 그의 책 첫머리에서 말했다. 사실 샤모니 마을 주민들은 몽블랑을 저주스러운 산이라는 뜻의 '몽머디'로 알고 있었다. 이 몽머디는 기상 변화가 심했고 산 위에서 엄청난 눈사태가 굉음을 내며 밑의 마을을 덮쳤기 때문에 주민들은 언제나 산을 두려워했다.

그런데 몽머디는 몽블랑의 별명이 아니라 몽블랑 뒤 타퀼(4,248m)과 함께 4,465미터의 높이로 몽블랑 산군을 이루고 있는 하나의 봉우리다.

높은 곳에서 여러 가지 조사를 해보려 하는 드 소쉬르의 과학적인 자세와는 대조적으로 산록에서 하늘 높이 솟은 대 설봉 몽머디를 그곳 주민들이 얼마나 접근하기를 꺼렸는가는 많은 상금이 걸린 채 26년의 공백이 있었던 것으로도 알 수가 있다. 물론 그동안에 몽블랑에 접근해 보려는 사람이 없었던 것은 아니다.

드 소쉬르가 몽블랑에 열중하고 있을 때 부리라는 사나이가 나타났다. 그는 드 소쉬르의 순수성과는 달리 허영심이 강한 사람으로 1783년에 등산대를 조직하여 몽블랑으로 갔다. 그러나 그는 알프스의 유명한 악천후 때문에 물러서야 했다. 이 등산대에 훗날의 파카르가 끼어 있었던 것이 부리의 허영을 그나마 감추어 주었다.

부리는 2년 뒤에 나타나서 드 소쉬르와 손잡고 14명의 가이드와 포터를 동원하는 등 당시로서는 큰 원정활동을 감행하였다. 그러나 등산을 모르는 이 오합지졸은 오르면서 돌을 굴릴 뿐이었다. 이렇게 두 번에 걸친 시도와 거듭된 실패에서 얻어진 파카르의 풍부한 경험과 신중한 검토가 훗날의 결실을 서서히 준비하고 있었다.

의사 파카르가 사는 샤모니 골짜기에 자크 발마라는 사나이가 있었다. 그는 험난한 바위산을 오르내리며 수정을 캐서 생계를 꾸리느니 차라리 몽블랑에 올라 많은 돈을 한꺼번에 벌겠다는 생각을 했다. 그리하여 과학자와 현실주의자의 제각기 다른 속셈들이 알프스의 최고봉을 같이 겨냥하게 된다.

미셸 가브리엘 파카르는 3년 전부터 앞으로 있을 큰일에 대비했다. 즉 그는 몽블랑이 건너다보이는 브레방에 올라가서 쌍안경으로 살피며 오를 수 있어 보이는 루트를 조사했다.

드디어 역사적인 날이 왔다. 1786년 8월 7일 오후 3시. 파카르는 발마와 만나 샤모니 계곡을 떠났다. 그들은 밤 아홉 시쯤 되어 2,392미터 높이에 올라가 밤을 보냈다. 다음날 새벽 네 시 반 행동을 개시했다. 보송 빙하와 타코나 빙하가 만나는 부근을 지날 무렵 8월의 태양이 내리쬐어 세락과 크레바스 그리고 스노우 브리지가 위험했다. 미로 같은 이곳을 통과하는 데 다섯 시간이 걸렸다. 요즈음 같으면 반드시 있어야 할 자일도 없었으니 그들은 정말 혼이 났을 것으로 생각된다.

빙하의 위쪽에 바위 능선이 나타났다. 로쉐 피슈네, 로쉐 드 루루 르트르인데 여기는 그랑 플라토 대설원으로 이어지는 급사면이다. 그들의 신발로 어떻게 킥스텝을 하며 지나갔는지 모를 일이다. 이리하여 두 사람이 플라토로 나왔을 때에는 오후 두 시가 지나고 있었다. 설원의 너비는 1킬로미터나 됐다. 거센 바람이 휘몰아치는 가운데 무릎까지 빠지는 러셀이 계속됐다. 고도가 3,900미터 정도 됐던 터라 고소에서 오는 피로도 심했으리라. 발마가 더 이상 갈 수 없게 되자 파카르가 발마의 짐을 받아 그의 앞에 나섰다.

오후 세 시에 그들은 설원을 벗어났다. 이제는 로쉐 루지라고 하는 두 암릉 사이로 몽블랑의 동북 능선에 나갈 생각이었다. 이 길은 그랑 플라토에서 정상에 이르는 루트 중 가장 어려운 곳으로, 이때 그들이 지나가고 200년의 세월이 흘렀지만 지금은 아무도 이용하는 사람이 없다고 에릭 뉴비가 그의 『위대한 등정』에서 지적하고 있다. 해가 닿지 않는 이 얼음의 통로를 그들은 자일 없이 뚫고 나아갔다. 표고 차 345미터.

이렇게 해서 저녁 6시 23분에 파카르와 발마가 몽블랑 정상을 밟았다. 해발 2,392미터의 비박 지점을 떠난 지 열네 시간 반 만에 해낸 것이다. 적설기 등반의 경험과 기술이 없었던 그들이 빙하와 대설원을 뚫고 표고 차 2,500미터를 그 시간에 넘어섰다는 것은 오늘의 기준으로 보아도 놀라운 일이다.

두 사람은 동상과 식량 부족 그리고 수면 부족에 고산 증세까지 겹쳐 많은 고통을 겪었지만, 달빛 속에 네 시간 반을 걸어 사고 없이 막영지로 내려왔다.

이 역사적 등정에는 알프스의 일기가 절대적인 도움을 주었다. 하산길이 순조로웠던 것도 밤에 기온이 내려가서 눈이 굳어졌기 때문으로 보인다. 이를테면 그들은 운이 좋았던 셈이다. 그런데 영광이나 명예에는 잡음이 따르는 것일까. 이때에도 당사자들 사이에 그리고 등정과 관계가 있던 사람들 사이에 암투가 벌어졌다.

그러자 1년 뒤 드 소쉬르는 스스로 포터 다섯과 가이드 아홉을 데리고 식량과 과학기기 외에 무게 68킬로그램이나 되는 매트리스와 침구에 땔감까지 가지고 몽블랑에 올랐다.

몽블랑 등정 소문은 잔잔한 수면에 돌을 던지듯이 유럽 일대에 파문을 일으켰다. 그리하여 이웃 제네바에서도 찾아오는 사람이 없던 가난하고 조용한 산마을 샤모니에 여행자가 모여들기 시작했다.

> '샤모니, 그 이름 하나가 헤아릴 수 없을 정도로 회상거리를 가지고 있다. 세계의 그 어느 곳도 샤모니만큼 나그네와 소설가 그리고 시인에게 칭찬받으며 화가와 사진작가의 손으로 재현될 수 없었다. 사보아 지방의 조그마한 마을을 처음으로 유명하게 한 것은 몽블랑 정복이었다.'

몽블랑 산군과 샤모니 침봉군 일대에 많은 발자취를 남긴 귀도 레이의 글이다.

2

몽블랑 산록에 자리 잡은 샤모니의 거리가 동북쪽으로 채 끝나기 전에 아스토리아 호텔이 있고, 그 앞 광장에 옛날 옷차림을 한 두 사람의 동상이 서 있다. 1786년 몽블랑 초등에 성공하여 등산사의 개막에 신호를 올린 역사적 인물 드 소쉬르와 자크 발마의 동상이다. 발마가 드 소쉬르 옆에서 손짓하고 있는 동상은 마치 손에 잡힐 듯하지만 멀리 허공에 솟아 있는 몽블랑을 향해 서 있다.

광장은 언제나 사람으로 붐비고 근처의 카페 테라스에서는 발마의 손짓을 따라 몽블랑을 바라보게 된다. 그러나 그로부터 200년이 지난 지금 이 동상의 주인공들이 몽블랑을 어떻게 올랐는지 알려고 하는 사람은 없다. 몽블랑도 샤모니도 변한 것이다.

제네바에서 샤모니까지 3일 거리가 한 시간으로 단축됐고, 에귀유 뒤 미디 밑으로 몽블랑 터널이 뚫려 프랑스와 이탈리아가 자동차로 연결되었는가 하면, 몽블랑 상공에 행글라이더가 솔개처럼 떠 있다. 산군 안에 있는 표고 4,000미터가 넘는 25개봉에 대한 선등 경쟁이 막을 내린 지는 이미 오래고, 금세기 초에 벌써 몽탕베르까지 등산 전차가 올라갔다. 에귀유 뒤 미디에는 중간에 지주가 없는, 세계에서 가장 긴 로프웨이가 설치되어 오늘날의 샤모니는 체르마트, 인터라켄과 더불어 알프스 3대 등산기지로 각광을 받고 있다.

몽블랑 산군과 샤모니 침봉군을 머리 위에 이고 있는 이 계곡의 상주 인구는 합쳐 보아야 1만 명을 넘지 않으나 여름철에는 5만으로 불어난다. 그러나 이들 대부분은 등산가 아닌 관광객으로, 로프웨이를 타고 에귀유 뒤 미디나 브레방에 올라가서 몽블랑을 구경한다. 그들 중 운이 좋은 사람은 멀리 마터호른도 보는 수가 있다. 등산가들의 몽블랑 등반 이야기보다는 여행자들이 몽블랑 전망 이야기가 오히려 현실감 있는 시대가 되었다.

에귀유 뒤 미디 꼭대기에 설치된 전망대에서 몽블랑은 손에 잡힐 듯이 보이며, 그 우아한 백설의 큐펄러는 조금도 저항감이 없다. 그러나 그 정상이 자기가 서 있는 미디 침봉보다 1,000미터가 더 높다는 사실을 사람들은 거의 모르고 있다. 그러나 설사 그렇다고 이야기해도 그것이 어떤 의미를 가지는지 생각해 보려는 사람도 없다. 몽블랑에는 1786년의 초등 뒤 100년 동안에 3,000명을 웃도는 사람이 모여 들었으며, 그중 1,500명 정도가 정상에 올랐다는 기록이 있다. 그런데 오늘날도 200년 전과 똑같은 이유에서, 다시 말해서 최고봉이라는 이유로 수많은 사람이 가이드와 로프를 묶고 몽블랑의 정상에 서고 있다. 물론 그들 중에서도 이따금 조난자가 생긴다. 고도와 기상, 빙하와 적설에 숨어 있는 복병은 언제나 무서운 법이다. 그러나 몽블랑은 루트에 따라서는 일반 등산가에게도 기술적으로 어렵지 않다.

알프스에 대한 클라이머들의 화제는 자연히 3대 북벽과 샤모니 침봉군 그리고 돌로미테의 암봉으로 돌아간다. 최고봉인 몽블랑은 여기서 빠진다. 몽블랑은 사람들의 눈과 귀에 너무나 익기 때문에 진부해졌는지도 모른다. 제네바의 레망호의 그림이면 으레 나오는 알프스의 원경… 그러나 그것은 당 뒤 미디이며 몽블랑이 아니다.

산을 보는 눈은 시대에 따라 변한다. 피크 헌팅에는 위험이 적은 안이한 루트를 찾아 나서지만 초등정이 끝나면서부터 루트는 자연 다양해진다. 그리하여 시간이 지나면 험준한 등로밖에 남기지 않는다. 몽블랑은 그 좋은 예다. 알프스에서 맨 먼저 등정되면서도 1960년대까지 클라이머의 접근을 완강히 거부해 온 대기 다름 아닌 몽블랑이었다. 이것은 바로 몽블랑의 스케일을 말해주고 있다.

몽블랑은 정상을 중심으로 6대 산릉을 이루고, 알프스의 봉우리로서는 많은 루트를 가지고 있으며, 이탈리아 쪽의 산세는 험상궂은 암릉과 빙벽으로 복잡하다. 특히 이노미나타 암릉과 프트레이 암릉 사이에는 붉은 화강암으로 된 거대한 버트레스 셋이 프레네 빙하에서 600미터 높이로 바로 서 있으며, 이 중에서 가운데 있는 중앙릉은 1950년대가 끝날 무렵 알프스의 이른바 '위대한 루트'가 거의 정복된 뒤에도 손을 대지 못한 채 고고하게 남아 있었다. 그리하여 보나티 정도의 뛰어난 클라이머가 아니었던들 어떤 파국으로 끝났을지 모르는 처절한 싸움이 1961년 바로 몽블랑의 이 프레네 중앙릉에서 벌어졌다.

알프스에서 위대한 루트라고 하면 물론 1892년 머메리가 도전에 실패하고도 32년 만에 비로소 정복된 에귀유 뒤 플랑 북벽을 비롯하여, 1906년에 초등된 지 60년이라는 기나긴 시간의 흐름 속에서 7회밖에 올라가지 못한 테쉬혼 서남벽이며, 몽블랑의 브렌바 측면, 묀히, 융프라우, 아이거 등 이른바 베르너 오버란트의 3대 명봉의 북면, 마터호른과 그랑드 조라스, 그랑 카퓌생 동벽과 드뤼 서남 암릉 등인데 이 모두가 머메리의 후예들이 전위적인 기량과 정열을 쏟아 극복해 나간 루트다.

이러한 어려운 싸움이 19세기 말엽에서 20세기 중엽에 걸쳐 대체로 끝나자, 지칠 줄 모르고 더욱 어려운 곳을 찾는 클라이머의 신경과 눈은 지금까지 아무도 손대려 하지 않고 피했던 몽블랑의 한 구석으로 다시 돌아왔다.

1961년 7월 7일이었다. 월터 보나티가 이끄는 이탈리아의 3인조에 피에르 마조 등 프랑스의 4인조가 끼어들어 벌어진 이 '프레네 중앙 릉 공략전'은 7일간의 믿기 어려운 악전고투로 돌변했다. 당대에 명성을 떨치던 산의 맹장들의 기력도 한계에 도달하는 듯싶었다.

'그날 밤의 추위란 지옥과도 같았다. 크레바스 밖에서는 폭풍설이 미친 듯이 휘몰아쳤다. 도저히 견디기 어려운 추위에 모두 비명을 질렀다. 몸을 감출 데가 없이 맞이한 닷새 만의 밤이었다.'

월터 언스워드가 그린 20세기 전반기를 청산하는 알프스 영웅들의 숙명적인 싸움의 모습이다. 이들 7명 가운데 이탈리아 쪽 1명과 프랑스 쪽 3명이 차례로 죽어간 것은 이날 밤 싸움이 있고 나서다.

산의 웅대함과 장엄함은 잠깐 거쳐 가는 여행자나 사색하지 않는 등산가들이 감지할 수가 없다. 위대한 등산가는 언제나 격한 등반을 추구하는 선구적인 정열가인 동시에 경건하고 정관적인 태도를 가진 사람이다. 이런 관점에서 에밀 자벨과 귀도 레이는 19세기가 낳은 몽블랑의 좋은 이해자였다.

'몽블랑 산군 전체가 결정암 특히 화강암으로 되어 있음을 누구나 아는 바다. ―중략― 이들 모든 화강암의 첨봉이 수직으로 서 있는 효과는 대단하다. 그것은 한 개의 거대한 결정체다. 모두가 고딕 양식으로 통일되어 있으며 1,000, 1,500, 2,000미터가 되는 대성당으로 가득한 가공의 도시와노 같다.'

'저 멀리 군소 봉우리 위에 마치 딴 세상에서 온 듯한 기적처럼 보이는 금빛에 싸인 중앙 제단 몽블랑이 빛나고 있었다. 멀리 높은 곳에서 하늘과 땅이 닿은 듯하고 선과 색의 조화가 완벽하며 그것은 위대한 음악으로 변했다. 나는 적막에 둘러싸여 조용히 귀를 기울였다.'

앞의 글은 에밀 자벨이 '투르 느와르 초등'에서 얻은 몽블랑 산군의 시각이며 뒷 것은 1905년 프티 드뤼에 올라 비박하며 석양에 물든 몽블랑을 본 귀도 레이의 감회다. 산을 오르기에 바쁘고 산에서 가지고 돌아오는 것이 없는 오늘날의 등산가들을 생각게 하는 위대한 선구자들의 자세다.

마터호른

Matterhorn 4,478m

1

 최근에 입수한 서독의 등산지 「베르그슈타이거」에 만프레드 슈트름이라는 사람이 샤모니의 어제와 오늘을 비교해서 글을 썼다. 오늘날 샤모니는 모두 변하여 산에서 고독을 찾으려는 사람이 갈 곳이 못 된다고 한탄한 글인데, 이러한 슈트름의 지적은 그대로 체르마트를 두고도 할 수 있다.

 스위스 제네바에서 레망호를 끼고 차로 네 시간이면 발리스 알프스의 관문인 체르마트에 이른다. 체르마트는 유럽 알프스 3대 등산기지촌의 하나로, 몽블랑 산록의 샤모니보다 표고도 높고 오래 된 건물들이 남아 있어, 아직도 알프스의 산촌다운 분위기를 풍기고 있다. 그러나 해마다 밀려오는 관광객 인파에 체르마트도 날로 변하고 있다.

 체르마트를 찾는 사람들의 기대는 오직 하나로 보아도 좋을 것이며, 그것은 다름 아닌 마터호른을 보려는 생각이리라. 그들은 누구나 등산열차 편으로 와서 체르마트 역에 내린다. 환경보호 때문에 승용차가 올라오지 못하게 되어 있어, 차는 7킬로미터 떨어진 테슈라는 마을에 두어야 한다.

역에 내리면 택시 아닌 마차가 손님을 기다리고 있으며 샬레라고 하는 오랜 세월을 풍설에 견디어낸 거무스레한 목조 건물 위로 피라미드처럼 생긴 마터호른의 모습이 눈에 들어온다. 체르마트의 첫인상이 이것으로 결정되며 사람들은 자기의 기대가 어긋나지 않은 것을 안다.

그러나 마터호른은 여기서 첫 선을 보이는 것은 아니다. 비스프에서 체르마트를 향해 산길로 들어서 니콜라이 계곡을 따라 고도를 높일 때 조심스러운 관찰력을 가진 여행자의 눈에는 마터호른의 특이한 방추형 정상이 순간 비칠 것이다.

체르마트 역에서 마터호른 쪽으로 1킬로미터 남짓한 외길이 나 있고, 이 길이 끊어지는 곳에 몬테 로자 호텔이 있다. 1855년 알렉산더 자일러가 침대 여섯으로 시작한 객사인데, 그로부터 10년 뒤 에드워드 윔퍼가 이 호텔에서 머지않아 자기에게 다가올 운명도 모른 채 역사적인 마터호른 등반길에 나섰다. 오늘날 몬테 로자 호텔 벽에 윔퍼의 릴리프가 붙어있는 까닭이다. 그리하여 이 호텔은 알프스 등반의 역사와 깊은 관계를 맺게 된다.

자일러는 이러한 운명을 내다보지 못하고 이 객사에 체르마트에서는 보이지도 않는 '몬테 로자'의 이름을 따다 붙였다. 호텔이 선 1855년 8월, 몬테 로자가 스미드 형제와 찰스 허드슨 등 영국 알피니스트와 스위스의 가이드들에게 정복된 것을 기념하려는 뜻에서였으리라.

몬테 로자의 초등은 기록할 만한 일이었다. 알프스 제2의 고봉이요 발리스 산군의 최고봉인 만큼 영국 등산가들의 업적으로서는 작은 것이 아니었다. 그러나 몬테 로자는 '장미의 산'이라는 이름 그대로 우아할 뿐 결코 웅대하지 않다. 그것은 4,000미터 급이 열 봉이나 이어져 있는 선상에 끼인 탓으로 돋보이지 않는데 이것이 결정적인 흠이다. 이밖에도 발리스 산군에는 서른이 넘는 높은 봉우리가 있지만 그 가운데 마터호른이 오직 스위스와 이탈리아 국경에 허공을 찌르듯 솟아있다.

발리스 알프스에서 등산 활동이 시작된 지는 오래다. 기록에 남을 만한 업적은 못 되었지만 몽블랑 초등 이전에 정복된 봉우리도 있었다. 그 동안 이 지역에서는 주로 스위스, 이탈리아, 독일 사람들이 활약하였으며 영국 등산가의 등장은 1850년 슈트랄혼이 초등된 뒤의 일이다. 이때부터 이 산군에서 26봉이 그들의 손에 들어간다.

영국 등산가들은 당시 빅토리아 왕조의 각광을 받은 생활에 여유 있는 계층이었는데, 그들은 모험보다 안전을 앞세웠으므로 산행에는 지방 가이드의 도움을 받았다. 가이드들에게는 등산기술이 없었지만 목축이나 수정 채취, 또는 산양 수렵 등 비교적 가혹한 자연과 밀착된 생업을 일삼았기 때문에 대체로 산에 정통하고 용감하며 헌신적인 기질을 지니고 있었다. 크리스찬 알머, 프란츠 비너, 미쉘 크로, 앙트와느 카렐 등 등반사에 이름을 남긴 가이드는 모두 이 무렵 사람들이다. 19세기 중엽의 알프스는 이들의 힘을 빌린 영국인들의 황금무대로 변했다.

2

'평지에 살며 이따금 알프스를 찾는 사람들의 눈에는 등산가로서 마터호른에 오른 일이 없다면 어딘가 불완전하게 보이는 것 같다. 이런 생각의 근거는 그 산이 제기하는 특별한 과제가 아니라 사람의 마음을 압도하는 마터호른의 생김새와 그것이 그리는 명쾌한 선의 아름다움이다.'

이것은 1961년 아이거 북벽 동계 초등자이며 알프스 연구가인 토니 히벨러가 그의 저서 『마터호른』 첫머리에 쓴 글이다.

히벨러의 평은 옳은 것 같다. 마터호른이 알프스에서 몽블랑이나 몬테 로자에 높이를 양보하면서도 이런 고봉을 압도하는 매력을 가진 것은 오직 그가 지니고 있는 고고함에 있다. 이 고고함은 어디서 오는 것일까? 그것은 오직 공간의 힘이리라.

마터호른이 넓은 공간을 지배하고 있는 모습은 한 마디로 고독하게 보인다. 마터호른이 이렇게 고독한 것은 주위에 산이 없기 때문이다.

사실 마터호른에 가장 가까이 있는 4,000미터가 넘는 당 뒤랑만 하더라도 5킬로미터나 떨어져 있고, 다음으로 가깝다는 당 블랑쉬는 7.5킬로미터 밖에 있다. 그리고 주위에는 3,000미터도 안 되는 낮은 산뿐이니 마터호른에 알프스의 왕자다운 품격을 안겨준 것은 그의 특이한 오벨리스크의 힘만이 아니라, 이처럼 넓은 공간을 지배하는 데서 오는 고고함이라는 이야기가 과히 틀리지 않으리라.

마터호른의 대표적인 모습은 스위스 쪽에서 볼 수 있다. 이때 마터호른은 '회른리 산룽'을 분기선으로 동벽과 북벽의 전모를 드러낸다. 마터호른은 뚜렷한 사각추를 이루고 정점을 향해 네 개의 가파른 능선이 하늘로 뻗고 있는데, 이 가운데 회른리 능선이 가장 오르기 쉽다. 회른리 왼쪽 '프루겐 능선'이 제일 어렵고 오른쪽 '츠무트 능선'과 보이지 않는 쪽인 '리온 능선'의 차례로 난이도가 정해져 있다.

그러나 이와 같은 평가는 일반적인 것에 지나지 않으며, 마터호른의 능선은 모두가 경험이 적은 클라이머에게는 어려운 루트다. 이것은 현재도 체르마트에서 고용되는 전문적인 가이드들이 자일에 매달려 오르려는 관광객하고는 같이 가지 않으려는 것으로도 알 수 있다.

> '마터호른은 어느 쪽에서 보나 멋있고 당당한 산이다. 결코 흔히 있는 산으로 보이는 적이 없다. 이런 점에서도, 그리고 보는 자에게 주는 인상으로 마터호른은 온갖 산과 산 중에서 오직 홀로 뛰어난 산이다. 마터호른과 겨눌 수 있는 산이 알프스에는 없다. 아마 전 세계에도 없으리라.'

윔퍼는 이렇게 굳게 믿고 있었다. 히말라야의 고봉이 아직 발견되기 전이었으니까 이러한 윔퍼의 찬사는 결코 지나친 것이 아니었다. 뿐만 아니라 오늘날에 있어서도 마터호른을 보는 눈에 별 차이가 없다는 사실을 우리는 다음 글에서 알게 된다.

앞에 나온 『마터호른』의 개정판을 준비하며 히벨러가 세계의 고명한 등산가들에게 '지상에서 가장 아름다운 산'에 대한 설문을 낸 일이 있다.

그 결과는 카라코룸의 K2가 1위고, 다음이 마터호른이며 파타고니아의 피츠로이와 히말라야의 마차푸차레가 그 뒤를 따르는 것으로 나타났다. 그런데 이 설문에 답하며 1952년 스위스의 에베레스트 등반대 대장이던 E. 비치 뒤앙이 다음과 같이 말했다.

> "마터호른은 가장 우아한 산이며 하나의 심볼이다. 완전히 자기의 매력을 보여주는 높이를 가진 하나의 상징이다. 마터호른은 체력과 기술을 갖춘 알피니스트면 누구나 오를 수 있는 산이다. 이 산은 모든 산 위에 외로이 솟아있다. 마터호른은 육체적 만족감과 높이 오르려는 심리적 욕구를 결부시켜 그것으로 생명의 희열을 듬뿍 만들어 낸다."

마터호른의 매력은 그 이름에도 나타나 있다. 알프스의 명봉인 융프라우나 몽블랑과는 달리 마터호른에는 이탈리아 이름으로 '몬테 체르비노'가 있고 한편 '몽 세르방'이라는 프랑스 호칭도 있다. 이 산에 대한 동경의 발로라고나 할까. 그러나 이탈리아의 저명한 등산가 귀도 레이가 본 대로, 여름은 짧고 한 해의 태반이 겨울이어서 굳게 닫힌 농가에서 해가 다시 돌아오기만 기다리는 주민들은 마터호른이 세계에 알려지기까지 이 명산을 소유하고 있다는 긍지와 행복을 몰랐다.

3

 마터호른에도 운명의 날이 다가왔다. 이날은 가난하고 쓸쓸하던 산촌 체르마트가 전 세계에 알려지는 날이기도 했다. 그리고 이와 같은 마터호른과 체르마트의 운명을 혼자 짊어진 사람이 있었다.

 윔퍼, 즉 에드워드 윔퍼가 그 사람인데, 그는 1840년 런던에서 태어나 1911년 샤모니에서 죽었다. 사람에게는 우연한 일로 자기의 일생을 결정하는 수가 있다. 윔퍼가 바로 이렇게 살다 간 사람이다. 그는 마터호른 초등으로 세계 등반사에 영원히 기록되고 그의 묘비가 알프스 산록에 섰지만, 그의 불멸의 업적이 이루어지기 몇 해 전만 해도 윔퍼는 등산과 아무런 관계가 없는 데생 화가였다.

 1860년의 일이다. 20세의 청년 윔퍼가 유럽 여행을 떠나려고 할 때, 런던의 유명한 출판사로부터 알프스의 명산을 그려오라는 청을 받았다. 출판사는 영국의 등산가들이 프랑스 알프스 도피네 산군에 있는 몽펠부에 오르게 되면 그 산행기 속에 윔퍼의 삽화를 넣으려고 했다. 그런데 그 등반은 실패로 돌아가고 뜻밖에도 이듬해 윔퍼가 몽펠부에 올라갔다. 이것이 그의 알프스 산행이자 등산의 시작이었다.

 윔퍼는 『알프스 등반기』에 이렇게 적고 있다.

 '알프스에서 아직 처녀봉으로 남아 있는 산 가운데 두 산에 마음을 두고 있는데, 그 하나는 지금까지 여러 등산가가 도전을 거듭했지만 성공 못했으며, 또 하나는 옛날부터 등반이 불가능한 것으로 아무도 손을 못 대고 있다. 이것은 바이스혼과 마터

호른이다.'

윔퍼는 1861년 이 두 산을 오를 생각으로 부근의 계곡을 열흘간 돌아다녔는데, 이때 그는 바이스혼을 같은 영국 사람인 틴달 교수가 오르고 그 틴달이 마터호른 등반도 계획하고 있다는 소식을 들었다. 틴달은 황금시대의 뛰어난 등산가로서 바이스혼 외에도 몬테 로자를 혼자 올라갔다. 그러나 논쟁을 좋아하는 틴달은 그로인해 많은 사람을 적으로 돌렸다.

틴달 교수와 경쟁 형식으로 시작된 윔퍼의 마터호른 등반 시도는 처음부터 난관에 부딪쳤다. 윔퍼는 당시 일급 가이드로 이름난 카렐하고 이탈리아 쪽으로 올라갔는데, 1861년부터 1865년 사이에 일곱 번에 걸쳤던 그의 시도는 모두 실패한다.

1865년 7월 13일 윔퍼는 드디어 마음을 다시 먹고 체르마트를 떠났다. 여덟 번째가 되는 이번 시등에서 카렐이 이탈리아의 명예를 위해 초등을 노리고 윔퍼한테서 떨어져 나갔다. 윔퍼는 하는 수 없이 새로운 가이드 네 명과 여행자 셋을 데리고 처음으로 회른리 능선에 붙었다. 새벽 다섯 시 반에 체르마트를 떠난 일행은 열두 시가 못 되어 3,300미터 고소에 천막을 치고 루트 정찰에 나섰다. 다음날 새벽에 떠날 때 어린 가이드 하나는 집으로 돌려보냈다. 이날 등반은 어려웠다. 벽에는 홀드가 없었고 크랙은 눈과 얼음으로 차 있었다.

윔퍼 일행이 마터호른 정상에 도달한 것은 14일 정오가 지난 1시 40분이었다. 반대쪽으로 오르던 카렐 등 일곱 사람의 이탈리아 등반대는 서남릉의 크라바트 근처까지 올라왔다가 윔퍼에게 진 것을 알고 물러섰다.

마터호른의 등정은 윔퍼에게 다시없는 영광을 가져왔다.

그러나 이 영광이 하산 길에서 느닷없이 비극으로 돌변할 줄 누가 알았겠는가. 일행이 크로를 앞세우고 로프를 묶은 채 내려가기 시작했을 때 두 번째에 섰던 하도우가 미끄러지면서 크로를 떠밀자 이 충격으로 로프가 끊어지며 네 명이 떨어졌다.

체르마트에서는 한 소년이 몬테 로자 호텔로 달려가 자일러에게 마터호른 꼭대기에서 눈사태가 나는 것이 보였다고 말했다. 눈사태는 다름 아닌 조난 현장이었다. 리스캄(4,538m) 위에 갑자기 삼자가의 브록켄이 나타났다. 떨어져 죽은 네 명의 혼을 달래는 듯한 자연현상이었다.

1845년의 베터호른 등정을 기점으로 개막한 알프스의 황금기는 마터호른이 등정되면서 막을 내린다. 이 20년 사이에 알프스에서는 100여개 봉이 등정되고 미답봉은 거의 눈에 띄지 않게 되었다.

마터호른은 윔퍼가 오른 지 며칠 뒤 카렐이 이탈리아 능선으로 오른 것을 마지막으로 무서운 조난사고를 잊으려는 듯 한동안 적막을 되찾았다. 그리하여 1879년에 가서야 머메리가 츠무트 능선을, 1911년에 이탈리아 등산가들이 비로소 프루겐 능선을 오르게 된다.

이렇게 해서 4대 능선이 떨어지자 마터호른에는 오를 곳이 없어진 듯이 보였다. 남은 데라고는 쳐다보기에도 소름끼치는 북벽뿐이었는데, 여기는 여름에도 얼음과 눈으로 덮여 있고 돌과 얼음덩어리가 소나기처럼 쏟아지고 있었다. 그러나 정열과 모험심으로 무장한 젊은 클라이머들이 이 벽에 눈을 돌리기 시작했다.

1931년 7월 체르마트를 둘러싼 고봉에는 많은 눈이 왔다. 마터호른의 벽을 기점으로 해서 '벽의 시대'의 개막을 알리는 서설이었다. 멀리 뮌헨에서 달려온 슈미트 형제는 많은 눈이 낙석과 낙빙을 막아 주는 틈을 타고 마터호른의 북벽을 오를 수가 있었으니까.

안나푸르나

Annapurna 8,091m

1

프랑스 산악회 트레이너로 유명한 뽈 베씨에르가 저술한 책 『알피니즘』 속에 독자의 눈을 끄는 자료가 있다. 히말라야 8,000미터 급 14봉의 초등 기록을 요령있게 정리해 놓은 것이다.

이 자료는 등정 순위로 되어 있고, 1950년 안나푸르나부터 시작하여 1964년 시샤 팡마까지의 원정국, 등정 소요 일수, 시등 횟수 등 간단하면서도 요긴한 데이터를 알려준다.

이 자료에 의하면 안나푸르나는 1950년 6월 3일 프랑스 원정대가 18일 걸려 초등했는데, 그때까지 시등 된 일이 없다.

안나푸르나는 네팔 히말라야 중앙 지대에 자리 잡고 있으며, 카리 간디키 계곡을 사이에 두고 다울라기리(8,168m)와 마주보고 있다. 프랑스 대는 고국을 떠나 원정길에 오를 때까지도 등정할 봉우리를 정하지 못했다고 하는데, 이것은 8,000미터 급 두 봉이 이렇게 마주서 있어 양자택일할 수 있었다기보다는 당시 히말라야가 전혀 알려져 있지 않았다는 것을 말해준다.

사실 히말라야는 19세기 중엽에 에베레스트의 높이가 밝혀졌고, 20세기에 들어와서 에베레스트와 낭가 파르바트 등 극히 제한된 지역에 대한 도전이 한동안 지속되었을 뿐, 지도의 공백 부분이나 다름없었다. 이것은 1949년에 '스위스 산악조사재단'이 항공사진을 찍어서 히말라야의 지형을 처음으로 조사한 일로도 알 수가 있다.

1949년은 네팔이 오랜 세월 쇄국정책을 써오다가 2차 대전 후 외부 세계의 추세에 밀려 비로소 문호를 개방하게 된 해다. 이렇게 해서 네팔 히말라야의 문이 열리자 마치 이때를 기다렸다는 듯이 세계 여러 나라에서 원정대가 모여들기 시작했는데, 그 선두를 화려하게 장식한 것이 바로 모리스 에르조그가 이끈 프랑스 원정대의 안나푸르나 등정이었다.

1950년의 안나푸르나 등정을 기점으로 세계 등반사는 또 한 번 일대 전환기를 맞이한다. 즉 그로부터 시작하여 15년에 걸쳐 지구상의 최고급 14봉이 모두 등정된다. 이와 같은 새 역사의 장을 프랑스가 열었으니 그들이 이 원정을 자랑할 만도 하다.

프랑스는 알프스의 최고봉을 가지고 있으면서도 유럽에서 가장 뒤늦게 알파인 클럽을 창설한 나라며, 안나푸르나에 오기 전에는 1936년 가셔브룸 1봉(8,068m)에 도전한 일 외에는 히말라야를 알지 못했다. 그러나 프랑스 산악회는 '스위스 산악조사재단'의 히말라야 항공사진에 자극을 받고 재빨리 중앙 네팔 원정허가를 따냈으며, 목표를 다울라기리 1봉 아니면 안나푸르나 주봉으로 정했다.

이 계획의 프로모터는 산악회 운영의 경험이 많은 루시앙 드뷔였는데, 그는 정확한 히말라야 지도가 없어 적지 않은 어려움을 겪으면서도 강력한 원정대를 조직하는 데 일단 성공했다. 즉 프랑스 당대의 뛰어난 등산가인 모리스 에르조그를 대장으로 그 밑에 샤모니 가이드 학교의 우수한 세 교사, 루이 라슈날과 리오넬 테레이 그리고 가스통 레뷔파 등이었다. 이밖에 마르셀 샤츠와 쿠지 그리고 의무 대원이 따랐다. 그들은 물론 자기들이 하고자 하는 일에 몇 달 뒤에 어떤 영광과 비극을 가져올지 아무도 몰랐다.

에르조그 대는 오늘날의 일반적인 기준으로 보아도 소규모의 원정대로서 대원의 수나 물량이 적었다. 그러면서도 그들은 베이스캠프에서 정상까지 18일이라는, 8,000미터 봉 공략상 보기 드문 기록을 세웠다.

이에 대해 등산계에서는 현대 과학 기술에 의한 장비의 경량화 덕분이라며 에르조그 대를 '나일론 부대'라고 부르기도 했다.

그러나 이 원정대는 인간이 최초로 8,000미터 벽을 돌파했다는 경이적인 기록 이상의 것이 있었다. 그것은 원정대가 안나푸르나 정상에서 내려오며 겪은 시련과 비극인데, 당시의 처절했던 상황은 에르조그 대장이 남긴 등반기 『최초의 8000미터 안나푸르나』에 적나라하게 묘사되어 산사나이들을 울린다.

2

원정대의 활동은 4월 21일 표고 2,600미터의 투크체 마을을 근거지로 두 방향에서 시작됐다. 물론 당초 계획대로 다울라기리와 안나푸르나에 대한 어프로치 루트를 탐색하는 일인데, 3주일에 걸친 정찰에서 다울라기리 동북릉과 동남릉에 대한 접근은 실패하고 말았다. 이제 남은 것은 안나푸르나였다.

안나푸르나의 정찰을 맡은 의무 대원인 우도 박사와 샤츠, 쿠지 대원 등은 통행이 믿어지지 않는 미스티콜라 계곡을 지나 빙하 지대로 진출해서 안나푸르나 정상에 이르는 루트를 찾아냈다. 5월 14일이었는데, 이날 인도 방송은 예년보다 일찍 몬순이 올 것이라고 기상을 알렸다.

원정대는 하루라도 빨리 서둘러야 했다. 그리하여 5월 18일에는 안나푸르나 북 빙하의 기부 4,570미터 지점에 베이스캠프가 설치되고, 지난날 아이거 북벽 제2등에 성공한 리오넬 테레이와 루이 라슈날이 6,000미터까지 진출했다.

에르조그는 두 대원의 루트 정찰 결과를 분석하고 나서 베이스 캠프를 북 빙하의 아이스폴 밑 5,090미터 지점으로 옮기고 본격적인 등반 활동에 들어갔다.

고소 캠프가 빠른 속도로 이어져 나가고 제2, 제3, 제4 캠프가 각각 5,900, 6,400, 6,900미터 지점에 섰다. 오늘날 히말라야의 고소 캠프와 표고 차의 기준이 여기서 왔다고 해도 안 될 것이 없다.

그런데, 여기까지 진출하는 동안 대부분의 대원들은 과로로 더 이상 앞으로 나가기가 어렵게 되었다. 그러니 마지막 캠프 설치를 맡은 사람은 에르조그와 라슈날뿐이었다. 제 5캠프의 예정지는 동봉 밑 7,500미터 지점 이었다.

제 4캠프는 낫처럼 생긴 절벽 밑에 있었는데, 에르조그와 라슈날은 낫(풀·곡식을 베는 연장) 위에 전진 제 4캠프를 올리고 여기를 지점으로 이틀 뒤에 마지막 캠프를 설치하는데 성공했다. 이제 남은 일은 정상 공격이었다. 공격조를 제외한 나머지 대원과 셰르파가 캠프 4 밑에서 모두 지원 태세에 들어간 것은 물론이다.

그리하여 운명의 날인 6월 3일이 왔다. 바람을 막을 길이 없는 거대한 경사면에서 밤새도록 휘몰아친 폭풍설 속에 불안한 하룻밤을 보낸 에르조그와 라슈날은 새벽 여섯 시에 제 5캠프를 떠나 정상으로 발을 옮겼다. 한없이 이어지는 듯한 거대한 경사면을 산소 없이 걸어 올라가는 일은 상상을 초월한 중노동이었다. 이 지대는 크레바스에 추락할 위험도 없고 해서 그들은 로프를 휴대하지 않았으나 덕분에 에르조그는 2파운드나 체중이 줄었다고 그의 등반기에서 말하고 있다.

이때 이 등반이 얼마나 어려웠던가는 공격조 두 사람 사이에 오간 짤막한 대화에 잘 나타나 있다. 묵묵히 걸어가는 그들에게는 무엇보다도 동상이 두려웠다. 다리에서 감각이 점점 둔해지는 것을 알았기 때문이다.

"만일 내가 여기서 되돌아선다면 어떻게 하겠느냐"고 라슈날이 불쑥 물었다. "혼자서라도 가야지…" 에르조그가 대답했다. 사실 에르조그에게는 라슈날을 만류할 하등의 권리가 없었다. 사람에게는 선택의 자유가 있다는 것을 그들은 알고 있었다. 라슈날은 결의를 새로이 했던지 말없이 에르조그의 뒤를 따랐다.

정상이 가까웠다. 그러나 설원은 록밴드로 변하고 꿀르와르가 나타났다. 거기는 다행히 눈이 굳었으나 이 설면을 오르는 데는 상당한 체력이 필요했다. 물론 피켈과 아이젠이 큰 도움이 됐지만, 한번 실수하는 날에는 돌이킬 수 없는 결과를 가져오는 것도 사실이었다.

8,000미터 고소에서 산소 없이 행동하는 것은 생지옥과 같은 것이다. 그들은 한 걸음 내딛고 피켈에 기대어 크게 숨을 몰아쉬었다. 가슴이 터질 듯 했다. 조금씩 꿀르와르를 벗어나자 정상에 이르는 능선이 나타났다.

갑자기 강풍이 휘몰아쳤다. 그들은 드디어 안나푸르나 정상에 섰다. 오후 두 시였다. 앞으로 뻗은 눈처마 저쪽은 끝없는 절벽이리라. 산중턱에 걸린 구름에 가려 포카라의 푸른 계곡은 내려다보이지 않았다.

에르조그와 라슈날 두 사람의 머리 위에는 아무것도 없었다.

3

하산이 시작됐다. 그런데 조금 전의 행복과 희열이 삽시간에 절망과 비통으로 변할 줄 누가 알았으랴.

정상을 뒤로 하자 날씨가 급변하고 두 사람은 서로 상대를 잃고 말았다. 에르조그는 자기도 모르는 사이에 장갑을 잃고 맨손이었다. 배낭에는 장갑이 또 하나 들어있었으나 에르조그는 그 생각을 하지 못할 만큼 제 정신이 아니었다.

제5캠프에는 다행히도 테레이와 레뷔파가 올라와 있었다. 에르조그가 여기까지 내려왔을 때 그의 두 손은 이미 제 색깔이 아니었다.

그러자 구조를 요청하는 소리가 들려왔다. 테레이가 소리나는 쪽으로 달려갔다. 라슈날이 캠프에서 100미터 밑으로 미끄러졌는데 피켈, 아이젠은 물론 모자도 장갑도 없었다. 그날 밤 테레이와 레뷔파는 에르조그와 라슈날의 손과 발을 밤새도록 주물렀다.

프랑스의 영광은 에르조그와 라슈날이 얻어들었지만, 이 두 영웅의 생명은 테레이와 레뷔파가 구해준 것이나 다름없었다. 그들의 우정과 신의를 바탕으로 한 인내와 희생정신이 여기 히말라야 고소에 확산되어 갔다.

다음날 아침 제 5캠프로부터 철수작전이 시작됐다. 우선 테레이와 레뷔파는 각각 라슈날과 에르조그에게 구두를 신겨야 했는데, 라슈날의 발이 퉁퉁 부어 구두가 들어가지 않았다. 테레이는 큰 자기 신을 벗어 주고 라슈날의 신을 찢어서 자기가 신었다.

레뷔파가 로프로 에르조그를 묶었다. 네 사람은 제 4캠프를 찾아 나섰다. 밖은 폭풍설로 눈을 뜰 수가 없었고 한발 앞선 테레이와 라슈날은 보이지 않았다. 테레이와 레뷔파는 그 전날 고글 없이 행동했기 때문에 설맹에 걸려 눈이 보이지 않았다. 에르조그는 레뷔파에 끌려가면서 일일이 방향을 알렸다. 한편 테레이는 라슈날 때문에 애를 먹었다. 피로가 극에 달한 라슈날은 따라갈 수가 없어 설동을 파자고 했으나 테레이는 들은 척도 하지 않고 라슈날을 끌고 갔다.

제 4캠프가 나타날 듯한데 보이지 않아 그들은 "하나, 둘, 셋, 사람 살려!" 하고 소리를 모아 외쳐 보기도 했다. 그러나 그들의 소리는 눈에 흡수되어 멀리 가지 못했다.

시간이 무정하게 흘렀다. 어두운 밤이 오는 것이 무엇보다도 무서웠다. 만일 이대로 눈 속을 헤매다가는 날이 밝기 전에 모두 죽을 것이 틀림없었다.

갑자기 라슈날이 소리 지르며 눈앞에서 사라졌다. 크레바스에 빠진 것이다. 테레이가 "라슈날!" 하고 불렀다. "나 여기 있다. 하룻밤 지내기 좋은 곳이니 모두 내려와!" 라슈날의 말이 들려왔다. 크레바스의 깊이는 10미터 정도였는데 그야말로 하늘이 준 피난처였다. 사실 그들에게는 설동을 팔 힘이 없었다. 테레이에게 침낭이 있어서 네 사람은 그 속에 발을 넣고 공포의 밤을 지새웠다.

동이 틀 무렵 눈사태가 크레바스 안으로 쏟아졌다. 눈사태는 다행히 심하지 않아서 그들은 생매장을 모면했다. 네 사람은 눈 속을 더듬어서 간신히 구두를 찾아 신고 한 사람씩 밖으로 나왔다. 결국 에르조그와 라슈날을 테레이가 로프로 끌어올려야 했다.

날씨가 아주 좋았다. 주위의 산이 아름답기만 했다. 그들은 다시 제4캠프를 찾아 나섰다. 테레이가 크레바스에서 맨발로 올라온 라슈날에게 자기 구두를 신겼다. 에르조그는 자기 생의 끝이 멀지 않았다고 느꼈다. 그는 먼저 아름다운 산에 깊이 감사하고 마치 교회 안에 있는 듯이 주위가 고요한 데 대해 마음이 경건해졌다.

에르조그의 태도가 이상한 것 같아서 테레이가 다가왔다. 대장은 "나는 끝났다. 너는 살 수 있으니 계속 내려가라. 왼쪽에 길이 있다."고 말했다. 바로 이때 라슈날이 "사람 살려!" 하고 외쳤다. 그가 알고 했는지 모르고 했는지 저 밑에 2캠프가 보였다.

그때까지도 에르조그는 맨발이었다. 에르조그는 라슈날에게 구두를 신겨달라고 부탁했다. 그런데 라슈날은 혼자 중얼대며 엉뚱한 방향으로 내려갔다. 그는 제정신이 아니었다. 옆에 있던 테레이가 구두의 앞과 뒤를 잘라서 에르조그에게 신겼다.

이렇게 해서 하산 준비는 됐지만 에르조그의 몸은 더 이상 움직이지 않았다. 그러나 그는 설맹으로 앞을 못 보는 테레이를 내세우고 "리오넬, 왼쪽으로!"하면서 방향을 지시했다. "대장, 미쳤어? 오른쪽이야!" 라슈날이 난데없이 시비를 걸었다. 테레이는 어떻게 해야 할지 몰랐다.

에르조그는 눈 위에 힘없이 주저앉았다. 그 순간 몸에서 힘이 빠져나갔다. 에르조그는 자기가 그토록 좋아하던 산에서 이제 죽는다는 생각이 들었다.

바로 그때였다. 무슨 소리를 들은 듯 했다. 그는 혼신의 힘을 다해서 몸을 일으켰다. 누가 오고 있지 않는가! 있을 수 없는 일이었다.

샤츠였다. 약 200미터 앞에 마르셀 샤츠가 허리까지 차는 눈 속을 헤엄치듯 하며 위로 올라오는 것이 보였다.

마르셀이 대장을 껴안자 모리스 에르조그는 대리석상처럼 움직이지 않았다. 너무나 벅찬 감정으로 심장의 고동이 멈춘 듯했고 눈물은 말라서 나오지 않았다.

"잘했어, 모리스! 놀라운 일이야!"

샤츠가 에르조그에게 던진 첫마디였다.

아이거 북벽

Eiger Nordwand 3,970m

1

 등산은 개념상 고전적인 것과 근대적인 것으로 크게 나뉜다. 이처럼 산행의 내용과 형식이 갈라지기 시작한 때는 대체로 1930년대의 일이며, 그 분기점을 마련하는 데 주요 무대가 되었던 곳이 바로 알프스의 3대 북벽이다. 그리하여 30년대가 등산 역사의 물줄기를 크게 바꿔 놓았다.

 이 10년 동안 히말라야에서는 낭가 파르바트를 중심으로 8,000미터 봉에 대한 인간의 첫 도전이 엄청난 희생자를 내며 집요하게 계속되었고, 한편 알프스의 3대 북벽에서는 근대적 등반이라는 새로운 정신이 모진 시련을 겪고 있었다.

 이러한 근대 알피니즘의 파도는 먼저 1923년 마터호른에 찾아왔다. 그러나 1928년에도 실패하는 등 크고 작은 도전을 여러 차례 받으면서 마터호른 북벽은 1931년에 가서야 독일의 슈미트 형제에 의해서 정복되었다.

 벽의 표고 차 1,200미터의 마터호른에 대한 공략전이 전개되고 있는 동안 알프스의 다른 지역도 정적만을 지키고 있지는 않았다. 돌로미테의 치마 그란데 북벽이나 쌍 모리츠 가까이 있는 피츠 바딜레 동북벽도 클라이머들이 노리고 있었지만, 그중 가장 중요한 목표는 샤모니의 그랑드 조라스 였다.

그랑드 조라스는 봉우리가 여섯이나 되며 그 모습은 마치 허공을 가르는 거대한 담장 같은 인상을 준다. 그중에서도 특히 워커 암릉이 클라이머들을 압도했다. 이와 같은 사실은 20세기 초에 벌써 영국의 윈드롭 영과 스위스에서 크누벨이 여기를 다녀간 것과 1928년에는 프랑스와 이탈리아의 일곱 가이드들이 이 암벽을 부분적으로 조사한 일을 봐서도 잘 알 수 있다.

마터호른 북벽이 함락되자 대륙의 내로라하는 클라이머들은 사전에 약속이나 한 듯이 그랑드 조라스로 모여들었다. 물론 여기에는 마터호른 정복의 여세를 몰고 온 프란츠 슈미트를 비롯하여 후일 낭가 파르바트에서 비운에 간 벨첸바하, 유명한 프랑스 가이드 샤를레, 그리고 7년 뒤 아이거에서 중요한 역할을 한 헤크 마이어 등이 있었다.

그러나 1931년도 워커릉과의 전초전에서는 헤크 마이어와 크로너의 강적이던 독일인 부렘과 테틀러가 눈사태에 묻힌 채 그대로 해가 저물었다.

사람들은 워커릉에서 그 옆에 있는 크로릉으로 눈을 돌리기 시작했다. 그리하여 1933년부터 3년 동안 크로릉은 국제 경쟁터로 돌변한다. 마침내 독일, 프랑스, 스위스, 이탈리아 등지에서 모여든 클라이머 사이에 치열한 선등 경쟁이 벌어지게 된다. 이 싸움은 결국

1935년에 독일의 페터스마이어 팀의 승리로 끝나지만 그들이 승리한 것은 날씨의 혜택이라고 할 수 있었다. 다시 말해서 그들이 벽에서 두 번이나 비박하는 사이에 변덕스럽기로 유명한 알프스의 기상이 다행히 잠잠했기 때문이다.

이렇게 해서 크로 암릉이 정복되자 그랑드 조라스 최후의 과제인 워커릉에 먼저 눈을 돌린 클라이머는 프랑스의 에트와르 프렝드와 피에르 알렝이었다. 1937년 그랑드 조라스에 대한 공격이 다시 시작되었다. 그런데 이 프랑스 팀은 처음부터 계획에 차질이 생겨 암벽에 붙은 지 얼마 되지 않아 후퇴하고 말았다. 이 무렵 스위스와 이탈리아 국경에 있는 피츠 바딜레 동북벽에서 동료들의 고귀한 희생을 바치며 악전고투하고 있는 사나이가 있었다. 그의 이름은 리카르도 카신. 그전까지 알려진 적이 없는 인물이었다.

카신이 워커 암릉 밑에 나타난 것은 바로 프랑스 팀이 철수한 뒤였으며, 그들이 피츠 바딜레에서 처절한 싸움을 벌인 지 한 달도 안 되는 때였다. 카신의 도전을 아는 사람은 없었다. 이 이탈리아의 무명 클라이머는 파트너 두 명을 데리고 조용히 떠났다.

8월 4일 밤 워커릉 3,400미터 고소에 불빛이 보였다. 다음날에는 그 빛이 400미터 더 높은 곳에 있었다. 그제 서야 산록의 산장에서 카신 일행의 도전을 알았다. 카신은 무서운 눈보라와 추위와 싸우며 암벽에서 며칠 밤을 지샌 끝에 8월 6일 드디어 워커릉 정상에 섰다. 그리하여 알프스에서 아이거 북벽이 최후의 과제로 남았다.

2

 스위스 3대 등산기지의 하나로 알려진 그린델발트에 서면 베르너 오버란트의 주봉들이 눈에 들어온다. 아이거, 묀히, 융프라우의 트리오가 그것인데, 그 중에서도 아이거는 '아이거 노르트반트'니 '아이거 노스페이스'라는 이름으로 세상에 널리 알려져 있다. 즉 아이거는 '산'이라기보다 '벽'으로 유명하다는 이야기다. 사실 아이거는 그린델발트 계곡 쪽으로 1,800미터의 직벽을 이루고 클라이네샤이덱 초원에 하늘 높은 줄 모르고 깎아 서 있다.

 벽은 언제나 그늘 속에서 음산하고 험상궂은 모습을 하고 있으며, 그 첫인상은 위압이 아니라 불쾌하다는 편이 정확할지 모른다. 이것은 아이거 북벽의 엄청난 규모와 그 특이한 생김새에서 오는 듯싶다. 즉 아이거는 가운데가 오목한 세모꼴의 거대한 석회암석으로, 여름에도 군데군데 만년설로 덮여있고 눈사태와 돌사태가 끊이지 않는다. 3대 북벽 중에서 마터호른과 그랑드 조라스가 먼저 떨어지고 아이거가 알프스 최후의 과제로 남은 데는 충분한 이유가 있었다. 찾아오는 사람마다 아이거의 벽을 보고 그 자리에서 발길을 돌렸기 때문이다.

 아이거가 초등정 된 것은 1858년 옛날이야기다. 그때에는 서릉에서 서벽을 통과하는 가장 쉬운 루트가 사용됐는데, 정상에 이르는 길은 이밖에도 남릉과 동북릉이 있고, 특히 동북릉은 '미텔레기'라는 이름으로 널리 알려져 있다. 이 동북릉은 우리나라 악우회 팀이 북벽을 오르기 전에 연습 삼아서 오르기도 했지만, 1921년 일본인 마끼 유꼬(1956년 일본 마나슬루 원정대 대장)가 초등한 것으로 유명하다. 마끼는 이 등반에서 등로 개척에 통나무를 사용했다고 하는데 당시로서는 있을 수 있는 이야기다.

미텔레기 옆에 동북벽이 있다. 1932년 스위스의 라우퍼가 당시 유능한 가이드였던 크누벨의 힘을 빌려 벽으로 해서 정상에 올라갔는데, 그때 그들은 피톤과 같은 등반 보조구를 사용하지 않았고 순수한 고전적 방식으로 성공했다.

라우퍼 일행의 아이거 등정은 전통을 고수하는 당시의 영국 산악회를 즐겁게 해주었다. 그러나 새 시대의 물결에 민감한 모험적이고 유능한 클라이머들은 라우퍼의 루트에 관심이 없었다. 그리하여 이들 신예 그룹이 벌이는 아이거 북벽에 대한 첫 도전이 1935년에 시작됐다.

북벽은 태고의 침묵을 깨고 긴장과 흥분의 도가니로 바뀌었다. 그리고 이 무대에서는 주로 대륙파(派)를 대표하는 독일과 오스트리아와 이탈리아 출신들이 활약하였으며, 지난날 알프스의 황금기를 찬란하게 장식했던 영국 클라이머는 한 사람도 없었다.

이에 대해 영국산악회의 기관지 「알파인 저널」 편집장은 "아이거 북벽에서는 여러 나라의 머리가 이상한 자들이 소동을 벌이고 있다."고 빈정댔다. 물론 이처럼 변화를 싫어하고 보수적인 자세를 고집하던 영국도 점차 시대를 의식하고 뒤늦은 템포를 회복하려고 온갖 애를 썼다. 훗날 에베레스트 서남벽을 오른 크리스 보닝턴 같은 사람은 당시를 회고하고 "이 알피니즘의 위대한 무대에 우리 영국의 클라이머가 등장하지 않은 것은 극히 유감스러운 일"이라고 말했다.

「알파인 저널」 편집장의 관점과 크리스 보닝턴의 견해에는 각각 시대적 배경이 깔려있다. 그러나 이토록 젊고 유능한 클라이머들을 가공할 아이거 북벽으로 몰아붙인 사람이 다름 아닌 영국의 선구적 등산가 머메리였으니 아이러니가 아닐 수 없다. 머메리는 신등로주의를 제창하고 19세기 말엽에 낭가 파르바트에서 자취를 감추고 말았지만, 그의 정신은 영국 아닌 다른 나라 젊은이들을 통해 아이거 북벽에서 재확인되었다.

마터호른이나 그랑드 조라스 북벽의 완등을 노리는 동안 조용했던 아이거 산록 클라이네샤이덱은 구미 각지에서 모여드는 관광객으로 붐비기 시작했다. 호텔 앞마당에 설치된 망원경으로 사람들은 1,800미터나 되는 수직벽에서 각국의 클라이머들이 사투를 벌이고 있는 모습을 볼 수 있었기 때문이다. 그러나 암벽은 구경거리가 되는 무대가 아니라 사람의 가슴을 태우는 생지옥이었다.

3

마터호른 도전 때에도 그러했지만 아이거 북벽으로 맨 먼저 달려간 사람은 이번에도 뮌헨의 알피니스트였다. 그들의 이름은 막스 제들마이어와 칼 메링거. 불가능에 대한 도전에 나선 이들 젊은 클라이머 뒤를 놀라움과 호기심에 찬 눈길들이 따랐다.

두 사람은 8월 21일 새벽 두 시에 떠나 강풍과 혹한이 위협하는 벽에서 3일 밤을 보내고 이른바 제 3설전을 넘어섰다. 놀라운 속도였다. 그들의 모습은 기상의 변화로 추적이 중단되곤 했지만 닷새 되는 날부터 아이거는 짙은 가스 속에 숨어버리고 말았다. 이 용감한 사나이들의 운명이 판명된 것은 그로부터 한 달 가까이 될 무렵, 아슬아슬할 정도로 근접 조종을 할 수 있는 기술을 가진 비행사에 의해서 비로소 확인됐는데, 그들이 동사한 지점은 '죽음의 비박'이라는 이름으로 아이거 등반사에 영원히 남았다.

이렇게 첫 희생자가 난 이듬해 여름 또 다른 두 독일인과 오스트리아 사람이 같이 공격에 나섰다. 국적이 다른 이 2인조들은 첫 난관에 부딪치자 합세해서 단일팀이 됐다. 그러나 그것은 분명히 오스트리아 팀의 청이었다고 생각된다. 네 사람은 모두 암벽등반의 명수로 이름이 나 있었으나, 그 중에서도 독일의 힌터슈토이서의 실력이 뛰어났기 때문이다.

힌터슈토이서는 제1설전 쪽으로 어려운 트래버스를 하고 팀을 전진시키는 데 성공했다. 그런데 두 번째 록밴드를 지날 때 오스트리아의 앙겔러가 낙석으로 다쳤다. 이 불상사로 그날의 전진이 중단되었다. 만일 이때 독일 팀이 따로 행동했더라면 그들은 등정에 성공했을지도 모른다고 내내 아쉬워하는 사람들이 있다. 그러나 이 죽음의 지대에서 산사나이들은 그렇게 할 수가 없었다.

이튿날 힌터슈토이서와 쿠르츠가 뒤에 처진 앙겔러와 라이너를 몇 번이고 기다리며 지난해에 제들마이어와 메링거가 동사한 '죽음의 비박' 지점 밑에 이르렀을 때 날이 저물었다.

3일 째였다. 독일 팀은 아침 일찍 출발하였으나 오스트리아 팀이 따라 나오지 못했다. 앙겔러의 부상도 부상이려니와 결국 그들의 힘이 한계에 이른 셈이다. 그들은 여러 차례 논의한 끝에 후퇴하기로 했다. 그리하여 아이거 등반 역사에서 가장 큰 비극이 온다.

네 명의 클라이머는 험로를 헤치고 고생 끝에 며칠 전 트래버스 했던 장소까지 내려왔으나 여기서 얼굴빛이 달라졌다. 그때 자일을 그대로 두었어야 했는데, 힌터슈토이서가 —아마 물러설 생각을 하지 않았던지— 자일을 걷었기 때문에 후퇴로가 끊긴 셈이다. 그들은 하는 수 없이 다른 길을 찾아 나섰다.

이 무렵 아이거를 뚫고 지나가는 갱도 창구에 있던 철도공이 북벽에서 떠드는 사람소리를 듣고 밑에 알렸다. 아이거의 조난은 구조를 기대하지 않기로 되어 있는 가이드 조합이었지만, 사태가 사태니 만큼 우수한 가이드 세 명을 보냈다.

구조대가 갱도 창구에서 나와 벽을 트래버스하여 조난 현장에 접근했다. 그러는 사이에 힌터슈토이서가 추락하고 앙겔러는 자일에 가슴이 죄어 질식했으며 라이너는 자일에 매달린 채 동사했다. 가이드들이 혼자 살아남은 토니 쿠르츠 가까이 갔을 때 날이 어두웠다. 쿠르츠가 살려달라고 애원했지만 구조대는 일단 철수하는 수밖에 없었다.

다음날 구조대가 보강되어 올라가보니 토니 쿠르츠는 놀랍게도 살아있었다. 그러나 하켄에 매달려 밤을 샌 그의 몸은 얼대로 얼었다. 서로의 거리는 40미터. 이때 토니 쿠르츠에게 자일만 있었다면 이야기는 달라졌으리라.

토니 쿠르츠는 가이느들의 지시를 따라 숙은 앙겔러의 시체가 있는 데까지 간신히 내려가서 자일을 잘라 밑으로 내려뜨렸다. 가이드들은 여기에 다른 자일을 이어 올려 보냈으나 그래도 그 길이가 짧았다. 이런 작업을 거듭 해서 천신만고 끝에 토니 쿠르츠가 하강을 시작했는데 운명의 장난이라고나 할까. 자일의 매듭이 걸려 더 이상 내려갈 수가 없게 되었다.

토니 쿠르츠는 구조대가 팔을 내밀면 발뒤꿈치가 닿을 정도까지 내려와 있었다. 그때 쿠르츠의 팔은 얼어 부풀고 얼굴은 시퍼렇게 되어 있었으며 몸이 움직이지 않았다. 토니 쿠르츠는 마지막 몸부림으로 자일을 풀어보려 했으나 헛수고였다. 발밑에서 가이드들이 계속 해보라고 소리쳤다. 그들로서 할 수 있는 것은 이것뿐이었다. 그때 쿠르츠는 "이젠 끝이다"고 마지막 한 마디 하고 전신에서 힘이 빠졌다.

아이거의 비극은 등산계를 떠들썩하게 했고 스위스 당국은 등반금지령까지 발표했다. 그러나 시즌이 오기가 무섭게 각국에서 내로라하는 클라이머들이 모여든 1937년에도 오스트리아의 젊은이가 죽고 그의 파트너가 닷새 만에 구출되는 연극이 벌어졌을 뿐이었다.

1938년은 일찍부터 이탈리아 클라이머 두 사람의 죽음으로 열렸다. 그리하여 이 해에는 독일의 헤크마이어, 페르크 팀과 오스트리아의 하러, 카스파레크 팀 외에 또 하나 오스트리아 2인조가 합친 6인조의 합동작전이 벌어졌다. 그러나 한 오스트리아 팀이 도중 탈락하여 헤크마이어와 하러의 두 팀만 남았다. 7월 21일에 시작된 이 싸움은 악명 높은 마의 벽에서 3박 4일을 보낸 뒤, 24일 오후에 지칠 대로 지친 이들 4명이 아이거의 완사면을 허둥지둥 내려오는 것이 보였을 때 비로소 끝났다.

낭가 파르바트

Nanga Parbat 8,125m

1

　1963년 미국의 에베레스트 원정에 참가하고 그 원정기를 쓴 울만이 「세계 100 명산」을 발표한 적이 있다. 그가 명산을 고를 때 그 기준으로 삼은 것은 독자성을 가진 중요한 산이거나 등산의 역사에 남을 만한 산이며, 이 100명산은 단지 높은 산의 리스트가 아니라고 말했다.

　지구 위 5대륙에 널려있는 산들 가운데 이러한 울만의 기준에 맞는 산은 그다지 많아 보이지 않는다. 그러나 세계에서 이름난 산이라면 우선 이 리스트에 들리라. 즉, 인간이 등산을 시작한 첫 무대로 알려진 몽블랑, 알프스 등산에 커다란 전환기를 가져온 마터호른, 인류가 처음으로 돌파한 8,000미터 장벽인 안나푸르나, 그리고 산의 상징이요, 등산가의 궁극의 목표인 최고봉 에베레스트 등등이다.

　그런데 울만이 내세운 조건을 한꺼번에 채워 주는 봉우리가 있다. 8,000미터 급 열네 봉 가운데 하나며, 초등되기까지 만세기에 걸친 처절한 도전에서 31명의 목숨을 요구했던 낭가 파르바트다.

낭가 파르바트는 1895년 영국의 등산가 머메리를 통해서 갑자기 역사 위에 나타났다. 부분적으로 알려지기는 이보다 반세기 전에 독일인 형제가 낭가 파르바트 가까이 갔다가 원주민에게 동생이 살해됐을 때였다. 그러나 그들은 단지 아시아를 연구하는 여행자였으며 처음부터 그 산을 오를 생각이 없었다.

머메리는 구르카 병사 둘과 같이 낭가 파르바트 북면으로 길을 뚫고 나갔지만 표고 6,000미터 부근에서 사라졌다. 당대에 가장 뛰어났던 등산가 머메리의 죽음과 인간으로서 처음 있었던 8,000미터 고산 도전으로 머메리와 낭가 파르바트의 이름은 등산의 역사에 영원히 새겨졌다. 머메리의 실종은 그가 간 지 1세기가 가까워 오는 오늘날까지도 하나의 전설적인 분위기를 전해주고 있다. 그것은 바로 이보다 30년 늦은 1924년 에베레스트에서 자취를 감춘 조지 말로리의 경우와 같으며, 이 두 영국인의 죽음은 세기의 수수께끼로 남았다.

낭가 파르바트와 머메리의 만남은 시간적으로 짧았고 그 상황도 애매해서 길게 이야기 할 것이 없다. 그러나 등산의 발전적 측면에서 볼 때 머메리와 말로리 두 사람이 차지한 비중은 엄청나게 크다.

머메리가 태어난 1855년은 알프스의 바이스혼이 초등된 지 10년이고, 다시 10년이 지나면 마터호른이 정복되어 이른바 알프스 등산의 전성기가 지나가게 되는 바로 그 중간 시점이었다. 따라서 머메리가 등산가로서 성숙했을 무렵에는 벌써 유능한 등산가들이 노리는 봉우리는 알프스에 없었다. 등산계는 발전을 위한 새로운 활로를 찾아야 했다. 머메리가 내세운 새로운 등로주의는 이러한 전환기의 산물이었다.

머메리는 산릉에서 벽으로 눈을 돌린 첫 등산가였다. 그는 능선을 따라 정상에 오르는 것보다 벽에 루트를 뚫고 나가며 어려움을 쫓는 데 오히려 등산의 참뜻이 있다고 말했다. 머메리 이전의 등산 방식을 '등정주의'라고 하고 그의 주장은 '등로주의'라는 까닭이다. 그리하여 그의 주장은 오늘날 '머메리즘'이라는 이름으로 널리 알려지고 있다.

머메리즘이 제창된 것은 1880년의 일이나 그의 주장은 즉각 받아들여지지 않았으며, 전통을 고수하는 영국 사람들은 언제나 안내인을 앞세우고 산에 갔다. 그래서 안내인 없는 이른바 '가이드 레스'는 무모한 짓으로 보았다. 결국 머메리는 이러한 고전적 세계와 싸우게 되었다.

당시 머메리의 활약은 정말로 눈부셨다. 그는 윔퍼의 뒤를 이어 츠무트 산릉을 초등하자 무대를 샤모니로 옮겨 사람들이 감히 생각도 못했던 칼날과 바늘 같이 생긴 봉우리에 도전했다. 그리하여 에귀유 드 샤르모, 에귀유 드 그레퐁, 당 뒤 루켕 등을 올랐다. 이러한 베리에이션 루트의 개척으로 등산에 '벽의 시대'가 열리기 시작했다. 머메리를 '록클라이밍의 선구자'라고 하는 이유가 여기에 있다.

2

"머메리는 윔퍼 이상으로 시대의 상징이다." 아놀드 런의 말이다. 윔퍼는 난공불락이던 마터호른을 오르고 유명한 책 『알프스 등반기』를 남겼지만 그의 등산 정신은 어디까지나 전통적인 것이었다.

그런데 머메리는 웜퍼와 달랐다. 그는 자기가 내세운 신 등로주의의 정신을 따라 행동하고 실적을 쌓아 등산기술의 혁신적인 한 종파를 이룩했다. 그리하여 그의 주장은 알프스 등산의 한 시기를 지배해 나아갔다.

머메리가 고향을 떠나 대륙으로 건너간 것은 1871년 그의 나이 15세였다. 머메리는 데오듈 패스를 넘다가 마터호른의 위용에 사로잡힌 것을 계기로 1879년 마터호른의 츠무트 능선을 초등하게 되는데, 그 후 알프스의 침봉군에 여러 등로를 개척하고 1888년 카프카스의 디후타우(5,198m)초등에 성공, 1895년 드디어 8,000미터 봉으로 발을 옮긴다. 이리하여 마터호른에서 낭가 파르바트까지 16년, 이 짧은 기간에 머메리는 남들이 한평생 두고도 새기지 못한 큰 발자국을 남긴다.

19세기 중엽 — 정확하게는 1849년에 세계 최고봉이 발견되고 30년이 지난 1880년에 웜퍼가 비로소 알프스를 떠나 멀리 남미 안데스까지 등산의 무대를 넓혔다. 웜퍼는 4,000미터 급부터 시작하여 6,000미터 급의 봉우리에 초등 기록을 세웠는데, 그 속에는 한동안 세계의 최고봉으로 알려졌던 에콰도르 서산군의 최고봉인 침보라조(6,264m)가 들어있다. 한편 북미에서는 1886년에 가서야 성 엘리어스(5,488m)가 등산가들의 첫 도전을 받았으며, 이 봉이 정복되던 1897년까지 도전은 무려 다섯 번이나 계속 되었다.

위와 같이 19세기 후반 알프스를 벗어난 지역에서 등산 활동이 이어져 갔다. 이렇게 볼 때 1895년 머메리가 멀리 히말라야 오지를 헤치고 들어가 8,000미터 거봉에 도전했다는 것은 실로 비약이고 경탄의 대상이며, 그때 그가 등산계에 던진 파문이 얼마나 컸을까 짐작이 간다.

머메리가 낭가 파르바트에 갔을 때 같은 영국인 콜리와 헤이스팅 외에 구르카 병사 두 명이 따랐다. 머메리는 처음에 루팔 계곡을 지나 디아미르 골짜기 깊숙이 들어가 빙하 가장자리에 텐트를 쳤다. 그때 앞에 보이는 광대한 사면에 암릉이 위로 쭉 뻗어 있었는데 여기는 훗날 '머메리 립페'로 널리 알려졌다. 당시 머메리의 장비라고는 징이 박힌 등산화와 간단한 아이젠뿐이었다.

그들은 5,400미터 밑 지점에 캠프 1을 세우고 6,100미터까지 식량을 올려놓았는데, 그 사이에 날씨가 나빠져 전진 후퇴를 여러 차례 거듭했다.

이 도전에서 머메리 일행이 위험에 처한 것은 한두 번이 아니었다. 그가 충실한 구르카 병사 라고빌을 데리고 늑골 모양으로 뻗은 산릉을 오를 때 머리 위에서 엄청나게 큰 얼음 선반이 무너졌다. 뒤따르던 콜리가 멀리서 쌍안경으로 이것을 지켜보았다. 이때 생긴 흰 구름이 순간 두 사람을 덮었다. 분설이 날리자 검은 두 점이 다시 벽에 보였다. 튀어나온 암부가 무너져 내리는 얼음 덩어리를 막아주어 그들은 살아났다.

머메리는 이 정도의 위기로 용기를 잃지 않았다. 문제는 오히려 구르카 병사 라고빌에 있었다. 그는 고산병으로 더 이상 갈 수 없게 됐다. 머메리는 표고 7,000미터 바즈인 물데(분지)까지 올라가 하룻밤을 더 비박하면 다음 날에는 낭가 파르바트 정상에 설 수 있으리라고 생각했다.

산행에는 그런 일이 종종 있기 마련이지만 머메리의 계획은 좋았으나 운이 따르지 않았다. 그칠 줄 모르는 눈이 머메리의 디아미르 공격을 가로막았다. 그는 일단 하산하여 이번에는 새로운 구르카 병사 둘을 데리고 디아마 샤르테(6,200m의 콜)를 넘어 라키오트 쪽으로 나가보기로 했다. 이것이 그의 마지막 행차가 되리라고 누가 알았을까. 콜리와 헤이스팅은 위험하지 않은 길로 돌아 라키오트 계곡으로 가서 머메리 일행을 맞을 생각이었다. 그러나 만나기로 했던 곳에 머메리는 나타나지 않았다.

3

머메리가 조난하고 37년이 지나는 동안 낭가 파르바트에는 찾아오는 사람이 없었다. 그러자 1차 대전이 끝나고 등산가들이 히말라야에 눈을 돌리기 시작했다.

1932년 빌리 메르클이 이끄는 독일과 미국의 합동대가 머메리가 갔던 라키오트 골짜기로 들어갔다. 원정 시기로서는 늦은 6월 24일이었다. 애당초 계획했던 트레킹 루트의 사용 허가가 내리지 않아 다른 길로 돌아가는 바람에 스리나가르에서 라키오트 계곡까지 300킬로미터 가는 데 37일이나 걸린 탓이다.

그런데 서부 히말라야는 동부보다 몬순이 늦기 때문에 원정대는 이것을 이용하여 캠프를 치며 나아갔다. 그들은 6,600미터 고소에 캠프 6을 세우고 나흘 뒤 대장이 6,950미터까지 올라갔다. 정상이 보였다. 날씨만 좋으면 정상에 오르기는 문제가 없을 듯했다. 그러나 다음날부터 눈이 쏟아져 그들은 이루 말할 수 없이 고생하며 물러났다.

두 해가 지난 1934년. 메르클은 정예 등산가 8명, 과학반 3명, 영국인 수송 장교 2명과 셰르파 35명을 데리고 낭가 파르바트로 갔다. 5월 2일 포터 500명과 트레킹을 시작한 원정대는 17일이 지나 빙하 아래쪽에 도착했다.

대장은 1932년의 경험을 살려 캠프 4까지 순조롭게 진출했다. 그때 대원 하나가 고산병으로 죽는 바람에 전진이 일단 중단되었다.

공격이 다시 시작된 것은 한 달 뒤였다. 그런데 얼마 전에 동료를 장사 지낸 그들에게 똑같은 운명이 덮치리라고 누가 생각했으랴, 공격대는 예정대로 라키오트 피크를 넘었다. 그리하여 7월 6일 대장 등 5명과 셰르파 11명이 질버자텔에 캠프 8(7,480m)을 치는 데 성공했다. 정상까지 4, 5시간이면 갈 것 같이 보였다.

밤이 되며 눈이 쏟아졌다. 폭설은 다음날도 그 다음날도 그치지 않았다. 공격대는 일단 철수키로 하고, 8일 아침 슈나이더와 아쉔브레너가 셰르파 3명을 데리고 먼저 떠났다. 한 치 앞을 가눌 수 없는 눈보라 속에 그들은 캠프 7에 도착했는데 대원은 쉬지 않고 내려갔다.

캠프 6과 캠프 5는 비어있었다. 그들은 저녁 늦게 캠프 4에 도착하여 비로소 지원대와 만났다.

그런데 따라올 줄 알았던 셰르파들은 물론 후속부대가 보이지 않았다. 이런 날이 며칠 계속됐다. 1주일째 되는 14일 셰르파 앙 체링이 귀신같은 모습을 한 채 캠프 4에 굴러들어왔을 뿐이다. 그리하여

1934년 8명이 영원한 잠자리를 만년설에 마련하고 낭가 파르바트는 다시 적막에 싸였다.

1932년의 실패와 1934년의 참사는 모두 기상 탓이었다. 일기만 좋았다면 낭가 파르바트를 둘러싼 영광은 독일인의 것이 틀림없었다. 1937년이 되어 독일은 다시 원정대를 보냈다. 대장에 카알 비인, 그 밑에 유능한 대원 여섯 명이 붙었다.

원정대는 큰 어려움 없이 전진, 6월 7일에 캠프 4를 설치하고 공격에 필요한 물자를 올려놓은 다음, 11일에는 전 대원이 한 자리에 모였다. 이렇게 전진기지가 마련되자 대원들의 사기는 높았다.

그런데 6월 14일에서 15일에 걸친 밤중에 라키오트 피크에서 엄청난 눈사태가 일어나 잠자고 있던 대장과 7명의 대원 그리고 셰르파 9명 등 16명을 한꺼번에 덮쳤다. 이것은 세계 등산사에서 최악의 조난이었다. (두 번째로 큰 조난은 한국 마나슬루 원정대가 입은 15명의 희생) 이리하여 1934년과 1937년에 걸친 대참사는 낭가 파르바트를 '독일인의 운명의 산'으로 만들었다.

독일인들은 여기에 꺾이지 않고 1938년과 1939년에도 도전을 계속했다. 그러나 그들의 뜻은 이루어지지 않은 채 2차 대전이 일어나 낭가 파르바트를 둘러싼 싸움은 휴전을 맞게 된다.

1950년 안나푸르나를 등정하여 인간은 처음으로 8,000미터의 벽을 깼다. 그리하여 낭가 파르바트에도 운명의 날이 왔다. 1953년은 기이한 해였다. 1921년 시작하여 10회의 도전 끝에 영국대가 에베레스트를, 1932년부터 6회의 도전(또 한 번은 영국 대)과 수많은 희생 끝에 독일(오스트리아와 합동)대가 낭가 파르바트를 오른 것은 너무나도 필연적이고 상징적이다.

헤를리히코퍼를 대장으로 독일・오스트리아 합동대가 독일인 6명과 오스트리아인 4명으로 편성되어 등반 지휘는 낭가 파르바트에 경험이 있는 아쉔브레너가 맡았다. 그들은 지난날 1939년 단 한 번 디아미르 쪽으로 갔을 뿐 이번에도 전과 다름없는 라키오트 쪽으로 루트를 잡았다.

베이스캠프가 5월 24일 설치됐으나 셰르파의 입국이 허용되지 않아 그들은 대원의 힘으로 고소 캠프에 짐을 올려야 했다. 드디어 7월 2일 모렌코프 서쪽 안부에 캠프 5가 마련되고 대원 4명이 올라갔다. 숙원인 낭가 파르바트 등정은 여기에서 단숨에 이루어졌는데, 그러한 초인간적인 능력을 발휘한 사람은 당년 29세 오스트리아의 헤르만 불이었다.

불은 7월 3일 오전 2시 반에 고소 캠프를 떠나 7시경 질버자텔에 도착했다. 켐프터 대원이 30분 늦게 먹을 것을 가지고 불의 뒤를 따랐으나 결국 그는 도중에 탈락했다. 따라서 불은 굶어가며 전진하여 바즈인콜에 하오 2시, 정상에 도착한 시간은 7시였다. 이렇게 되니 하산 시간은 늦을 수밖에 없었다. 불은 자일도 없이 스키 스톡 하나에 몸을 기대어 밤을 지샜다. 결국 그는 이런 상태에서 기적적으로 살아나서 다음날 동료들의 품에 안겼다. 40시간이나 흘렀다. 이 40시간 사이의 헤르만 불을 보고 '한 청년이 완전히 노인이 되어 돌아왔다'고 기록한 사람이 있었는데, 그토록 그의 얼굴은 상상할 수 없을 정도로 여위고 상해 있었다.

8,000미터를 혼자 올라 세계 등산계를 떠들썩하게 한 사나이 헤

르만 불은 1957년 카라코룸의 초골리자를 오르다 발밑의 눈처마가 무너져 영원히 사라졌다. 낭가 파르바트에서 내려 온지 4년 뒤의 일이다.

낭가 파르바트의 역사는 그 후에도 눈부시게 펼쳐졌으나 그 드라마의 절정은 결국 1895년 머메리의 실종부터 시작하여 독일의 대참사를 거쳐 1953년 헤르만 불의 단독 등반까지로 보면 될 듯 하다.

에베레스트

Everest 8,848m

1

 20세기도 반을 넘어선 1953년 5월 29일, 지구의 끝이며 지표상 가장 높은 곳에 두 사람이 섰다. 뉴질랜드 출신 에드먼드 힐라리와 셰르파 노르게이 텐징이 세계의 최고봉 에베레스트를 정복한 것인데, 금세기 초엽인 1921년부터 시작하여 장장 32년 동안 10회에 이르는 끈질긴 도전 끝에 영국 원정대가 올린 개가였다.

 영국은 이 32년간, 제 3차 원정 때 말로리와 어빈의 실종에 이은 달라이 라마의 에베레스트 입산 보류기간인 8년과, 2차 대전과 그 여파로 밀린 13년을 빼고, 그때그때 주인공들이 바뀌기는 했어도 거의 해마다 원정대를 투입했으니, 에베레스트는 처음부터 끝까지 영국 사람들의 독무대였다. 이에 대해 존 헌트가 '우리는 당시 인도에게 특권을 가지고 있었기 때문에 양차 대전 사이에 에베레스트 입산 허가를 얻는 데 다른 나라보다 어느 정도 유리한 입장에 있었다.'고 기록하고 있다.

 영국과 에베레스트의 관계는 18세기 중엽의 옛날로 올라간다. 영국은 당시 인도를 지배하며 국경 지대를 경비하기 위해서도 북방 고지대에 대한 지도를 만들고 그 지역을 탐사할 필요가 있었다. 이리하여 인도에서 육지 측량부가 활동을 개시한 것은 1849년이며, 이때 히말라야에는 고봉마다 측량 번호가 매겨졌다. 예컨대 카라코룸 2호봉 이라는 뜻의 'K2'는 오늘날도 남아있는 당시의 흔적이다.

대체로 유명물에 재미있는 일화가 따라다니기 마련이지만 세계의 최고봉 에베레스트도 예외가 아니었다. 즉, 1852년까지만 해도 지상에서 가장 높은 봉우리는 '42호 봉'인 다울라기리(8,039m)가 아니면 '8호 봉'인 캉첸중가(8,598m)로 알려져 있었다.

그런데 같은 1852년 어느 날 한 측량기사가 홍분을 감추지 못하고 측량장관실의 문을 두들기며 "각하, 세계에서 제일 높은 봉우리를 발견했습니다!"고 보고했다. '15호 봉'을 여섯 군데에서 관측한 결과 평균 고도가 29,002피트였다는 것이다. 이 높이는 그 후 미터로 환산해서 오늘의 공식 수치인 8,848미터가 됐지만 한때 8,882미터로 높아진 일도 있었다.

당시 '15호 봉'에는 티베트 이름인 '초모룽마'라든가 네팔의 '사가르마타'라는 칭호가 있는 것을 모르고 영국은 최고봉의 발견을 기념하기 위해, 측량 활동에 공적이 많았던 퇴임한 장관 조지 에베레스트의 성을 따서 여기에 붙였다.

아마 오늘날 에베레스트가 영국 육군대령의 이름이라고 아는 사람은 많지 않으리라.

히말라야는 산스크리트의 복합어로 '눈이 있는 곳'을 뜻하며 요컨대 사시사철 만년설로 덮여 있는 고산지대를 말한다. 히말라야는 넓은 의미에서 중앙 아세아를 가리키며, 이 속에는 네팔, 파미르, 쿤룬, 카라코룸, 힌두쿠시, 펀잡, 가르왈, 시킴 등 여러 고산 지대가 들어 있어, 서부 아프가니스탄에서 인도의 동북 지역에 걸친 광대한 지역을 말한다.

이 지역에는 8,000미터 급 14봉에 7,000미터 급이 350여 봉이나 되며, 지구상에는 이러한 고지대가 따로 없으므로 히말라야가 '세계의 지붕'이라고 불리는 것이다. 그러나 이 고산지대에 등산의 여명이 트기까지에는 에베레스트의 존재가 알려지고 나서도 30여 년의 세월이 흘렀다.

18세기 중엽에 영국 사람들은 유럽 알프스 등산의 황금기를 수놓았는데 1865년에 마터호른을 오르게 되자 그들은 활동 무대를 알프스 밖에서 찾게 된다. 그리하여 1883년에는 그래엄이 순수 등산을 목적으로 히말라야를 찾아 가르왈, 시킴 등지에서 6,000미터 급 봉우리에 처음으로 올랐다.

1887년 영허즈번드(당시 23세)가 중국 북경에서 중앙 아세아를 횡단하여 카라코룸에 이르러 무즈타그 패스(5,486m)를 넘어 발토로 빙하로 나왔다. 영허즈번드가 그 전해인 1886년에 우리나라의 백두산 ―그들의 기록에는 Long White Mountain(長白山)― 을 북쪽에서 올라갔다고 하는데 이 사실은 의외로 알려지지 않고 있다. 이와 같은 영허즈번드의 미지의 세계에 대한 탐구욕이 후일 히말라야 위원회를 낳게 하고 에베레스트 원정 활동을 추진하는 모체로 발전시킨다.

2

 19세기 말엽에서 20세기 초엽의 히말라야 등반사를 펼치면 1896년 머메리의 낭가 파르바트 도전과 1899년 프레쉬휠드의 캉첸중가 일주, 그리고 1907년 롱스태프가 해낸 7,000미터 급(트리술) 초등정이 눈에 띈다.

 머메리와 프레시휠드의 산력은 에베레스트 원정과 직접 관계가 없으나 당시 영국의 선구적인 등산가로서 그들이 히말라야에 남긴 발자취는 크다. 그런데 트리술의 초등은 미리부터 계획된 것이 아니고 에베레스트에 가지 못한 분풀이었다.

 1907년은 영국산악회가 창설 50돌을 맞는 해로서 산악회에서는 그 기념사업으로 에베레스트 원정이 논의 되었다. 그러나 이 계획은 외교상의 문제로 정부의 허가를 얻지 못하게 되어, 계획을 추진하려던 롱스태프는 목표를 가르왈 히말라야에 있는 트리술로 돌렸던 것이다.

 에베레스트 원정을 처음으로 발상한 사람이 누구인지 정확하지는 않으나, 이전에 브루스와 영허즈번드가 1893년 티베트를 횡단하며 화제로 삼았다는 것으로 보아 1921년 제 1차 원정대가 장도에 오르기까지 근 30년의 세월이 흘렀음을 알 수 있다. 그리고 이보다 긴 시간이 다시 에베레스트 초등 때까지 걸렸다.

 한 고봉을 두고 4반세기가 넘는 도전이 벌어진 예는 에베레스트 앞에도 뒤에도 없다. 32년 동안 10회에 이르는 영국산악회의 원정 활동을 자세히 보면 고산의 연구와 고소 등반이 발전해 나간 뒷이야기를 알 수 있다.

한편 에베레스트의 공략전은 대부분 티베트를 지나가는 북방 루트에서 벌어졌는데, 이것은 당시 네팔이 쇄국정책을 폈기 때문에 부득이한 일이었다. 만일 영국이 처음부터 네팔 쪽으로 기회가 주어졌다면 그렇게 오랜 세월을 두고 고생하지 않았을런지도 모른다.

1949년에 네팔이 문호를 개방하자 영국은 비로소 방향을 바꾸어 제 9차 원정대를 쿰부 빙하로 투입했는데, 이것이 마침내 에베레스트의 문을 열게 했으니 이러한 추측은 조금도 무리가 아니다. 그러나 북방 루트에서 영국대가 남긴 시사와 교훈 그리고 전설적인 장면들은 등반사에 불멸의 빛을 던지고 있다.

1921년 1차 원정에서 말로리는 서릉의 안부(로라-6,100m)에 올라가서, 30년 뒤에 에베레스트의 관문이 될 네팔 쪽의 아이스폴의 무서운 모습을 내려다보았으며 그때 그가 노스콜을 발견했다.

이듬해 말로리, 노턴, 서머벨 등은 산소통 없이 8,225미터의 고도를 올라 인간으로서 8,000미터 고도를 돌파한 최초의 기록을 세웠으며, 핀치와 브루스는 산소통을 사용하고 8,326미터까지 올라갔다. 이때 산소통 사용에 대한 찬반론이 일어났다.

1924년 영국은 제3차 원정대를 파견했는데, 이 원정을 떠나기 전 말로리는 "에베레스트에 왜 가려는가"라는 질문에 대하여 "거기에 에베레스트가 있으니까(Because it is there)"라고 한 것은 너무 유명하다. 안타깝게도 말로리는 옥스퍼드 대학생 어빈과 표고 8,500미터 부근 북릉에서 사라졌다.

말로리 일행의 최후는 오델 대원이 망원경으로 지켜보았다. 그 뒤 그들은 정상을 밟았으리라는 주장이 나돌았지만 결국 확인할 길은 없었다. 이는 말로리의 탁월한 등산정신과 기술을 아끼는 사람들이 말로리에게 거는 기대였으리라.

한편 이 3차전에서 노턴은 산소통을 쓰지 않고 혼자 8,572미터 고도까지 진출했는데, 이것은 1953년 에베레스트가 등정되기까지 인간이 도달한 최고 지점이었다. 셰르파 7명이 노스콜 밑에서 눈사태로 몰사한 것도 이 3차 원정대의 비극이었다.

1924년 이후 8년 동안 에베레스트는 달라이 라마의 입산 금지령으로 태고의 정적을 되찾았다. 그리하여 1933년부터 원정 활동이 재개되어 2차 대전 이전까지 4회에 걸쳐 벌어졌으나, 그 어느 하나도 그 전의 3차 활동에 미치지 못했다.

이 무렵 괴상한 일이 일어났다. 1934년 봄에 윌슨이라는 영국 사람이 혼자 노스콜로 오른 뒤 소식이 끊겼다. 이듬해 제5차 원정대가 그의 시체와 유품을 찾았지만, 등산가도 아닌 윌슨에게 기대를 걸거나 그의 의도를 정상적인 것으로 여긴 사람은 없었다.

3

에릭 뉴비는 등산의 역사를 서술하며 1953년에 영국 원정대가 이룩한 초등의 배경에는 과거 32년간 10회에 걸쳐 원정대가 가져온 경험의 누적이 있었다고 평했다.

에베레스트 초등의 영예를 얻은 영국대의 대장 존 헌트 자신도 그의 등반기 『에베레스트 등정』속에서 "이 책에 서술한 것이 전부가 아니다. 에베레스트 등정은 하루에 이루어진 것이 아니고 또한 우리가 준비를 마치고 드디어 올라간 저 심뇌 많고 잊을 수 없던 수 주 동안의 소산만도 아니다."고 말하여 1차 원정 이래 쌓인 선구자들의 노고와 희생을 딛고 선 성공임을 시사했다.

특히 헌트는 어려운 산에 오르는 일을 릴레이 경주에 견주고 "스위스 원정대는 그 전해까지의 일련의 영국 등산가들로부터 최신 지식의 바톤을 이어받고 눈부시게 달린 다음 우리에게 다시 바톤을 넘겨주었다. 이렇게 해서 우리는 마침내 최종 주자가 됐다."고 1952년의 스위스 원정대의 공적을 높이 평가했다.

물론 1952년에 스위스가 끼어들지 않았더라도 에베레스트로 가는 길은 영국에게 열리게 되어 있었다고 본다. 왜냐하면 1949년 네팔이 쇄국정책을 지양하자 영국은 재빨리 공격 루트를 네팔로 돌려 1951년에 쿰부 빙하를 거슬러 올라 아이스폴을 돌파하고 웨스턴 쿰 입구까지 진출했으니까. 스위스가 에베레스트 공격에 나선 것은 그 뒤인 1952년 이었다.

스위스 원정대는 아무도 가본 일이 없는 절대 침묵을 지키는 웨스턴 쿰(이 이름은 말로리가 붙였다.) 설원 계곡을 눈에 보이지 않는 크레바스와 싸우며 뚫고 나갔다. 갑자기 눈앞에 엄청나게 큰 산괴가 나타났다. 처음 보는 에베레스트의 웅대한 모습이었다. 높이 3,000미터나 되어 보이는 검은 장벽이 그들의 길을 가로막았다. 멀리 오른쪽에 표고 8,500미터의 로체와 그의 광대한 사면이 보였다. 로체와 에베레스트가 이어지는 부근에 안부가 보이고 그 안부에서 에베레스트 정상으로 이어지는 가파른 능선이 뻗어 있었다. 도중에 어떤

함정이 있을는지 모르지만 길은 여기밖에 없을 것 같았다.

스위스대는 눈사태에 온갖 신경을 쓰며 로체의 급사면을 올라갔다. 산소통 없이 오르는 8,000미터 고소의 급사면 등반은 고통을 가져왔다. 그러나 이 등반에서 봄철의 원정대가 부딪친 어려움은 거대한 돌출 암부의 통과였다. 이것을 안 가을 대는 암부를 끼고 돌아가는 작전으로 나갔다. 그리하여 8,000미터 고소인 사우스콜에 캠프 6이 설치되고 알프스 가이드 출신인 랑베르와 셰르파 텐징이 동남릉을 따라 표고 8,600미터 지점까지 올라갔다. 그러나 그들은 그저 오른 것이 아니었다. 랑베르와 텐징은 한 발 떼고 세 번 깊이 숨을 들이마셔야 했다. 기술적인 어려움이 아니고 고소에서 오는 육체적 정신적 고통이었다.

랑베르의 기록에는 아래와 같이 적혀 있다.

> '공격 지점에서 우리는 어떤 일이 있어도 절대로 캠프 6이 있는 사우스콜로 돌아가야 한다. 그렇지 않으면 죽음이 있을 뿐이다. 사실 우리의 다리는 말을 듣지 않았다. 우리는 주저앉은 채 몸을 끄는 일이 고작이었다.'

이렇게 해서 스위스 대는 에베레스트 정상을 바로 눈앞에 두고 돌아섰다. 그러나 목표가 위대할 때에는 최후의 승리만이 승리가 아니다. 그 과정이 더욱 빛날 때가 있다. 1952년 스위스 원정대의 경우가 바로 그러했다. 즉 그들이 처음으로 개척한 사우스콜을 지나는 동남릉 루트는 에베레스트 정상에 이르는 유일한 전통 루트로 영원히 남왔다. 그 뿐만이 아니다. 오늘날 에베레스트를 논할 때 빠짐없이 나오는 '침묵의 계곡'이나 '제네바 스퍼'는 그들이 돌파하느라 악전고투했던 웨스턴 쿰 설원과 로체 사면의 록밴드에 그들이 붙인 이름이다.

유구한 세월 사가르마타, 초모룽마로 불리며 지구상의 벽지 네팔과 티베트 원주민들의 존엄과 외경의 대상이던 세계의 최고봉이 그 신비의 베일을 벗는 날이 왔다.

존 헌트가 이끄는 에베레스트 제10차 원정대가 드디어 세기적인 대역사를 이룩하게 됐다. 그러나 헌트 대장이 솔직히 인정했듯이 그의 원정대는 앞서 스위스대가 닦아놓았던 길을 그대로 따라갔다. 헌트는 에베레스트에 관한 문제 제기에서 "이러한 고봉에 모험을 감행하는 사람들이 직면하는 위험과 공포에는 세 가지가 있다. 즉 고도의 문제와 기상상태 그리고 등반 자체의 어려움이다"고 말하고 있다. 이 문제에 대해 아놀드 런이 재미있는 비유를 했다.

> '베이스캠프에서 정상까지가 샤모니에서 몽블랑까지의 높이와 다름이 없다는 말은 이틀이면 정상에 오를 수 있다는 이야기다. 그런데 실은 어떤가. 영국 원정대는 47일 걸렸다. 이것은 기상과 고도에서 오는 어려움 때문이었다.'

존 헌트가 지적한 세 가지 문제의 해결을 위해 바쳐진 시간은 32년이었다. 물론 이 속에는 루트 탐사에 쓰인 시간이 많았지만, 등반에서 기능힌 루드란 결국 이 문제가 해결되는 곳을 말한다.

K2

8,611m

1

영국, 미국, 독일, 프랑스, 이탈리아 등 다섯 나라가 선진국 중에서도 강대함을 자랑하던 시대가 있었다. 그러나 2차 대전을 겪으면서 이 나라들은 한결같이 국력을 소모했으며 특히 독일과 이탈리아가 입은 피해는 극도에 달하여 재기하려면 상당한 시일이 걸릴 것으로 보였다. 그런데 전후 얼마 되지 않아 히말라야 거봉에는 그들의 깃발이 나부끼기 시작했다. 마치 오랫동안 축적됐던 젊은 힘과 정열이 한꺼번에 쏟아진 듯싶었다.

그런데 그 선두를 달린 것은 1950년 프랑스의 안나푸르나 등정이다. 이어서 1953년에는 영국이 에베레스트에, 독일과 오스트리아 합동대가 그들의 운명의 산이던 낭가 파르바트에 올랐고, 이듬해에는 이탈리아가 K2 정상을 밟았다. 이렇게 해서 히말라야는 1964년까지 자이언트 급 14봉이 모두 등정되는 등산의 황금기를 맞게 된다.

K2는 에베레스트 다음 가는 고봉인데, 초등 이후 25년간의 역사를 보면 에베레스트에는 18개 팀이 오른 데 비해 K2에는 3개 원정대가

성공했을 뿐이다. K2가 기술적으로 어렵다는 것을 잘 말해주고 있다.

K2가 역사상에 나타난 것은 1850년대의 일이다. 그 경위는 에베레스트와 같다. 영국이 인도를 지배하여 북방의 고산 지대를 측량하는 과정에서 그 높이가 알려졌다.

카라코룸의 고산군을 처음으로 바라본 사람은 영국의 측량장교 몽고메리 공병 대위였다. 그는 눈에 보이는 높은 산에 K1, K2, K3… 등의 부호를 붙이고 35봉을 측량했다.

그 결과 K2가 세계에서 두 번째로 높은 것을 알게 되자 에베레스트의 경우처럼 그것을 '마운트 몽고메리'로 하자는 의견이 나왔다.

몽고메리는 K2를 200킬로미터 밖에서 보았는데, K2를 가까이에서 보고 이 산으로 가는 길을 처음으로 발견한 사람이 나왔다.

1861년 탐험가이자 측량기사인 고드윈 오스틴이 포터를 데리고 발토로 빙하를 25킬로미터나 거슬러 올라갔으나 끝이 없어 돌아서려는 길에 가셔브룸 산괴 앞에 있는 퇴석 지대를 올라가 보았다. 바로 이때 K2가 오스틴의 눈앞에 나타났다. 포터가 "초골리"라고 소리쳤다. 현지말로 큰 산을 뜻하는 말이 그대로 산의 이름인지 또는 단순히 포터가 산이 크다고 한 말인지는 분명치 않다.

이 일로 오스틴의 공적이 높이 평가 되어 K2를 '마운트 고드윈 오스틴'으로 하자는 의견도 있었다. 그러나 K2는 이와 같은 변천을 겪으면서도 그대로 측량 부호가 자기 이름으로 굳어버렸다. K2라는 이름이 간결하고 개성적이라고 보았기 때문이리라.

오스틴이 '초골리'를 본지 20여 년이 지나도록 카라코룸 산군을 찾아온 사람은 없었다.

등산 세계를 연 산들 79

1888년 영국의 영허즈번드 기병대위가 중국 북경에서 인도로 가는 도중 전통적인 캐러밴 루트를 벗어나 카라코룸 산군의 높은 고개를 택했다. 표고 5,800미터의 '무즈타그 패스'인데, 고개 마루턱에 올라섰을 때 그의 눈앞에 1,000미터 되는 얼음 절벽이 나타났다. 이렇게 해서 그도 K2를 가까이 보게 됐다.

오스틴으로부터 30년이 지난 1892년에 비로소 원정대가 K2로 떠났다. 대장이 콘웨이 교수, 부대장은 브루스 소령으로 그 밑에 영국인 화가와 오스트리아 등산가 그리고 이탈리아 가이드 등이 붙었다.

그러나 콘웨이는 끝없이 계속되는 사전작업에 지쳐 결국 K2 공격을 포기하고 원정의 방향을 바꾸었다. 오스트리아 출신 에켄슈타인은 안내자 없는 등산을 주장하던 사람으로 그때 이미 아이스피켈과 아이젠을 사용하고 있었다.

사람 키만 한 등산지팡이를 든 대장과 신예 장비를 가진 대원은 자주 의견이 충돌했다. 그리하여 결국 에켄슈타인은 원정대를 떠나고 말았다. 이 원정에 성과가 있었다면 콘웨이가 카라코룸의 한 봉우리에 올라가서 기압을 재고 동행자의 맥박을 조사하며 주위의 모습을 스케치한 일이다. 콘웨이 원정대의 귀국은 런던을 떠들썩하게 만들었다.

2

콘웨이 후 10년이 흐르자 이번에는 다른 원정대가 K2로 떠났다.

대장은 10년 전 콘웨이와 싸우고 이탈했던 에켄슈타인이었다. 원정대는 오스트리아인과 스위스인 등을 대원으로 한 국제대의 성격을 띠고 있었는데, K2를 겨냥하기엔 너무나 풋내기들이었다.

당시 히말라야는 지구상의 공백 지대로서 고산군의 자연 조건과 그를 둘러싼 빙하가 어떤 것인지 아는 사람이 없었다. 따라서 이곳을 찾는 탐험대나 원정대는 어떻게 계획을 세워야 할지, 사전에 무엇을 준비해야 하는지 모르면서 길을 떠났던 것이다. 그들은 3월 20일 인도 폼페이에 상륙하고도 6월 5일이 되어서야 발토로 빙하를 오르기 시작했다. 오늘날에는 빙하의 입구 아스콜레부터 K2가 보이는 콩코르디아까지 4일이면 가는데, 이 원정대는 그 세 배나 걸렸다.

원정대는 K2 산록으로 깊숙이 이어지는 고드윈 오스틴 빙하를 거슬러 올라가서 제10캠프를 설치하고 여기를 전진기지로 삼았다. 그들의 계산으로는 표고 5,710미터였다.

원정대는 처음으로 동남릉으로 오르려 했으나 여기보다 쉬워 보이는 동북릉으로 루트를 바꾸었다. 6월 중순에 접어들며 눈이 매일같이 왔다.

7월 10일 날씨가 호전되자 동북릉 시등이 시작되어 두 대원이 고생 끝에 능선 위에 있는 표고 6,821미터의 무명봉 가까이 나아갔다. 그러나 그들의 체력은 한계점에 왔고, 그제서야 그들은 아이젠 없이는 등반을 계속할 수 없다는 것을 알았다.

동북릉에 대한 두 번째 시등이 감행되었다. 역시 두 대원이 6,821미터 봉과 그 북쪽에 있는 7,544미터 봉(스캔 킨리)를 연결하는 안부에 오르려 했는데, 갑자기 날씨가 나빠진데다 대원 하나가 고산병으로 쓰러졌다. 의사의 진단은 폐부종이었다. 결국 이 원정대는 급한 환자를 밑으로 내려야 했고 날씨도 좋아지는 기색이 보이지 않아 그들은 제11캠프 설치를 마지막으로 돌아서고 말았다.

그러나 내용과 외형이 모두 빈약했지만 이 원정대의 한 대원이 남긴 6개월간의 기록에 자극을 받아 1909년에 다른 원정대가 K2 도전에 나서게 된다. 오늘날 로마 중심부에 거대한 백아의 전당이 서 있다. 비토리오 에마누엘 II세 기념관인데, 분열되었던 이탈리아를 통일한 에마누엘 II세의 공적을 기념하는 건축물이다. 그런데 바로 이 위대했던 왕의 손자뻘인 아브루치 공이 K2 원정대를 조직하고 직접 그 대를 이끌었다.

이탈리아 원정대는 자금, 장비, 대원 등 모든 면에서 나무랄 데가 없는 가장 성공할 공산이 큰 최초의 히말라야 원정대로 평가되었다. 특히 대장 아브루치 공은 단순히 재력과 권력을 가진 귀족이 아니라, 1899년에 북극점 300킬로미터 앞까지 접근하고 블리자드와 싸운 경험이 있는 탐험가였다.

13명의 대원과 500명의 포터는 에켄슈타인 대의 경험을 살려 5월 중순에 발토로 빙하에 도달, 몬순 전에 등반 기회를 노렸다. K2 1차 원정대의 경우, 고용된 포터들은 자기들이 필요로 하는 식량 외에 운반할 능력이 없었다. 이와 같은 사실을 알고 이탈리아 대는 아스콜레에서 양, 염소, 닭 등을 구해서 발토로 빙하의 돌밭 초원에 방목했다.

아브루치 대장은 먼저 동북릉을 정찰한 결과 이 루트가 너무 길고 위험하다고 판단했다. 그는 K2 서쪽 빙하로 들어갔는데 여기서 시작되는 서북릉은 보기에 급하지 않았지만 안부에 이르는 사면이 얼음으로 덮여 접근이 어려운 듯했다. 아브루치 공은 K2 남면으로 방향을 바꾸었다.

원정대는 5월 26일 K2의 남면 산록 표고 5,000미터 지점에 베이스캠프를 세우고 등로 정찰에 나섰다. K2의 남면에서 동면으로 암릉이 아홉이나 뻗어 있었는데 아브루치 대장은 그 중에 하나를 택하였다. 이 동남릉은 훗날 '아브루치 릉'으로 불렸으며, K2의 유일한 등로가 되었을 뿐 아니라 44년 뒤 역시 이탈리아 원정대가 이 루트로 해서 초등에 성공하게 된다.

그러나 아브루치 대장은 이 능선을 반도 오르지 못했다. 암릉이 급한 경사를 이루고 있었기 때문이다. 원정대는 동남릉을 포기하고 다시 서북릉과 동북릉을 살폈으나 도중에 폭설을 만나거나 크레바스로 진로가 차단되어서 이렇다 할 진전이 없었다. 이때 그들의 고도는 6,600미터였다.

3

아브루치 원정대가 지나간 뒤 30년 동안 K2는 태고의 정적 속에 묻혀 있었다. 아브루치대의 실패가 K2의 등정이 불가능하다는 인상을 준 탓이리라.

1938년이 되어 처음으로 미국인이 K2에 눈을 돌렸다. 당대 미국에서 가장 우수했던 찰스 하우스톤 대장은 우선 루트 답사에 나섰지만 네 능선에서 서남릉은 처음부터 이야기가 안 되었고 서북릉과 동북릉을 살폈지만, 이탈리아대가 선언했던 대로 역시 어려워 보였다. 이제 남은 곳은 동남릉, 즉 아브루치 릉 뿐이었다.

7월에 들어가며 원정대는 표고 5,400미터 지점에 베이스캠프를 쳤다. K2는 다른 봉과 달리 캠프 1부터 정상까지 급경사를 이루고 있다. 그러나 그들은 낙석으로 텐트에 구멍이 뚫리는 가운데 캠프를 전진시켰다. 제 4와 제 5캠프의 고도차는 150미터였는데, 이 구간의 짐은 모두 자일로 끌어 올려야 했으니 루트가 얼마나 험난한지 알 만하다.

7월 20일 하우스톤 대장은 7,530미터 고소까지 올라가는 데 성공했다. 아브루치 릉 위쪽에 이른 것이다. 앞으로 남은 것은 정상 피라미드뿐이었다. 그러나 아무리 생각해도 여기를 돌파할 능력이 그들에게는 없었다.

이듬해 1939년이 되어 프리츠 비스너가 대원 다섯과 셰르파 아홉으로 원정대를 편성했는데, 공교롭게도 전 년도의 대원은 한 사람도 없고 대장 외에는 히말라야를 경험한 자도 없었다.

원정대는 5월 31일 K2 남벽 밑에 도달, 악천후 속에 캠프를 전진시켜, 7월 17일에는 7,940미터 고소에 캠프 9를 설치했다. 그들은 정상 피라미드 아래까지 온 것이다. 7월 19일과 21일 비스너와 파상이 정상 공격에 나섰지만 앞으로 나아갈 수가 없었다.

이때 K2의 비극이 도사리고 있을 줄 누가 알았을까? 대장과 셰르파가 캠프 8에서 기다리던 볼프 대원과 합류, 캠프 7에 내려와 보니 아무도 없었다. 셋은 그날 밤 침낭 하나로 지내고 볼프를 둔 채 밑으로 내려갔다. 제 6에서 제 2까지 중간 캠프는 비어있었다. 베이스 캠프에서는 고소와 연락이 끊겨서 모두 내려가 버렸던 것이다.

그러나 위에 혼자 남은 볼프 대원을 어떻게 할 것인가. 7월 28일 사다 파상 키쿠리와 체링이 하루에 제 6캠프까지 2,000미터가 넘는 고도를 올라갔다. 그들은 도중 캠프 4에서 기다리던 셰르파 두 명과 합류, 그 중 셋이 다음날 캠프 7에 도달했으나 볼프는 움직이지 못했다. 3명의 셰르파가 일단 제 6캠프로 내려왔다가 31일 다시 볼프를 구하려고 캠프 7로 갔다. 그러나 그것으로 그만이었다. 캠프 6에서 기다리던 체링은 베이스캠프에 내려와 이 사실을 알렸으나 속수무책이었다.

1953년 미국의 3차대가 K2로 갔다. 1차 때의 하우스톤 대장에 대원 6명과 수송 담당관 등 8명이었다. 그런데 2차 대전 후 파키스탄이 독립하면서 카라코룸 등산에는 셰르파 대신 원주민을 고용해야 했다. 이것은 커다란 타격이었다.

원정대는 6월 29일 역시 K2 남면 기슭에 베이스캠프를 치고 아브루치 릉으로 올라갔다. 8월 1일 캠프 8이 설치되자 기상이 악화되었는데, 길키 대원이 갑자기 고산병으로 쓰러졌다. 10일이 되어 더 이상 기다릴 수가 없어 전 대원이 길키를 침낭 안에 넣고 산을 내려왔다. 추위와 눈보라 속에 제 7캠프 까지 내려왔을 때 누군가 슬립했다. 로프로 묶인 8명이 그대로 설면을 미끄러졌다. 그러나 대원 하나가 순간적으로 피켈로 제동을 건 것이 기적을 일으켰다.

구사일생으로 캠프 7에 내려온 그들은 길키를 피켈 두 자루로 설면에 고정시키고 캠프를 정리했는데, 그러는 사이에 눈사태가 일어나 길키는 온 데 간 데 없이 사라지고 말았다. 길키를 잃은 7명이 베이스에 내려온 것은 5일 뒤였다.

미국대의 집요한 도전과 막대한 희생이 있은 후 K2는 1954년 드디어 이탈리아 원정대에 그 성역을 내놓았다. 20세기 초, 선배 아브루치 공이 도중까지 닦아 놓았던 루트를 반세기 가까이 되어 후배들이 완성한 셈이다.

암암리에 미국과 경쟁을 벌여 온 이탈리아로서는 국가적 총력전을 벌이는 심산이었으리라. 이 원정에 투입된 예산과 대원의 구성 등이 그것을 말해주었다. 그러나 그들에게도 행운만이 따른 것은 아니다. 행동을 개시하자 한 대원이 폐렴으로 사망하는 일이 있었지만 원정대는 이에 굴하지 않고 밀고 나갔다. 뿐만 아니라 공격을 시작하고 두 달 동안 악천후가 40일이나 계속되었는데, 끝내 7월 31일 오후 6시 두 대원이 산소가 바닥난 채 정상을 밟았다. 그들이 캠프 8에 내려왔을 때는 밤 11시였다.

캉첸중가

Kangchenjunga 8,598m

1

이른바 세계의 지붕으로 불리는 히말라야는 동서로 길이가 2,500 킬로미터 남북으로 폭이 400~500킬로미터나 되는 큰 산맥으로 중앙아시아의 고산 지대를 이루고 있다.

히말라야 연구가로 알려진 케네스 메이슨은 이 광대한 지역을 서북의 카라코룸부터 시작하여 동남의 시킴까지 편의상 여섯 개의 큰 산군으로 나누었다, 에베레스트와 K2가 각기 그 산군에서 주인 노릇을 하듯이 시킴 히말라야에서는 세계에서 세 번째로 높은 산이 높이 6,000미터가 넘는 봉우리 열을 거느리고 주위를 압도한다. 높이 8,598미터의 캉첸중가가 바로 그 산이다.

캉첸중가는 히말라야에서 일찍이 세상에 알려졌다. 산은 높을수록 사람 사는 마을에서 멀리 떨어진 오지 깊숙이 있기 마련인데, 이 봉우리는 인도의 다질링에서 약 75킬로미터 밖에서도 보이기 때문이리라. 에베레스트가 알려지기 전의 일이니 그 무렵 사람들은 캉첸중가를 세계 최고봉으로 알고 있었다고 한다. 그럴 법한 이야기다.

네팔이 동북 구석을 차지하고 있는 이 지역에 대한 탐험은 19세기 중엽에 이미 시작됐다. 즉 1848년 영국사람 후커가 다질링을 근거지로 두 해에 걸쳐 주변을 샅샅이 살폈고, 1879년부터 1884년까지 인도 측량국에서 밀정을 보내기도 했다.

그러나 캉첸중가의 참모습이 서방 세계에 알려진 것은 1899년의 일이며, 이 역사적인 일의 주인공은 당시 영국의 등산가로 이름났던 더글라스 프레쉬휠드였다. 그의 일행에는 산악 사진의 대가인 이탈리아의 비토리오 셀라 형제가 끼어 있었는데, 프레쉬휠드는 9월 시계 바늘과 반대 방향으로 캉첸중가를 한 바퀴 돌았다.

프레쉬휠드는 이 거봉에 오르는 루트를 정찰하는 한편 이 산괴의 위험성도 같이 자세히 조사하였고, 이와 같은 그의 노력은 후세에 『캉첸중가 일주』라는 고전으로 남았다. 프레쉬휠드의 탐험 이후 55년의 세월이 흘러 비로소 등반사에 초등이 기록되기까지 실로 이 책은 많은 원정대를 캉첸중가로 몰아붙이는 역할을 했다.

'캉·첸·중·가'의 낱말은 '눈·큰·보고·다섯'으로 '위대한 눈의 다섯 보물 창고'의 뜻이라고 한다. 여기에서 다섯이라는 말이 모여 있는 봉우리들의 수를 가리키는 것인지 아니면 단순히 완전수를 뜻하는 것인지는 확실하지 않지만, 캉첸중가가 독립봉이 아니고 주봉·서봉·중앙봉·남봉 등으로 된 거대한 산 덩어리인 것을 보면 캉첸중가라는 특이한 이름이 풍기는 뉘앙스를 알 것 같다.

산이 사람의 마음을 사로잡는 데는 여러 가지 이유가 있다. 캉첸중가의 경우 프레쉬휠드의 글과 사진으로 이 히말라야의 비봉이 재빨리 사람의 마음속에 파고들었겠지만, 다질링에서 볼 때 높이 허공에

뜬 거대한 설봉의 처녀성과 고도의 위용은 사실상 사람을 한없이 매료시켰으리라.

그러나 캉첸중가가 등산의 등급으로 볼 때, 에베레스트 다음으로 꼽히는 것은 다질링에서 보이는 매력 때문이 아니라, 8,000미터 급 등반으로 가장 어렵고 위험하기 때문이라는 아놀드 런의 말에 근거가 있음직하다.

> '캉첸중가 초등정자는 등산에서 가장 큰 업적을 이루게 되리라. 왜냐 하면 이 산은 바람과 날씨와 높이에서 오는 핸디캡이 있는 데다, 우리가 에베레스트에서 경험한 것보다 더 많은 위험도와 등산 기술상의 문제까지 안고 있기 때문이다.'

그런데 결국 이 문제를 해결한 것은 마치 헌트가 암시라도 한 듯이 에베레스트 남봉을 초등정한 찰스 에반스가 지휘하는 원정대에 속한 에베레스트 유경험자 조지 밴드와 다른 한 명의 젊은 등산가였다.

2

캉첸중가는 몬순의 영향을 바로 크게 받는 산 중의 하나다. 이와 같은 지식은 오늘날 극히 상식적인 것으로 되어 있으나, 금세기 초에는 아직 남험가나 등산가 사이에서도 잘 알려져 있지 않았다. 프레쉬휠드가 당초 7주간으로 예정했던 캉첸중가 일주 탐험 계획도,

기상의 급변과 심한 강설로 번번이 행로를 저지당해 결국 3주간 행동으로 중도에 돌아섰다. 이유는 몬순이라는 계절에서 오는 장애에 대한 고려가 미진했던 탓으로 생각된다. 결국 프레쉬휠드는 설맹에 걸려 고생했고 눈이 깊은 캉첸중가 산릉을 오른다는 것은 거의 기대하기 어려웠다.

이리하여 19세기가 막을 내리고 금세기의 문이 열렸다. 1905년 첫 등반대라고 할 수 있는 집단이 캉첸중가로 갔다. 이 등반대가 얄룽빙하를 거쳐 서남면으로 접근을 시도한 것을 보면 그들은 프레쉬휠드의 탐험을 잘 알고 있었던 것 같다. 그러나 그들은 처음부터 문제를 안고 있었다.

이 원정대는 영국인 크롤리가 추진하여 1902년에 K2에 갔던 자코가르모 등 3명의 스위스인과 이탈리아인 드 리기 등이 참가한 작은 파티였는데, 추진자 크롤리는 성격이 고약해서 등반 대장격인 가르모와 자주 충돌했다. 포터들은 크롤리의 실수로 구두를 얻어 신지 못하고 짚신으로 빙하 위를 갔으며 그러다가 한 사람이 떨어져 죽은 일까지 벌어졌다.

등반대는 9월 1일 6,300미터 고소에 제 7캠프를 세웠으나, 스위스 대원 하나가 눈사태에 휩쓸려 침낭을 잃고 맨몸으로 3일 밤을 지세다가 거의 견디기 어렵게 됐다. 가르모와 드 리기가 포터 세 사람을 데리고 그를 제 5캠프로 내리기로 했다. 그런데 자일 한 동에 6명이나 매달렸으니 그 하산이 순조로울 리가 없었다. 경험 많은 가르모가 발 밑을 조심해가며 앞에 섰으나 갑자기 포터 하나가 미끄러지며 그 순간 눈사태를 일으켜서 다른 사람들이 여기에 말려들어갔다. 이때 가르모가 재빨리 눈 속에서 빠져나와 드 리기를 끌어냈으나 나머지 넷은 3일 뒤에 시체로 발견됐다.

이 사고가 나는 순간 스위스인 레이몽이 사람 살리라는 소리를 듣고 텐트를 박차고 나섰다. 그때 크롤리는 "이런 산 사고는 나로서 동정할 수 없다. 날이 새면 내려가서 어떻게 됐는지 보겠다. 자코 가르모 박사는 남의 도움을 필요로 하지 않는 나이고, 리기 같은 놈을 누가 구해 주려고 하겠는가."고 말했다고 한다.

원정대의 내막이 이러했으니 그 결과는 보나마나였다. 크롤리는 이런 인물이었지만, 얄룽 빙하에 대한 자세한 정보가 알려지고는 지도가 보강되는 등 등반에 필요한 지식과 사진 등을 얻은 것은 모두 그의 덕분이었다.

캉첸중가의 대참사가 직접적인 영향을 미쳤는지 몰라도, 그 후 오랫동안 캉첸중가를 바로 목표로 하는 시도는 1929년에 이상한 미국 청년과 본격적인 독일 원정대가 찾아오기까지 없었다. 그러나 이 기간 중에 그대로 넘길 수 없는 일이 있었다면 영국의 켈라스 박사의 사건이었다.

켈라스 박사는 1907년에서 12년에 걸쳐 여러 차례 시킴 히말라야 지역을 여행하고 주로 캉첸중가 동부와 북부를 두루 살폈는데, 그러는 동안 그는 6,000미터 급 열 개를 오르게 되었다. 켈라스 박사는 1920년과 21년에 다시 시킴 히말라야로 가서 캉첸중가 남부 지역을 조사하여 에베레스트 주변의 빙하와 산세, 그리고 캉첸중가 일원에 내한 소중한 사신들을 많이 남겼다. 이와 같은 오랜 히말라야 편력의 공이 인정되어 켈라스 박사는 1921년 다질링에서 돌아오자 영국 에베레스트 1차 원정대에 편입되어 역사적인 장도에 오른다. 그러나 남달리 고산의 경험이 많은 그가 에베레스트로 가는 길에 심장병으로 별안간 죽으리라는 것을 누가 알았겠는가.

이름난 산일수록 전설적인 이야기가 있게 마련이지만, 1929년 캉첸중가에 나타난 미국 청년 파머의 이야기도 그중 하나다. 파머의 행각과 운명은 1934년 에베레스트에 혼자 오르다가 돌연 자취를 감춘 영국 청년 윌슨의 그것과 조금도 다를 바가 없다. 다만 파머의 경우, 고향의 어머니는 그가 얄룽 계곡에 있는 절에서 살고 있는 줄 믿고 1930년 국제대 대장인 디이렌퍼드에게 아들을 만나도록 부탁했다. 디이렌퍼드는 파머 어머니의 모정을 생각해서 얄룽 계곡을 찾아들어갔지만 그곳에서 본 것은 사람이 없는지 60년이 된 폐허뿐 이었다.

3

캉첸중가는 줄여서 '칸치'라고도 하는데, 칸치는 주봉을 가운데 두고 네 개의 능선이 사방으로 뻗어있다. 그리고 이들 능선 사이로 넓고 큰 빙하가 흐른다. 즉 서남면에 얄룽, 동남면에 탈룽, 서북면에 캉첸중가 그리고 동북면에 제무 빙하가 그것이다.

1929년 처음으로 본격적인 원정대가 나타났다.

파울 바우어가 지휘하는 8명으로 구성된 독일대로서 그들은 동북릉으로 공격을 시작했다. 9월 16일 능선 위 돌출부(5,830m)에 제 7캠프를 설치했지만, 여기서부터 위로 표고 7,000미터 지점인 제 10캠프까지는 천막 대신에 설동을 팠다. 대장 생각으로는 앞으로 정상까지 두 번 막영하면 될 것 같았다. 그런데 언제나 사람의 계획과 하늘의 배려는 다른가 보다. 10월 초순부터 날씨가 고약해지며 악천후가 닷새나 계속되었다. 바우어 대장은 철수 명령을 내리지 않을 수 없었다.

 1930년 영·독·오·스위스 등산가들로 된 국제대가 왔다. 대장은 디이렌퍼드였다. 그들은 무서운 동북릉을 피해 서북면으로 붙었다. 4월 26일 캉첸중가 빙하 위 5,050미터 지점에 베이스캠프 건설, 5월 9일 빙벽을 올라가서 캠프 3을 세울 생각이었다. 그런데 이상하게도 날씨가 포근했다. 제1진으로 슈나이더 대원과 셰르파 체탄이 나선 지 얼마 후 빙벽에서 큰 눈사태가 일어났다. 후발대가 현장으로 와 보니 체탄은 시체로 눈 속에 묻혀 있었다. 체탄은 영국 에베레스트 원정대에 여러 차례 참가했을 뿐만 아니라 전년에는 파우어 대를 따라 최고 캠프까지 올라갔던 유능한 셰르파였다. 디이렌퍼드 대는 이 사고로 루트를 서북면에서 서북릉으로 돌렸으나 이 산릉은 얼음에 덮인 좁은 암릉으로 양쪽이 1,000미터가 넘는 절벽이었다. 그들이 도달한 고도는 6,400미터였다.

 1931년이 되자 독일의 바우어가 다시 칸치에 왔는데 그에 대한 기대는 한번 걸어봄직했다. 바로 2년 전의 체험으로 대원의 보강이나 계절의 선택 그리고 장비와 식량에 대한 고려라는 면에서 크게 발전이 있었다. 바우어 대장은 전에 갔던 루트가 좋을 것으로 보았다.

 그런데 이번에도 기상의 변화 때문에 낙석과 눈사태가 걱정이었으나, 이러한 위험 속에서 7월 19일 캠프 7을 설치하고 많은 짐을 올렸다. 날씨가 더워지고 눈이 녹으면서 대원과 셰르파들의 건강이 차차 나빠졌다. 8월 8일이 되어 제 8캠프로 전진이 시작됐다. 한 대원이 셰르파 두 명과 안자일렌하고 급사면을 트래버스 하다가 가운데 셰르파가 미끄러지면서 앞에 가던 대원을 끌고 떨어졌다. 세 번째 셰르파가 필사적으로 확보했으나 강한 충격에 자일이 끊어졌다.

그러나 독일 등산가들의 정신력은 이 정도로 굴하지 않았다. 시간은 베이스캠프 건설부터 2개월 가까이 됐으나 전진이 계속되어 7,360미터 고소에 제 11캠프를 설치하고, 다음날 9월 17일에 표고 7,750미터 지점까지 올라갔다. 정상은 눈앞에 있었지만 암벽이 그들의 길을 가로막았다. 대원들의 피로는 극에 달했다.

기상마저 악화되면…바우어는 전진도 후퇴도 할 줄 아는 대장이었다. 그는 불굴의 용기와 불멸의 우정, 그리고 희생정신을 캉첸중가에서 시험해 볼 생각이라고 말한 적이 있는데, 그의 등반대는 1929년과 1931년 두 차례 실패하면서 이러한 시험에는 성공했다. 바우어와 그의 대원들은 싸울 때까지 싸웠다는 만족감을 안고 9월 27일 베이스로 내려왔다.

그로부터 20년 조용한 세월이 흘렀다. 그러자 1950년, 인간이 처음으로 8,000미터 벽을 뚫고 안나푸르나에 오르고 이어서 1953년에는 에베레스트와 낭가 파르바트가 등정되면서 캉첸중가가 다시금 등산가들의 마음을 흔들었다. 그리하여 1953년과 1954년 봄에 오랫동안 버려두었던 얄룽 빙하로 개인적인 정찰 활동이 파고들었다.

정찰대의 공적은 작지 않았다. 그들이 얄룽 빙하를 통해서 6,900미터 지점에 제 4캠프를 설치하고 나서 네팔과 시킴의 국경을 이루는 서남쪽 7,300미터 고소까지 진출한 것이 디딤돌이 되어 1955년에 드디어 초등정이 이루어졌으니까.

이 7,300미터 지점에는 '그레이트 쉘프' 즉 거대한 얼음 선반이 가로지르고 있었는데, 여기만 넘어서면 그 위는 문제될 곳이 없어 보였다.

1955년이 오자 영국은 이 얄룽 빙하 루트를 면밀히 조사한다는 명분을 앞에 내세우고 캉첸중가로 떠났다. 그들은 정찰대라 했지만 속셈은 이번에야 말로 등정한다는 야심만만한 원정대라는 것을 알 만한 사람들은 알고 있었다. 바로 원정대의 구성이 그것을 말해주었다. 총 9명의 대원중에서 6명이 히말라야 경험자였다. 특히 대장은 1953년 에베레스트 원정 대원 가운데서도 뛰어났던 찰스 에반스였고, 에베레스트에 오른 적이 있는 다와 텐징이 사다로 고용됐다.

영국 대는 결국 문제의 얼음 대 선반 상단부인 7,700미터 지점에 캠프 5를 설치하고 정상 공격에 들어갔다. 그리하여 5월 25일 밴드와 브라운 두 대원이 캉첸중가 정상에 도달했다. 그러나 그들은 정상 일보 전에서 발을 멈추었다. 다질링의 원주민들이 신성시하는 곳을 그대로 남겨두려는 배려에서였다.

마나슬루

Manaslu 8,156m

1

 1983년의 이야기다. 그해 전반기 네팔 히말라야에 들어간 원정대의 수는 모두 31팀이나 되었는데 그 가운데 여섯 팀은 일본에서 갔다. 나라별로 치면 일본이 세계에서 으뜸가는 활동을 벌이고 있는 셈이다. 이와 같은 추세는 비단 1983년 히말라야로만 볼 수가 없다.

 원래 서구에서 발달한 '알피니즘'을 일본은 뒤늦게 도입하여 오늘날에 와서는 세계 등산계의 선두를 달리고 있는 인상을 준다. 이것은 일본 민족이 가지고 있는 특유의 기질이 작용하고 있음이 분명하다. 그러나 일본 사람들은 오늘날의 이와 같은 해외 원정 붐이 지난 1956년 마나슬루 원정 이후에 일어났다고 스스로 말하고 있다.

 50년대의 일본은 2차 대전의 패전국으로 아직 국가로서 실권을 회복하지 못한 가운데 국민의 사기는 극도로 떨어져 있었다. 한편 세계의 등산계를 보면 1949년에 네팔이 개국 정책을 쓰면서 히말라야에 들어가는 팀이 늘고, 특히 1950년의 안나푸르나 등정을 계기로 8,000미터 급 14봉에서 일곱이 1955년까지 등정되고 있었다.

때는 전승국이건 패전국이건 모든 국민이 무거운 마음으로 새로운 삶에 저마다 희망을 걸고 있었기에 히말라야 대자연에 도전하는 그 자체가 바로 국가와 민족에게 신선한 공기를 불어 넣는 격이었다. 국내외가 이러한 상황에 있을 때 마침내 일본이 8,000미터 미답봉 마나슬루에 올라갔으니 도쿄 하늘에 애드벌룬이 16개나 떴다는 것도 이해가 간다.

그로부터 20년 사이에 거의 대학 산악부로 이루어진 일본 원정대는 히말라야 지역에서 7,000미터 급 21봉과 6,000미터 급 19봉을 초등정 하게 되었다.

그렇다면 일본의 마나슬루 원정은 어떻게 이루어졌는가.

일본산악회의 창립이 1905년의 일이니 일본의 등산은 그들의 개화기와 관계가 깊다. 사실 등산과 스키는 금세기가 열리는 무렵 서구문명과 함께 일본에 들어왔다.

남달리 흡수력이 빠른 일본은 일찍이 등산계에서도 선구적인 인물들이 나타나기 시작했으며, 고전적인 등산 행위가 활발해지고 이에 관한 전문 서적들이 쏟아졌다.

그러던 1921년 마끼 유꼬(槇 有恒·25)가 유럽 알프스의 아이거 동산릉 '미텔레기' 초등 기록을 세웠는데, 특히 이 해는 영국이 에베레스트에 1차 원정대를 파견한 때라 국내외에 커다란 화제가 되었다. 사람들이 알프스의 3대 북벽에 꿈을 가지기 10여 년 전의 일이다.

그리하여 일본은 1925년에 이르러 처음으로 해외 원정팀을 보내게 된다. 마끼를 대장으로 한 캐나다 록키 앨버타 원정대가 그것인데, 그 원정에서 전 대원이 등정에 성공했다. 한편 히말라야에서는 영국의 3차 에베레스트 원정대가 8,500미터까지 진출했다.

  30년대에 들어서면서 일본은 대학산악부의 전성기를 맞게 되는데, 그들은 점차 히말라야에 눈을 돌리기 시작하고 극지법 등산방식을 훈련하고 있었다. 그리하여 먼저 교토(京都)대학 팀이 이마니시 킨지(今西錦司)교수를 대장으로 1935년 정월에 백두산 정상에 올랐다. 당시 우리나라는 정치적으로 일본 지배하에 있었기 때문에 조직적인 등산 활동을 할 수 없었으므로 우리 산이면서도 일본에 선등을 빼앗긴 셈이다.

  극지법의 시험이 끝나자 일본의 다른 대학산악부가 가르왈 히말라야 지역에 있는 난다 코트(6,867m)등정에 성공했다. 물론 오늘의 기준으로 보면 이렇다 할 기록이 아니겠지만 30년대에 대학팀이 히말라야 처녀봉을 올랐다는 점에서, 그것도 구미 선진국에서 온 클라이머들의 독무대로 되다시피 한 곳에서 올린 개가니 만큼 일본 산악계에 새로운 자신감을 안겨 주었음은 틀림없다. 그러나 그들의 의욕은 이 무렵에서 더 이상 뻗어나가지 못하고 2차 대전을 맞으며 마나슬루 등정까지 전쟁을 전후한 20여 년 간의 침체기를 맞는다. 그렇게 보면 일본이 세계 자이언트 급 14봉의 하나를 차지하게 된 것은 결코 우연한 일이 아니었음을 알 수 있다.

2

  마나슬루는 네팔 히말라야 가운데 있는 세계에서 일곱 번째의 고

산으로 주위에 북봉(7,154m), 피크 29(7,835m), 추렌 히말(7,371m), 서봉(7,541m) 등을 거느리며 그 가운데서 주봉 구실을 하고 있다. 일컬어 마나슬루 산군이라고 한다.

「알파인 저널」에 따르면 마나슬루는 1950년 영국의 틸맨 원정대가 처음으로 여기에 접근했다고 되어 있는데, 1952년에 일본이 원정 이야기를 꺼냈을 때 네팔 현지에서는 물론 당국에서도 마나슬루에 관해서 아는 사람이 없었다고 한다.

당시 일본은 네팔과 정상적인 외교 관계가 없었기 때문에 마나슬루 입산 수속을 직접 밟을 수가 없었다. 그러자 1952년 인도에서 열리는 학술회의에 교토대학에서 참가하게 되었는데, 이때 니시보리 교수(西堀榮三郞, 1957년 일본의 1차 남극탐험 월동대 대장)가 따라가서 네팔과 교섭을 벌이기로 했다. 당시 네팔은 인도 정부의 지배하에 있었기 때문에 일본은 인도를 통해서 네팔과 이야기하려던 것이다.

처음에 일본은 인도와 함께 등산 학술 탐험대를 추진할 생각이었으나 그 일이 계획대로 되지 않아 결국 독자적인 교섭을 벌였다.

개국한 지 얼마 안 되는 네팔의 사정은 말이 아니었다. 카트만두에는 비행장도, 사람 묵을 곳도 없었다. 이러한 속에서 니시보리는 왕과 수상, 군의 수뇌부 등 정부의 요인을 만나, 마나슬루 입산허가를 얻어냈다. 그러나 이때 마나슬루를 모르는 네팔측 인사들을 설득하는 데 그중의 한 사람인 카이저 원수의 도서실에 있는 인도 측량국 지도가 도움이 되었다고 하니 격세지감이 있다.

마나슬루를 처음에 생각한 것도 교토대학의 학사산악회 선배이자 교수로 있는 이마니시와 니시보리 두 사람이었는데, 마나슬루라는

8,000미터 급 처녀봉은 거국적으로 다루어야 한다는 의견이 나오자 이 원정 사업은 일본산악회로 넘겨졌다.

일본산악회는 아이거 동산릉 초등자인 마끼 유꼬를 위원장으로 히말라야 위원회를 구성하고 위원회는 1952년 가을 1차 현지 정찰대(대장 이마니시)를 파견했다.

정찰대는 먼저 안나푸르나 IV봉을 오르고 6,200미터 처녀봉에 오르는 등 고도 순화과정을 거쳐 마나슬루에 접근했고, 북녘으로 사마 부락에 가서 베이스캠프를 정하고 두 대원과 셰르파 두 사람이 4일분의 식량을 가지고 정찰에 나섰다. 그런데 이틀 후 나이케 콜 앞에서 대원이 크레바스에 빠져 중상을 입었다. 그래서 노스콜까지 가보려던 당초의 계획을 포기하고 이번에는 동남면을 돌아보았으나 여기는 깎아지른 절벽이었다. 결국 마나슬루 등로는 나이케 콜을 경유하는 길밖에 없다는 것을 알았다.

1차 정찰대의 보고로 목표가 더욱 뚜렷해지자 다음에는 활동을 본격적으로 벌일 생각으로 파견대를 강화했다.

이 파견대의 진출은 순조로운 듯이 보였다. 그들은 4월 20일 마나슬루 빙하 4,600미터 지점에 캠프 1을 설치하고 5월 15일 7,100미터 고소에 캠프 8을 전진시켰다. 그러나 여기서 플라토까지 나아가기는 어려웠다.

공격조는 일단 캠프 4로 내려갔다가 29일에 대원 다섯 명이 전진캠프에 올라갔다. 그때 라디오에서는 몬순이 다가오고 있다고 알렸다. 공격조는 이틀분의 식량을 가지고 플라토 진출을 시도했다. 강풍에 눈이 날리고 노출된 바위들은 얼음장이었다. 세 대원이 2인용 텐트를 치고 지원대는 내려갔다.

6월 1일 07시, 셋이 캠프 9(7,500m)에서 정상으로 떠났다. 정상은 보였으나 가도 가도 끝이 없었다. 그들은 정오가 되어 표고 7,750미터 지점에 이르렀다. 그러나 거기서도 정상까지는 대여섯 시간이 걸릴 듯 했다. 이대로 간다면 밤 열한 시경에나 캠프 9로 돌아오게 된다는 이야기다. 게다가 대원 한 사람은 이미 기진맥진한 상태였다. 앞에 가던 가또 대원은 결단을 내렸다. 안전한 길을 택하기로 한 것이다. 그리하여 그들은 말없이 돌아섰다. 두 달 만에 돌아온 베이스 캠프에는 벌써 봄이 찾아와 있었다.

3

이렇게 해서 1차 원정대는 실패하였지만 그들이 정상까지 남겨놓은 표고 차는 375미터밖에 되지 않았다. 이제 마나슬루 등정은 눈앞에 다가선 거나 다름없었다. 따라서 1954년의 2차 원정대에 대한 기대는 컸다. 대장에 1936년 난다 코트 원정대를 이끈 호리다가 임명되고 전년도 핵심 멤버를 포함함 13명이 대원으로 선정됐다. 이밖에 셰르파 23명과 포터 414명, 캐러밴이 부리 간다키를 지날 무렵에 불길한 뉴스가 들려왔다. 사마 부락에서 300년의 전통을 지닌 절이 붕괴해서 라마승 셋이 죽었고 천연두가 유행하고 있는데, 이것은 일본 등산대가 성산 마나슬루를 더럽힌 탓이라는 것이다.

사마 마을을 한 시간 앞에 둔 원정대는 도끼를 든 30여명의 원주민이 그들을 기다리고 있다는 것을 알았다. 다음날 대원 한 사람이 사마로 가서 직접 교섭을 벌였으나 별 효과가 없었다. 사마 측에서는 일본대가 마나슬루에서 가네쉬 히말이나 히말추리로 방향을 바꾸라고 했다.

등산대는 하는 수 없이 가네쉬 공격에 나섰는데, 눈사태의 위험과 빙벽을 피하자니 적당한 등로가 없어 결국 물러서야 했다.

그리하여 1956년에 제 3차 등반대가 떠나게 된다. 이보다 앞서 니시보리 교수가 카트만두로 가서 사마 사건의 재발이 없도록 노력했다. 그는 그 길로 다질링에 들러 히말라야 클럽을 찾아 셰르파와 유능한 사다를 물색했다.

일본으로서는 제 3차를 마나슬루의 마지막 기회로 보고 모든 준비에 신중을 기한 셈이다. 그것은 대장 마끼 유꼬를 임명한 데도 나타나 있다. 강력한 후원회가 발족하고 정부의 보조금도 나왔다. 마나슬루는 한 산악회의 사업에서 국민의 사업으로 옮겨진 느낌이었다.

1955년 가을 세 대원이 선발대로 현지에 갔다. 그들의 임무는 사마에 가서 원주민에게 사전 양해를 구하는 일이었다. 그들은 스파(현지 정부관리)에게 미리 연락을 해둔 다음 캐러밴을 시작했다. 선발대는 도중에서 스파 일행과 합류하고 사마에 들어갔다. 원주민들이 길가에 나와 스파에게 경의를 표했다. 사마를 무사히 통과한 것이다.

선발대는 닷새 동안 5,600미터 나이케 콜까지 진출하고 일주일을 머물면서 주위를 정찰하고 플라토에 이르는 루트까지 살피는 여유 있는 활동을 벌였다. 대원들은 베이스캠프에 내려와 북쪽에 있는 갤라(6,000m)로 옮아가, 초다나(7,000m) 밑에 캠프를 치고 여기에 올라마나슬루의 정상부근을 망원렌즈로 촬영했다. 이 사진은 이듬해 마나슬루 등정에 큰 도움을 주었다고 한다. 선발대는 마지막으로 귀국길에 다질링에 들러 유능한 세르파 20명을 예약했다.

1956년이 왔다. 원정대(대원 12명)는 3월 27일 사마 부락에 접근했다. 그때 원주민들이 폭력으로 길을 막는 통에 스파 일행과 격투가 벌어졌다. 포터들이 짐을 내려놓고 모두 도망쳤으므로 대원과 세르파가 400개 넘는 짐을 베이스캠프까지 나르는 수밖에 없었다.

그러자 사마의 대표로부터 일본대의 입산을 불허하나 사원 재건비로 1만 루피(당시 일화 55만 엔)를 내면 등산을 허용한다고 제안해왔다. 결국 이 흥정은 4천 루피로 끝났다.

그리하여 4월 1일부터 캠프 전진 작업이 시작됐다. 캠프 1(5,250m), 캠프 2(5,600m), 캠프 3(6,200m), 그리고 아이스폴을 넘어선 곳에 캠프 4(6,550m)를 설치하고 여기를 전진 기지로 삼았다. 행동을 개시한 지 25일이 지나고 있었다.

마끼 대장은 24일 캠프 2에 올라가서 진두지휘를 했다. 고산 증세로 신음하던 대원은 베이스캠프로 내려갔다. 날씨가 좋아 모든 일이 순조롭게 진행됐다. 마끼 대장은 이런 때 빨리 밀어 붙이고 싶었다. 캠프 2에서 작전 회의가 열렸다.

5월 1일, 캠프 5 예정지가 물색되었다는 무전 연락이 전진 캠프에서 왔다. 내용인즉 위로 플라토, 플라토에서 정상까지는 지난해 선발대가 초다나에서 망원렌즈로 잡은 사진에 잘 나타나 있는 대로라는 것이다. 그렇다면 루트가 보이는 것이나 다름없었다.

대장이 공격조를 발표했다. 1차 공격에 대원과 사다, 2차에는 대원 둘이 선정됐다. 그리고 네 명의 대원이 지원 태세를 갖추고 캠프 4에서 대기하기로 했다.

4일, 두 대원과 셰르파 두 사람이 사다와 셰르파 6명의 도움을 받으며 캠프 5(7,200m)에 진입했다. 그러나 5일과 6일은 강풍으로 지체, 7일에야 일기가 호전하여 공격조는 플라토에 올라가 물색됐다는 캠프 6 예정지를 찾았다.

8일도 날씨가 좋았다. 공격조는 셰르파들의 지원을 받고 8시 30분에 행동을 개시하여 정오에 플라토로 나왔다. 캠프 6(7,800m)이 섰다. 지원대는 내려가고 공격조만이 남았다.

5월 9일 드디어 공격 날이 왔다. 이마니시 대원과 사다 갤첸은 08시에 마지막 캠프를 떠났다. 바람과 구름 한 점 없는 좋은 날씨였다. 그들은 광대한 설원을 천천히 올라갔다. 정상같이 보이는 곳이 나타나곤 했으나 번번이 거대한 눈처마였다. 산소의 도움으로 걷기는 힘들지 않았으나 마음은 긴장되었다. 그러자 드디어 세모꼴의 암봉이 나타났다. 12시 30분. 그곳이 그들의 목적지였다.

마칼루

Makalu 8,481m

1

에베레스트에 오르려는 사람은 누구나 마칼루를 알아야 하는 것으로 되어 있다. 자기의 고도가 높아지면서 마칼루가 눈 아래 내려다보이기도 하지만, 정상에 서면 제일 먼저 확인되는 것이 마칼루라고 알려져 있기 때문이다. 사실 마칼루는 에베레스트에 오르는 사람에게 자기의 고도를 알려주는 가장 확실한 기준이라고 할 수 있다.

네팔 히말라야는 전장 2,500킬로미터의 히말라야 가운데 3분의 1을 차지하고 있으며 그 핵심부는 에베레스트를 중심으로 동녘에 마칼루, 서쪽에 초오유(8,202m)를 거느리는 이른바 쿰부 히말라야다. 이 지역에서 에베레스트는 동남릉의 연장선상에 로체(8,516m)와 눕체(7,878m)를, 그리고 서릉이 뻗어 나가면서 푸모리(7,145m)를 거느리고 있고, 마칼루는 에베레스트 동남 20킬로미터 떨어진 곳에 마칼루 II봉(캉슝체), 초모 렌조 등 7,000미터가 넘는 고산과 거대한 바룬 빙하에 둘러싸여 그 위용을 자랑하고 있다. 마칼루의 원경은 보는 각도에 따라 에베레스트로 착각을 일으키는 수가 있어 히말라야의 초기 탐험가(프레쉬휠드 등)사이에 크게 논쟁이 벌어진 일도 있었다.

히말라야의 자이언트 14봉의 표고를 보면 아홉이 8,100미터를 중심으로 모여 있고 나머지 다섯이 8,500미터를 전후한 높이를 자랑하고 있다. 마칼루는 세계에서 다섯 번째 높이로 자이언트 급에서도 상위권에 들어있다.

마칼루의 존재가 알려진 것은 1921년의 일이었다. 이 해 영국의 제1차 에베레스트 원정대는 북쪽에서 에베레스트에 이르는 루트를 찾고 있었는데, 이때 그들은 캉슝 빙하 너머로 마칼루의 북면과 서북면을 보게 되었다. 그러나 에베레스트를 목표로 삼고 있던 시대에 마칼루가 화제에 오를 수는 없었다.

사실상 두 번의 세계대전 사이의 30년간 히말라야에서 벌어진 두 가지 큰 사건은 에베레스트와 낭가 파르바트를 둘러싼 영국과 독일 등산가들의 집요한 경쟁이었다. 이 싸움은 공교롭게도 1953년에 두 나라 원정대가 모두 성공하고 막을 내리게 되는데, 마칼루에 프랑스가 등장하는 것은 바로 그 이듬해인 1954년이다.

그런데 마칼루에 눈을 돌린 것이 프랑스가 처음이 아니었다.

1951년 제 9차 영국 에베레스트 원정대의 쉽턴 대장과 힐라리 대원은 마칼루 서쪽 기슭으로 흐르는 바룬 빙하에 처음 발을 들여놓게 되었다. 1921년 이래 줄곧 북방 루트로 에베레스트에 접근했던 영국이 1949년의 네팔 개국을 계기로 재빨리 방향을 바꾸어 쿰부 빙하로 등로를 탐색하기 시작했는데, 이때 두 사람은 처음으로 쿰부 빙하의 상단부 아이스폴을 올라가 보고 임자 콜라로부터 표고 6,000미터의 콜을 넘어 바룬 빙하로 나왔던 것이다.

그런데 1921년부터 독점해 오던 에베레스트 티켓을 1952년에는 스위스에 빼앗기게 되어 영국 대는 이 해 초오유 등산 허가를 받고 쉽턴 대장은 힐라리, 에반스, 로우 등을 데리고 초오유로 갔다. 물론 그들의 목적은 1953년 에베레스트 도전에 대비한 전지훈련에 있었다. 훈련을 마친 쉽턴 일행은 바룬 빙하를 다시 찾고 이번에는 페단체(6,730m) 바로 밑까지 거슬러 올라갔다. 이때 그들의 눈앞에 마칼루의 서면이 웅장한 모습을 드러냈다.

그 이듬해 영국대가 드디어 에베레스트 정상에 섰는데, 힐라리는 동남쪽으로 20킬로미터 남짓 떨어진 곳에 거대한 산괴가 솟아 있는 것을 보았다. 마칼루였다. 그의 눈에 마칼루가 북사면으로 오를 수 있을 것으로 비쳐졌다. 그리하여 힐라리는 1953년에 에베레스트를 마치자 54년에 마칼루로 가게 되는데, 이러한 결심은 그가 에베레스트에서 마칼루를 내려다 보았을 때 섰으리라.

그러니 에베레스트가 등정된 다음 마칼루가 사람들의 주목을 끈 것은 너무나 당연한 일이었다. 그런데 힐라리 외에 미국과 프랑스의 등산가들은 이미 원정의 준비를 마치고 있었다.

2

1954년 마칼루를 겨누는 3개 원정대 중에서 제일 먼저 접근한 것은 물리학자 윌리엄 시리가 이끄는 10명의 미국 대였다. 이 원정대는 3월 중순 인도와 네팔 국경이며 철도 종점인 족바니에 도착한 후,

트럭으로 다란 바자르까지 와서 14명의 셰르파와 합류했다. 당시 그들은 7톤 반의 짐을 400명의 포터에게 지우고 캐러밴을 시작했다. 쉽턴 고개를 넘어 바룬 빙하로 나와 4월 5일 바룬 포카리(4,700m)에 기지를 설치했다.

미국 대는 처음에 캉슝체와 마칼루를 잇는 마칼루 라(7,400m)에 접근해 볼 생각이었으나 그 위의 지형이 어떻게 되어 있는지 밑에서는 보이지 않았기 때문에 루트를 동남릉으로 바꾸었다. 이 루트는 도중에 동남봉(8,100m)이 융기하고 있을 뿐, 베이스캠프에서 사우스콜에 올라서면 정상까지 그대로 이어지는 암릉이었다.

그들은 4월 18일 행동을 개시하였다. 전진 캠프는 평균 500미터 표고차로 순조롭게 이어져 나가 26일에는 사우스콜 바로 밑 6,400미터 지점에 캠프 3을 설치하는 데 성공했다. 이렇게 해서 동남릉에 진출한 원정대는 6,700미터 고소에 캠프 4를 계획하고 있었다. 그러나 이 무렵부터 기상이 악화하는 바람에 전진을 일단 중지하고 대원들은 밑에 내려와서 휴식을 취하기로 했다. 그들이 내려왔을 때 베이스캠프에는 힐라리가 이끄는 뉴질랜드 원정대가 와 있었다.

뉴질랜드대의 규모도 미국 대와 같이 10명이었으나 이 속에는 대장 외에도 에베레스트를 처음 체험한 에반스와 로우가 있었으며, 이들은 모두 1952년에 바룬 빙하로 들어가서 마칼루를 눈여겨 본 자들이었다. 그러나 이 원정대는 마칼루 등산 허가가 없었기 때문에 그들은 주변의 고산에 올라가서 마칼루에 오를 수 있는 루트를 알아보는 정도로 그쳤다.

힐라리 일행도 미국대의 기지보다 낮은 곳에 베이스캠프를 치고 바룬 빙하를 거슬러 올라 6,000미터 급의 무명봉부터 오르기 시작했다. 4월 27일이었다. 그런데 이때 두 대원이 크레바스에 빠져 한 대원이 중상을 입고 크레바스에서 밤을 지새웠다. 그는 다음날 구출되었으나 거의 죽게 되었으며, 대장 힐라리도 대원을 살리려다 늑골이 부러져 두 주 이상을 쉬어야 했다. 뉴질랜드대의 나머지 대원들 여섯 명은 캉슝체 서북 콜(6,550m)에서 마칼루 서북릉 시찰에 나섰다.

한편 기지에 머물고 있던 미국대가 5월 5일에 공격을 다시 시작했다. 그러나 악천후와 기술적인 어려움 때문에 미국 대는 앞으로 나가지 못한 채 6,700미터 지점에 설동을 파고 캠프 4로 삼았다. 그래도 일기가 좋아지지 않아서 공격조는 하는 수 없이 다시 베이스캠프로 내려왔다.

5월 9일이 되어 뉴질랜드 원정대는 14명의 셰르파를 데리고 바룬 빙하에서 캠프를 전진시키며 마칼루 라(7,410m)로 향했다. 마칼루 주봉과 제 2봉(캉슝제) 사이에 있는 이 콜에 올라서면 마칼루 등정은 문제가 없을 것으로 내다보았기 때문이다. 캠프 4가 6,700미터 고소에 설치되고 5월 16일에 힐라리 대장도 처음으로 합세했다. 이제는 콜을 공격하기 위해 캠프 5를 설치하면 된다. 그런데 그동안 경과가 좋던 대장의 건강이 갑자기 나빠지기 시작했다.

결국 뉴질랜드 원정대는 힐라리 대장을 안전지대로 내려 보내기 위해서 마칼루 등정을 포기할 수밖에 없었다. 한편 정찰대의 임무는 계속되어 5월 26일 바룬 빙하 깊숙이 있는 페단체(6,730m)를 세 대원이 초등정했는데, 이 고봉은 그 후 에베레스트와 로체 마칼루 3대 거봉을 가장 잘 볼 수 있는 전망대로 유명해졌다.

제 4캠프에서 베이스캠프로 철수했던 미국 대는 5월 19일 동남릉을 다시 공격하고 나섰다. 날씨는 여전히 나빴으나 그들은 6월 1일, 7,000미터 부근에 캠프 5를 설치하는 데 성공한 뒤 그대로 밀고 나갔다. 그러나 그들 앞에는 블랙 장다름이 동남릉을 가로막고 있었다. 공격조는 이 장애물만 돌파하면 문제없으리라 보고 갖은 애를 썼으나 6월 6일에 오른 7,163미터 지점이 그들의 한계였다. 이리하여 날씨만 순조로우면 이 동남릉 루트로 마칼루 등정이 가능하다는 전망이 서게 됐다.

1954년 프레 몬순기에 뉴질랜드 대와 미국 대가 모두 실패하고 물러나자 포스트 몬순기에 프랑스 원정대가 입산했다. 41세의 장 프랑코가 이끄는 8인조는 1년 뒤에 있을 원정에 대비하려는 정찰대였다.

프랑스는 1950년에 안나푸르나 등정에 성공하였으나, 그때 입은 피해와 충격으로 고소 등산에 대해 새로운 검토와 연구에 힘을 기울이고 있었으며, 1954년에 에베레스트에 도전할 생각을 가지고 있었다. 사실상 이에 대한 입산 허가는 1953년 2월에 받았으나, 그해 5월 29일 영국이 에베레스트에 오르면서 그들의 꿈은 깨지고 말았다. 프랑스가 마칼루를 겨누게 된 까닭이다.

정찰대는 9월 중순에 바룬 계곡에 기지를 세우고 고소 순응을 위해 10월 초순까지 주변의 6,000미터 급 여덟을 올라갔다. 이러는 동안 그들도 마칼루 라로 우선 오르는 것이 좋겠다고 보고 6,400미터 지점에 캠프 3을 세워 전진기지로 삼고 10월 15일 드디어 마칼루 라에 도달하여 여기를 캠프 5로 정했다. 그들은 18일에서 26일 사이에 캠프를 전진시키려 했으나 바람과 추위로 그 뜻을 이루지 못했다.

그러나 10월 23일 프랑코 대장과 리오넬 테레이가 셰르파 두 사람을 데리고 캠프 4(7,000m)에서 캉슝체에 초등하였으며, 테레이는 30일에 장 쿠지 대원과 같이 티베트 쪽에 있는 처녀봉 초모 렌조에 올랐다. 특히 초모 렌조 정상에서 마칼로 북면을 본 것이 훗날 등정하는 데 큰 보탬이 되었다. 그런데 이 초모 렌조에 오른 사실은 정치적 문제를 일으킬 수 있다고 보고 1955년에 원정이 끝날 때 까지 숨겨 두었다.

정찰대는 제 5캠프에서 정상을 올라보고자 했으나 7,800미터의 고도를 넘어서지 못했다.

그리하여 드디어 1955년이 왔다, 프랑코가 계속 본대의 지휘를 맡고 그 밑에 등산가 일곱과 지질학자 둘, 의사 한 사람으로 해서 모두 11명이었다. 즉 우수했던 정찰대를 보강한 셈이다.

프랑코 대가 9톤의 짐을 가지고 베이스캠프에 들어간 것은 4월 초였다. 대원들이 고도 순응 훈련을 하고 있는 동안 셰르파들이 제 1캠프를 전진시키고 5월 5일이 되어 등반이 시작되었다. 이틀 뒤에는 제 3캠프가 완성되었지만 그 다음부터가 문제였다.

경사가 급해지고 콜에 이르는 길은 얼음으로 덮여 있었다. 대원들이 2인조가 되어 셰르파의 힘을 합쳐 파상공격으로 나섰다. 특히 프랑코 대장은 7,000미터 이상에 머물지 않고 될 수록 낮은 데로 내려가서 쉬도록 했기 때문에 대원이나 셰르파의 건강 상태는 언제나 좋았다.

고소 캠프의 건설은 순조로웠다. 즉 8일에 제 4캠프, 9일에는 문제시되었던 콜에 도달하여 제 5캠프가 섰다. 당초 그들이 생각했던 대로 정상 공격 태세가 갖추어진 셈이다.

그러나 여기서 프랑코 대장은 계획했던 서북릉으로 오르지 않고 북면을 트래버스하여 표고 7,800미터 지점에 마지막 캠프를 세웠다. 그리하여 5월 15일 리오넬 테레이와 장 쿠지가 1차 공격에 나섰다. 그들은 8,000미터 지점에서 왼쪽으로 꿀르와르에 들어간 다음 동북릉으로 올라서서 앞으로 나갔다. 하늘에는 구름 한 점 없고 바람도 불지 않았다. 8,000 고소에서 맞는 날씨로서는 이상하리만큼 완전했다.

열두 시가 되어 두 사람은 정상에 섰다. 마칼루 정상은 마치 피라미드 꼭대기처럼 뾰족했다.

이리하여 마칼루 원정은 히말라야 등반사상 처음으로 완벽한 등산의 모범을 보였다. 그러나 극적인 사건이 없어 덜 매력적이었다. 원정이 끝난 뒤 신문기자의 질문에 프랑코 대장은 이렇게 말했다.

"아아! 우리는 크레바스에 떨어진 일도 없었고 눈사태가 캠프를 쓸어버린 사건도 일어나지 않았다. 8,000미터 고소가 마치 몽블랑 정상이나 다름없었다. 우리는 아홉이나 올라갔다. 세 번의 등정이 3일에 걸쳐 이루어졌다. 동상에 걸린 사람도 없었다."

기자는 흥겹지 않다는 얼굴로 "그렇다면 문제가 없었군!" 하고 취재를 끝냈다. 그러나 프랑코 대장은 "기자가 물어보지 않은 것이 있었다. 왜 아무 일도 일어나지 않았는가 하는 물음이다."고 스스로 평했다.

"마칼루에서 아무 일도 없었던 이유의 하나는 그들이 안나푸르나에 올랐던 사람들의 경험에서 많은 것을 배웠기 때문이다. 예컨대 고도순응을 위해 말할 수 없는 고생을 겪었다." 아놀드 런의 말이다.

로체

Lhotse 8,501m

1

'이름은 운명을 지니고 있다.'

독일의 철학자 빈델반트가 그의 저서 『철학이란 무엇인가』의 첫머리에 쓴 명제다.

그런데 '로체'가 바로 이러한 운명을 안고 있었다. 티베트 말로 '로오'는 남쪽을 '체'는 봉우리를 가리키니 로체는 에베레스트의 남쪽에 있는 봉우리를 뜻한다.

사실 로체는 에베레스트에서 직선거리로 3킬로미터 떨어져 있으며, 두 주능선이 표고 7,986미터의 사우스콜을 가운데 두고 이어져 있다.

로체가 8,501미터의 높이를 가지고 있으면서도 이렇게 에베레스트 턱 밑에 붙어있으니 그 존재가 돋보일 리가 없다.

등반의 역사를 보면 등산가들은 먼저 마칼루를 오른 뒤에 뒤늦게 로체를 찾았다. 마칼루는 로체보다 낮지만 에베레스트에서 20킬로미터 떨어진 곳에 독립된 산군을 이루고 있다. 마칼루가 산으로서의 고고성과 준엄성에서 우위를 차지하고 있다는 이야기다.

로체에는 이밖에도 약점이 있었다. 에베레스트의 동남릉 루트가 로체의 서면을 지나간다는 점이다. 에베레스트에 오르려면 먼저 로체의 허리를 가로지르기 때문에 상대적으로 로체의 등반 가치가 떨어진다. 쿰부 히말라야에서 1953년 에베레스트, 1955년 마칼루, 그리고 1956년에 로체가 공략된 것이 이러한 사정을 말해주고 있다.

쿰부 히말라야는 에베레스트를 가운데 두고 동쪽에 마칼루, 서쪽으로 초오유가 솟아있는 광대한 고산군으로 이 지역에는 로체 외에 로체샤르, 갸충캉, 눕체, 푸모리, 아마다블람 등 유명봉이 모여 있어 이름 그대로 네팔 히말라야의 핵심을 이루고 있다. 특히 에베레스트 주변에는 남봉인 로체를 비롯해서 북부 창체와 서봉 눕체가 위성봉처럼 둘러 있다.

이렇게 볼 때 히말라야 8,000미터 급 14봉 중에서도 상위권에 들어 있는 로체가 본연의 자세로 부각되기 위해서는 위성봉이 아닌 별도의 조건이 있어야 한다.

그런데 로체는 그 윤곽이 뚜렷한 독립봉은 아니지만, 표고 차 3,000미터나 되는 히말라야에서 가장 큰 벽의 하나인 남벽을 가지고 있고, 5~6킬로미터 반경 안에 7,000~8,000미터의 고봉을 거느리는 하나의 산괴이기도 하다.

로체에서 뻗은 능선을 보면, 북릉이 바로 에베레스트와 이어지고 서릉은 눕체(7,879m)를 지나 멀리 쿰부 빙하로 떨어지지만, 동릉은 로체샤르(8,383m)과 피크 38(7,589m)를 그리고 그 앞으로 샤르체(7,502m), 페단체(6,730m)를 거쳐 멀리 마칼루 산군과 이어진다. 한편 남쪽에는 서남릉과 동남릉으로 갈라져서 각기 아일랜드 피크(6,169m)와 초폴루(6,734m)가 있는데, 서남릉은 임자 빙하로 떨어지고 후자는 그대로 흘러서 바룬체(7,220m)와 이어진다.

쿰부 히말라야에는 캉슝, 쿰부, 로체, 임자, 바룬체 등 거대한 빙하가 발달하고 있으며, 로체는 그 광활한 빙하 지대 한가운데 융기한 느낌이다. 특히 로체 빙하에서 바로 솟은 남벽은 낙석과 눈사태로 방어된 천연의 요새로서 인간의 접근을 완강히 거부하고 있다.

히말라야에 관해 처음으로 나온 자료는 1907년 발라드·헤이둔 공저의 「히말라야·티베트 지리지질 개요」인데, 여기에는 로체와 마나슬루가 무명봉으로 적혀있다. 결국 로체라는 이름은 영국의 1차 에베레스트의 원정대가 지은 것으로, 1921년 그들은 에베레스트의 등로를 찾으려고 캉슝빙하로 들어갔다가 에베레스트 남쪽에 높은 봉우리를 보게 되어 남봉이라고 불렀다. 물론 창체라는 북봉과 대조가 되게 지은 이름이다.

그러나 로체의 등반 25년사는 그 이름에서 풍기는 것과는 달리 세계 4위의 고봉답게 이곳에서 벌어진 인간과의 드라마를 잘 보여준다. 특히 남벽의 역사가 1980년에 이르는 4반세기 동안에 여전히 공백으로 남았다는 사실에 세계의 등산가들은 로체를 재평가하지 않을 수 없었다.

2

1953년 에베레스트가 등정되자 쿰부 히말라야에서는 예상했던 대로 마칼루 그리고 다음에 로체가 목표로 지목되었다. 그리하여 1955년에 노먼 디이렌퍼드가 오스트리아 등산가 둘, 스위스인 둘, 미국인 셋으로 국제 대를 조직하여 로체로 갔다.

원정대는 8월에 쿰부 빙하를 거슬러 올라 아이스폴을 지나 웨스턴 쿰을 거쳐 로체 서면으로 올라갔다. 정상 공격은 9월 말과 10월 중순에 두 번 있었다. 이때 오스트리아의 에른슈트 젠트 대원이 8,100미터 지점까지 이르렀으나 날씨가 나쁘고 산소 기구까지 고장 나서 더 이상 오르지 못했다.

이듬해 스위스에서 강력한 원정대를 꾸몄다. 알버트 에글러 박사를 대장으로 11명의 대원이 모였는데 원정대의 평균 연령이 35세, 최연소자가 28세인 이 스위스 대에 대한 평가는 높았다.

에글러 대는 로체를 오르려했지만 주목표는 에베레스트였다. 그들은 1952년에 동남릉까지 올라갔던 지난날의 기억을 잊을 수 없었다.

원정대는 셰르파 22명과 포터 350명을 데리고 3월 21일 남체 바자르를 지나 당보체에 도착했다. 여기서 그들은 고도훈련을 예정하고 있었으나 대원 한 사람이 맹장염을 앓아 팀의 운영에 차질을 가져오는 등 첫 시련을 겪어야 했다.

그 후 스위스대는 쿰부 빙하를 거슬러 올라가서 베이스캠프를 세우고 아이스폴에 길을 뚫기 시작했다. 5,850미터 고소에서 1캠프가 서기까지는 예상보다 힘이 덜 들었다. 그러나 빙폭 위쪽에 있는 마지막 크레바스를 넘는 데 3일이나 걸렸다.

빙폭 지대는 에베레스트에 이르는 첫째 난관이며 '마의 길목'으로 되어있다. 1978년에 사상 처음으로 에베레스트를 산소통 없이 등정한 라인홀트 메스너가 이 빙폭지대의 체험을 '빙탑과 균열로 된 미로 속에서 나는 정말 압도됐다. 이처럼 위험한 경험을 나는 그 전에 한 적이 없다'고 그의 에베레스트 등정기에 적었다.

스위스 원정대는 1952년 에베레스트에 도전했던 일로 로체 서면에 대한 자세한 정보를 가지고 있었다. 즉 로체 서면이 급경사를 이루고 있어 천막 칠 곳이 없다는 사실을 알고 있었다. 그래서 그들은 이 사면에 굴을 파고 비박할 생각으로 작업할 때 쓸 폭약까지 준비했는데, 이 폭약의 일부가 아이스폴에 길을 내는 데 먼저 사용되었다.

원정대는 로체 사면 7,870미터 지점에 캠프 6을 세우는 데 성공했다. 앞으로 정상까지 500미터의 꿀르와르가 남아 있을 뿐이었다. 그런데 그때까지 3주 동안이나 좋던 날씨가 갑자기 나빠지면서 눈이 쏟아졌다. 이런 때 로체 급사면에 머무는 일은 무모하고 위험한 일이었다. 오래된 눈에 새로 눈이 내리면 반드시 사태가 일기 마련이다.

5월 10일 스위스 대는 캠프 3과 베이스캠프로 일단 내려왔다. 그런데 이러한 날씨 덕분에 대원들은 오히려 체력을 회복하게 되었다. 히말라야 고소에서 3~4일 이상 체류하면 체력 소모 현상이 일어난다는 의학상의 지식이 일반적으로 알려져 있지 않았던 시절이다.

그런데 베이스캠프에서는 뜻밖의 일이 벌어졌다. 셰르파의 두목인 사다가 병이 나서 남체로 내려가게 됐다. 사다는 로체와 에베레스트 정상에 오를 생각으로 마음이 부풀어 있었는데, 이 일로 스위스 대는 고소 포터 부족으로 애먹었다.

날씨는 회복되지 않았으나 그렇다고 더 기다릴 여유가 없었다. 남체로 내려가지 않은 셰르파들이 산소 기구 등 공격에 필요한 장비를 캠프 4로 올렸다. 경사가 심한 곳에는 윈치 등의 힘을 빌려가며 그들은 공격 준비를 갖추었다.

5월 18일 09시, 라이스와 루스징거 두 사람이 마지막 캠프를 떠났다. 몹시 춥고 바람이 거셌다. 두 사람은 꿀르와르에 붙었다. 꿀르와르에는 눈이 적어 하켄을 써야 했다. 산소를 마셔도 피로가 여전했다.

하오 3시. 한 사람이 앉을 만한 곳이 나타났다. 거기가 로체 정상이었다. 1차 목표가 달성되자 스위스 원정대는 캠프 6을 사우스콜로 옮기고 5월 23일과 24일 두 번에 걸쳐 에베레스트에 등정하게 된다. 영국의 뒤를 이어 2등을 기록한 것인데, 로체 정상을 밟았던 라이스가 24일 에베레스트에도 올라갔다.

3

1965년, 10년이 흘렀다. 일본의 와세다 대학 산악부가 로체샤르에 도전했다. 그들은 로체샤르 빙하 5,350미터 지점에 베이스캠프를 치고, 아일랜드 피크가 있는 서남 지릉에 붙었다.

4월 17일, 7,050미터 고소에 캠프 3을 설치하고 다음날 전진 루트를 공작하다가 대원 한 사람이 눈사태로 150미터 떨어지는 사고가 일어나서 그들은 행동을 중단했다. 게다가 날씨가 나빠져 원정대는 잠시 쉬기로 했는데 그것이 한 달 가까이 갇히게 되었다.

 5월 14일에 가서야 공격이 다시 시작됐다. 그들은 서남 지릉에서 동남릉으로 빠져나가 7,300미터 지점에 캠프를 전진시키고 다음날 정상으로 향했다. 그러나 7,900미터 지점을 넘었을 때 눈앞에 깊은 갭이 나타나 그들의 진로를 막았다.

 5년의 세월이 또 흘렀다.

 1970년 봄, 에벌리가 이끄는 오스트리아 원정대가 로체샤르에서 로체쪽으로 종주하려고 이곳에 왔다. 그들은 1965년 일본대의 루트를 따라서 7,200미터 지점에 캠프 3 그리고 7,600미터에 캠프 4를 설치하고, 5월 12일 메이얼하고 발터가 일본대가 물러섰던 지점에서 서쪽으로 거대한 눈 처마가 발달한 능선을 조심해서 넘어섰다. 그들은 스텝 커팅으로 급사면을 올라 정상 바로 밑에 있는 남면을 가로지른 다음, 눈 처마를 깨고 드디어 로체샤르 정상에 섰다. 12시 30분이었다.

 등정자들은 예정대로 로체로 발을 옮기려 했으나 안개와 구름이 앞을 가렸다. 오스트리아 원정대는 다음날 새로운 공격조를 내세웠으나, 이번에는 로체 정상 200미터 앞에서 산소 기구가 얼어붙었다.

 이듬해인 1971년은 우리 한국의 해였다. 대장 박철암, 부대장 강호기, 그밖에 최수남, 장문삼, 박상렬 등 당시 우리나라 등산계의 중추였던 젊은 강호들이 로체샤르로 떠났다. 한국으로서는 처음 노리는 8,000미터 급 이었다. 그러나 이 원정대는 자금 사정으로 출국이 늦어져 계획대로 캐러밴을 하지 못하고 카트만두에서 루크라까지 비행기로 시간을 벌었다. 결국 의도하지 않았던 사건들 가운데 안타까운 일이 벌어졌다. 표고 4,500미터 지점에서 대원 한 사람이 고산병으로 쓰러진 것이다. 대장은 그 대원을 돌보면서 캠프를 전진시켰다. 이때 최수남, 장문삼 등이 7,400미터 지점에 캠프 4를 설치하고 최 대원이 셰르파와 같이 정상으로 떠났다.

그들이 고도 8,000미터의 플라토에 도달했을 때 눈앞에 낭떠러지가 나타났다. 자일도 모자랐다. 한편 밑에서는 고산병으로 쓰러진 대원의 병세가 악화되어 결국 헬리콥터를 불러 카트만두로 이송하게 되었다. 모처럼 8,000미터 높이까지 진출한 한국 대원들은 그 이상 버텨볼 형편이 못 되었다. 고산병에 걸린 대원은 귀국 후 6개월 만에 정상을 되찾았다.

1970년대에 들어서면서 로체 남벽을 노리는 원정대들이 나타났다.

먼저 1973년 봄, 일본 원정대 등 9명이 남벽을 쳐다보고 낙석과 눈사태의 위험을 피해 왼쪽 능선으로 루트를 바꾸었다. 그들은 5월 3일 로체와 눕체를 연결하는 서남벽 7,300미터 고소까지 나갔다가 발길을 돌렸다.

이어서 1975년 봄 이탈리아 원정대가 왔다. 대장 리카르도 카신 밑에 라인홀트 메스너와 알렉산드로 고냐 등 당대의 쟁쟁한 클라이머로 편성된 15명이었다.

그러나 그들도 남벽을 쳐다보았을 뿐, 일본대의 뒤를 따라 캠프를 전진시켰다. 그리하여 5월 6일에 발바체토와 고냐 두 대원이 서남릉 바로 밑 7,500미터 지점에 도달했다. 이때 갑자기 날씨가 나빠졌다. 식량과 장비가 뒤따르지 않고서야 이 정에 멤버들도 별 도리가 없었다.

로체 남벽의 이야기는 계속된다. 특히 1980년에는 특별한 사건이 벌어졌는데, 프랑스의 솔로 클라이머로 이름난 니콜라 자제르가 이 벽에 도전했다. 그의 등산 경력은 화려했다. 안데스와 알프스에서 여러 번 단독 등반에 성공했고, 1978년에는 에베레스트에도 올라갔다.

니콜라는 그답게 고소 순응을 위해 아마다블람 서벽과 바룬체에 오르고 로체 남벽으로 왔다. 4월 25일 그는 14일분의 식량을 가지고 행동에 들어갔다. 그러나 남벽은 여전히 무정했다. 니콜라는 6,600미터 부근에 이르렀을 때 마음을 돌리고 로체샤르로 방향을 틀었다. 그러나 7,200미터 근처가 그의 유명한 솔로의 삶을 마무리 하는 장소가 되었다.

니콜라가 사라지자 가을에는 또 다른 솔로가 나타났다. 라인홀트 메스너였다. 메스너는 남벽이 아니라 로체 서면으로 오를 생각이었으나 히말라야의 기상이 돌변하는 데는 그도 별 수가 없었다.

가셔브룸

Gasherbrum 8,068m

1

우리나라 등산계에 카라코룸 히말라야가 알려지기 시작한 것은 1980년 초엽의 일이다. 그 무렵 악우회가 유럽 3대 북벽에 도전하면서, 한편 파키스탄 쪽으로 미답 봉을 고르다가 마침내 피크 6,960을 주목하게 됐다.

이 처녀봉은 라토크 산군에 있는 바인타 브락 위성봉으로 우리나라에서는 잘 알려지지 않은 바인타 브락 II봉으로 통한다.

악우회는 1981년 1차 원정에서 이정대 대운을 잃고 눈물의 후퇴를 했으나 1983년 재도전 끝에 드디어 초등의 영예를 따냈다. 이렇게 라토크 산군에 눈을 돌리면서부터 지금까지 우리에게 알려지지 않았던 인도 파키스탄 히말라야가 우리에게도 관심의 대상이 되었다. 그리하여 눈 봉이 등정되고 낭가 파르바트와 K2 등에도 정찰대가 나갔다.

그러나 카라코룸은 아직 우리에게는 황무지나 다름없었다. 거리로 봐서 네팔 히말라야보다 멀고 교통이 불편하며, 특히 고산 경험이 풍부한 인부를 현지에서 구하기 어렵다는 조건이 일반적으로 카라코룸에 가기를 꺼리도록 만들었다.

카라코룸의 산세는 대체로 일곱 개의 고산군으로 나누어져 있으며, 그 안에는 8,000미터 급 네 봉을 비롯하여 7,500미터가 넘는 고봉이 스물이나 있다. 이 산악지대는 힌두쿠시까지 합치면 1,800킬로미터에 이르는 히말라야의 대산맥으로 파키스탄과 아프가니스탄, 그리고 중국 등 세 나라의 국경을 이루고 있다.

이 지대는 산이 높고 골짜기가 깊어서 거대한 빙하가 사방으로 발달하고 따라서 주변에는 평지가 없다. 게다가 히말라야의 다른 곳보다 위도가 5도나 북쪽으로 올라가 있어 인도양의 영향을 덜 받기 때문에 건조하며, 이와 같은 자연조건이 이 지역의 산세를 더욱 가혹하게 만들고 있다.

'카라코룸'과 그의 산군인 '무즈타그'라는 말의 뜻을 보면, 전자는 '검은 암석으로 덮인 토지'이며 후자는 '흰 산맥'이다. 이러한 흑·백의 심한 콘트라스트는 다름 아닌 불모를 뜻하며, 불모의 자연 속에서 영농과 축산은 불가능하다.

카라코룸에는 '무즈타그'라고 이름붙인 산군이 일곱 있는데, 그중의 하나인 발토로 무즈타그에는 가셔브룸 고봉들이 자리를 차지하고 있으며, K2와 브로드 피크도 이 속에 있다. 카라코룸에는 인도와 파키스탄 사이의 정치적 분쟁으로 오랫동안 외국 원정대의 입산이 금지되어 왔다. 그러자 1975년부터 해금되면서 많은 팀이 이곳으로 몰리기 시작했다.

발토로 무즈타그에 접근하려면 우선 스카루드까지 비행기로 가서 캐러밴을 한다. 지프가 바하까지 가지만 그 후부터 부랄두 강을 끼고 거슬러 오른다.

발토로 빙하에 들어서면 불그스레한 암봉군이 나타나는데, 이때 마셔브룸(7,821m), 무즈타그 타워(7,273m), 브로드 피크(8,047m)등의 장관이 눈에 들어온다. 그 가운데 특히 눈부신 고봉이 가셔브룸 Ⅳ봉이다.

가셔브룸은 '반짝거리는 벽'이라는 말로 처음에는 Ⅳ봉을 이렇게 불렀다. 이 봉이 아침부터 저녁까지 반짝거려서다.

가셔브룸 산군에는 Ⅰ,Ⅱ,Ⅲ,Ⅳ 봉까지 있다. 그 가운데 Ⅰ봉은 '히든피크'라고도 하며 이 별명이 오늘날 오히려 널리 알려졌다. 발토로 빙하를 올라가면 콩코르디아에 이른다. 파리의 콩코르드 광장의 이름을 딴 이 빙하의 광장에 서면 발토로 캉리, 초골리자, K2 등이 보이는데, 가셔브룸 Ⅰ봉은 고들 봉에 가려 보이지 않는다고 해서 카라코룸 초기 탐험가인 콘웨이가 '히든 피크'라고 불렀다. 1892년의 이야기다.

콩코르디아에서 동남으로 들어가면 아브루치 빙하와 남부 가셔브룸 빙하가 만나는데, 이 빙하 지대를 말발굽 모양으로 감싸고 있는 산군이 있다. 가셔브룸 산군이 그것이다. 가셔브룸 산군의 모습을 처음으로 사진에 담아서 세계에 알린 사람은, 1909년 아브루치가 이끄는 이탈리아의 K2 원정대를 따라갔던 유명한 산악 사진가 비토리오 셀라였다.

2

 히말라야 8,000미터 급 14봉의 분포 상황을 보면 열 번째 안에 드는 산 가운데 9개가 네팔에 있으며, 카라코룸에는 2위의 K2가 있을 뿐이다. 그러나 11위부터는 카라코룸으로 넘어 와서 13위까지 가셔브룸 고봉들이 차지하는데, 이것이 가셔브룸 Ⅰ, Ⅱ봉과 브로드 피크다.

 카라코룸 히말라야의 등반사는 1902년 영국사람 에켄슈타인이 이끄는 K2원정대의 활동에서 비롯한다. 그 후 세계 제2위의 고봉에 대해 1939년까지 이탈리아와 미국 등산가들이 세 번이나 도전했으나 번번이 실패 했다.

 이러는 사이에 G.O 디이렌퍼드가 1934년 등반대를 이끄록 가셔브룸 Ⅱ봉을 처음으로 탐색했다. 그러나 디이렌퍼드는 이때 가셔브룸 Ⅰ봉을 노리고 있었기 때문에 Ⅱ봉에는 오르지 않았고, Ⅱ봉은 쉬운 산은 아니지만 오를 수는 있을 것이라고 말했다.

 디이렌퍼드는 1963년 미국 에베레스트 원정대 대장의 부친이며 나치스를 피해 스위스로 간 독일의 지질학자인데, 그의 가셔브룸 탐색 결과는 1956년 이 봉을 초등한 오스트리아 원정대에게 자신과 희망을 주었다. 세월이 흘러 1954년에 K2가 등정되자 사람들의 눈은 비로소 나머지 8,000미터 급 봉우리로 쏠렸다. 그리하여 1956년부터 계속 3년 동안 카라코룸은 집중 공격을 받고 세 봉우리가 차례로 정상을 내놓았다.

 이 봉들은 고도차가 없을뿐더러 난이도도 비슷하다. 그런데 원정대가 노린 순위와 그 횟수 그리고 등정한 차례를 보면 아주 재미있다.

즉, 히든 피크로 통하는 가셔브룸 I 봉은 1934년에 스위스가 36년에는 프랑스가 도전한 일이 있으나 1958년에 가서야 미국대가 등정하였고, 브로드 피크는 1954년에 독일이 처음 도전하였지만 1957년에 가서 오스트리아 대가 올라갔다. 그리고 그중 표고가 낮은 가셔브룸 II봉은 1956년 오스트리아 팀이 처음 시도하고 성공했다.

이 카라코룸 자이언트의 세 봉을 둘러싼 각축전에는 각국 원정대 사이에 정보 활용과 눈치 작전이 적지 않게 있었다.

그 첫 싸움은 가셔브룸 I 봉에서 벌어졌다. 당시 선진 등산국들은 히말라야에 몰려 에베레스트를 비롯하여 캉첸중가, 낭가 파르바트 등을 저마다 노리고 있었다. 이 국제무대에 끼지 못한 프랑스는 1933년부터 가셔브룸에 눈을 돌렸으나 여기서도 이듬해 스위스에게 I 봉을 빼앗겼다. 그러나 스위스 원정대는 초전에 실패하고 말았다. 프랑스는 서두르기보다는 확실한 전진을 염두에 두고 가셔브룸 I 봉에 도전했다.

1936년 프랑스는 세고뉘 대장 이하 11명, 세르파 35명, 짐 13톤, 포터 600명이 I 봉으로 떠났다. 히말라야에 경험이 없는 프랑스 원정대는 처음으로 이렇게 큰 부대를 운영하는 일에 어려움을 겪었다. 그리하여 베이스캠프가 4,950미터에 설치된 것은 5월 26일이라는 늦은 때였다.

그런데 고소 캠프를 전진시키는 일이 또한 간단치 않았다. 포터들이 고소 등반에 경험이 없었던 탓으로 그들의 안전을 위해서 많은 피톤과 고정 자일을 쓰다 보니 공작에 적지 않은 시간이 걸렸다. 그들이 고도 7,000미터를 넘었을 때에는 벌써 6월 하순이었으며 몬순이 다가왔다.

  아직 정상까지는 1,000미터가 남아 있었다. 폭풍설이 일고 기온이 영하 20도로 떨어졌다. 세고뉘 대장이 철수 명령을 내렸다. 이미 표고 7,000미터를 돌파한 공격 대원들의 눈에는 정상에 이르는 길이 보였다. 그들은 다만 하루라도 날씨가 좋아지기를 바랐으나 모두 소용없는 일이었다.

  7월 1일 고소 캠프가 철수를 시작했다. 그런데 산을 내려오다가 셰르파가 미끄러지며 눈사태를 일으켜 다른 셰르파가 이에 말려들었다. 그는 아래로 700미터를 굴렀으니 모두 죽을 줄 알았는데 기적처럼 살아났다. 결국 프랑스 대는 등정의 뜻을 이루지 못했지만 이 정도로 일이 끝난 것만도 다행이었다. 이렇게 해서 프랑스가 후퇴한 뒤 20년 동안 가셔브룸 산군에는 아무도 찾아오지 않았다.

3

  2차 대전이 끝나자 8,000미터 급 히말라야 거봉에 대한 고전이 다시 일어났다. 그리하여 가셔브룸 산군에 제일 먼저 찾아온 것은 1954년 브로드 피크를 노리는 독일 원정대였다. 대장은 1953년 낭가 파르바트 원정을 지휘했던 헤를리히코퍼였고, 12명의 대원 중에는 낭가 파르바트를 혼자 올라갔던 헤르만 불이 있었다.

  브로드 피크는 봉우리의 폭이 넓은 데서 온 이름인데, 1892년 콘웨이가 처음 바라보고 히든 피크의 이름을 붙이면서 같이 이렇게 불렀다. 그런데 독일대가 브로드 피크에 붙게 된 데는 까닭이 있었다. 그들은 당초 히든 피크를 생각하고 있었지만 캐러밴 도중에 포터들이 노임 분쟁을 일으키는 바람에 전진이 늦어져서, 하는 수 없이 눈앞에 보이는 브로드 피크로 방향을 돌렸다.

그들은 10월 23일 4,700미터 고소에 베이스캠프를 세웠다. 그러나 앞으로가 문제였다. 짐을 올리며 루트를 뚫는 데 뜻밖에 시간이 걸렸으며 위험한 곳에는 로프를 깔았다. 급사면을 오르자 넓은 설원이 나타났는데, 여기를 지나니 이번에는 험준한 빙벽이 앞을 막았다.

11월 5일, 두 명의 대원이 7,000미터 고소에 도달하고 캠프 4를 설치하려고 했다. 그런데 그때부터 혹한과 강풍이 몰려오고 라디오가 강설을 예고했다. 하산을 서두르지 않으면 후퇴로가 끊기는 것은 너무나 분명했다.

상황이 이러한데도 대장은 공격 계획을 밀고 나갔다. 즉 정상 공격조를 위해 지원조가 7,500미터까지 길을 뚫고 짐을 올리며, 공격조가 마지막 캠프에서 밤을 지낸 뒤 정상으로 가기로 했다.

이 계획이 진행되는 동안 서쪽 하늘에 구름이 나타나더니 바람이 불어 왔다. 그런데 정상까지는 이틀이 더 필요했다. 공격조를 도우려고 루트 공작에 나선 팀이 전진을 계속했으나 바람은 설상가상으로 심한 눈보라까지 몰고 왔다. 원정에 경험이 많은 헤를리히코퍼는 전진을 중단시켰다.

이렇게 해서 가셔브룸의 최고봉과 제2의 고봉에 대한 공격이 모두 실패로 돌아가자 지금까지 아무도 돌본 적이 없는 가셔브룸 II봉을 찾아온 등반대가 있었다. 1956년의 일인데, 오스트리아 원정대는 20

년 전 디이렌퍼드가 가셔브룸 II봉을 돌아보고 오를 수 있다고 평한 것을 기억하고 있었다.

오스트리아대는 33세의 프리츠 모라베크 대장 이하 여섯 명과 학술대원 두 명으로 그들은 아브루치 빙하와 남부 가셔브룸 빙하가 합치는 곳에 베이스캠프를 세웠다. 그리고 남릉을 따라 캠프를 전진시켰다.

6,000미터 고소에 캠프 1이 설치되고 식량과 장비가 운반됐다. 그러자 일기가 나빠지며 눈이 내리더니 이 눈이 사태를 일으켜 캠프 1을 뒤덮었다. 대원들은 눈을 파내고 물건들을 찾으려 했으나 그렇게 해서 될 일이 아니었다.

결국 원정대는 러쉬 어택을 감행하는 길밖에 없었다. 그리하여 7월 4일에는 7,100미터 지점에 캠프 3이 설치되고 6일 랄히, 모라베크, 비런바르트 세 대원이 로프를 서로 묶고 정상으로 향했다.

짐은 무겁고 정상까지는 거리가 멀었다. 급사면을 트래버스 할 경우 안전 확보가 어려워서 세 사람은 묶었던 로프를 풀었다. 그들은 정상 바로 밑 7,500미터 지점에서 하룻밤을 지냈는데, 모두들 너무 추워서 잠을 이루지 못하고 가벼운 동상에 걸렸다.

7월 7일이 밝았다. 날씨는 좋았지만 산소가 적어서 숨이 가빴다.

그들은 세 걸음마다 쉬어가며 있는 힘을 다했다. 오후 한시 반이 되어 그들은 드디어 정상에 섰다. 가셔브룸 8,000미터 급 세봉 중에서 첫 성공이 이루어졌으며, 오스트리아로서는 낭가 파르바트와 초오유에 이은 세 번째의 히말라야 자이언트 급 등정이었다.

이러한 배경을 가진 오스트리아가 1954년 독일이 실패한 브로드 피크를 그대로 둘 리가 없었다. 지금까지 오스트리아 팀은 산소없이 소수 인원으로 도전해왔는데 이것은 그들이 가난했기 때문이다. 예를 들면 브로드 피크에서 그들은 고소 포터 없이 스스로의 힘으로 캠프를 전진시켰으며 대원 전원이 정상에 섰다. 그때 이미 알파인 스타일의 등반을 한 셈이다.

대장과 마르크스 슈무크(32세), 헤르만 불과 프리츠 빈터슈텔러(31세), 쿠르트 디엠베르거(24세)등이 그를 따랐다.

이 네 명의 초인은 1957년 6월 9일 브로드 피크를 해낸 지 10일도 안 되어 두 팀으로 나뉘어 스킬부름(7,420m)과 초골리자(7,654m)로 갔는데, 헤르만 불은 눈처마가 무너지면서 여기에 휘말려 다시는 그 영웅다운 모습을 볼 수 없었다.

1958년이 밝았다. 미국으로서는 운명의 해였다. 8,000미터 급 14봉 가운데 최초로 미국의 이름을 남긴 봉은 없었고, 앞으로 기회가 있다면 히든 피크가 남았을 뿐이었다.

따라서 히든 피크는 미국으로서 오르지 않을 수 없는 봉우리였다.

미국 원정대의 지휘는 닉 클리치가 맡았다. 그들은 포터들과 어려운 문제를 해결하고 악천후와 싸워가며 행동을 시작하고 36일 만에 8,000미터 급 봉에 이름을 올리는데 성공했다. 1958년 7월 6일 15시 쉐닝과 카우프만이 간신히 미국의 위신을 세워주었다.

다울라기리

Dhaulagiri 8,167m

1

다울라기리는 우리나라 산악계에 제일 먼저 알려진 히말라야 고봉이다. 1962년, 경희대학교 박철암 씨가 정찰대를 조직하고 우리로서는 처음으로 네팔 히말라야의 땅을 디뎠다. 당시 그들이 노린 다울라기리는 주봉이 아니고 II봉(7,751m)이었으며, 정찰대는 처음에 맥디 콜라에서 남면을 노렸으나 어려운 것을 알고 맥디 빙하 깊숙이 있는 6,700미터의 무명봉에 올랐다(일본 등산계에서는 표고 6,599미터의 다른 무명 봉으로 보고 있다). 1960년대라고 하면 우리 산악계가 히말라야에서 본격적인 등산 활동을 벌일 형편에 있지 않았다. 결국 다울라기리의 꿈은 정찰에 그쳤고, 그 후 20년이 지나도록 당시의 꿈을 이루지 못했다.

세계 등반사로 본 히말라야의 위대했던 10년은 60년대 초반에 거의 막을 내리려 하고 있었다. 8,000미터 급 14본 중 제일 낮은 시샤팡마(일명 고사인탄 8,013m)가 유일한 처녀봉으로 1964년 중공 대를 받아들일 운명에 있었을 뿐, 히말라야 최후의 보루로 남았던 다울라기리 Ⅰ봉이 1960년 드디어 스위스 원정대에게 문을 열었다.

세계에서 여섯 번째로 높은 다울라기리는 산스크리트어로 '흰 산'이다. 히말라야 산치고 희지 않은 산이 없겠지만, 표고 8,167미터를 자랑하는 이 고봉의 모습은 그 이름을 독점하는 데 조금도 손색이 없다.

다울라기리 산군은 동쪽에 있는 투크체 피크(6,920m)에서 서쪽 푸타 히운출리(7,246m)까지 40킬로미터에 이르는 주산맥과 여기서 파생된 지맥들로 되어 있으며, 이 안에는 다울라기리 Ⅰ봉을 맹주로 표고 7,000미터 급의 같은 이름의 Ⅱ, Ⅲ, Ⅳ, Ⅴ, Ⅵ봉이 있고, 이밖에 추렌 히말, 푸타 히운출리, 구르자 히말, 투크체 피크 등 쟁쟁한 봉우리들이 모여 있어 '다울라기리 히말라야'의 이름을 부끄럽지 않게 하고 있다.

에베레스트의 높이가 알려지기는 19세기 중엽이었으나 광대한 네팔 전역의 측량은 1924년에서 27년에야 있었고, 그래도 깊은 오지는 제대로 알려지지 않았다. 그리하여 안나푸르나와 다울라기리 일대가 밝혀지기까지에는 4반세기가 더 있어야 했다.

1950년 모리스 에르조그가 이끄는 프랑스 원정대가 안나푸르나와 다울라기리를 놓고 현지에 가서 사정을 보고 둘 중 하나를 고르기로 했다지만, 그들이 당시 인도 측량국이 제작한 지도를 믿고 갔다가 길을 찾지 못해 고생했다는 이야기는 20세기 전반의 히말라야 사정을 말해준다.

다울라기리 산군을 가장 일찍이 찾은 것은 1865년이다. 당시 티베트와 네팔 등은 엄중한 쇄국정책을 쓰고 있어, 인도는 현지인을 정탐꾼으로 히말라야에 잠입시켰다. 그들은 판딧이라고 불렸는데, 이때 그들이 그린 지도에 다울라기리와 그 주변의 모습이 처음으로 자세히 나타났다.

그들이 들어가서 이 산악지대의 사진을 비로소 찍을 수 있었다. 외국인의 입국이 허용되지 않기 때문에 인도의 구르카 연대의 장교였던 영국인 모리스가 특별 허가를 얻고 프트왈에서 탄센으로 들어가 마나슬루, 안나푸르나, 다울라기리 등 여러 산군을 찍었다. 이 사진은 1934년에 「히말라야 저널」에 실렸는데, 그때만 해도 사진에 나타난 봉우리의 이름을 정확히 아는 사람이 없었다고 한다.

산의 운명은 높이만으로 결정되지 않는다. 최고봉 에베레스트의 경우는 예외로 치더라도 낭가 파르바트와 다울라기리처럼 8,000미터 급으로서 비교적 낮은 편에 속하는 고봉이 도전 횟수로 친다면 상위권에 든다. 즉 에베레스트가 열 번 도전을 받았는데 다울라기리도 8회 만에 문을 열었다. 뿐만 아니라 스위스대의 초등 이래 근 10년 동안이나 재등을 노리는 자가 나타나지 않았으며, 특히 1696년에 이 산을 찾아온 미국 대는 눈사태로 에베레스트 대장을 비롯하여 대원 다섯 명과 셰르파 하나가 희생되는 대참사를 빚었다. 이때 생존한 대원들이 1973년 다시 다울라기리로 와서 결국 세 번째 오르게 된다.

2

 1949년 네팔 왕국이 오랜 쇄국 정책을 거두고 문호를 개방하게 되자, 그 해 가을에 스위스의 지질학자 아놀드 하임이 공중에서 다울라기리를 정찰했으며, 1952년에서 53년에 걸쳐 역시 스위스의 토니 하겐이 같은 방식으로 다울라기리 남면을 조사했다.

 그러나 이들의 활동은 지질 조사가 목적이었고, 본격적인 등산 활동은 1950년의 프랑스 원정대가 처음으로 벌였다. 히말라야 등산의 황금기를 연 모리스 에르조그의 안나푸르나 원정이 그것인데, 이때 에르조그 대는 여러 팀으로 나뉘어 다울라기리를 오를 루트를 찾았다.

 그들은 먼저 투크체를 근거지로 삼고 다울라기리의 동북릉과 동남릉을 정찰하였는데 그 어느 하나도 접근할 수가 없었다. 그중 한 정찰대가 어떻게 해서라도 북면으로 돌아보려고 투크체 피크 북쪽에 있는 콜로 해서 동북릉을 넘어섰다. 이렇게 하면 다울라기리 북면으로 나올 줄 알았더니 거기는 계곡이었다. 계곡을 건너서 또 하나의 산릉에 있는 콜에 올라섰을 때 북면이 그들 앞에 나타났다.

 다울라기리의 북면은 무서운 낭떠러지에 그 밑은 빙하였다. 그리로 오른다는 것은 도저히 상상도 할 수 없는 일이었다. 프랑스 대는 이때 발견한 계곡과 콜을 각각 '히든 밸리'와 '프렌치 패스'라고 불렀는데 이 이름은 오늘날도 그대로 쓰이고 있다.

 프랑스 대는 계속해서 다울라기리 동면과 남면도 살폈다. 그러나 동면은 거대한 빙벽과 크레바스 지대였고 남면은 마터호른 북벽의 세 배나 되는 듯싶었다. 에르조그를 대장으로 하는 프랑스 원정대가 다울라기리를 포기하고 안나푸르나로 방향을 바꾼 까닭이다.

프랑스대가 이처럼 다울라기리를 다방면에서 살피고 있는 것을 조용히 지켜본 자가 있었다. 베른하르트 라우터부르그를 대장으로 한 스위스 원정대였다. 그들은 다울라기리에서 서면이 탐색되지 않고 남아 있는 것을 보고 여기에 한 가닥 희망을 걸었다.

1953년 3월 15일 그들은 스위스를 떠나는 긴 길에 올랐다. 원정대는 포카라에서 캐러밴을 시작하여 나흘째 되던 날 칼리간다키와 마얀디가 합류하는 곳에 도착했다. 그런데 앞으로가 문제였다. 마얀디 상류 계곡에는 길이 없었다. 원정대는 이 생소한 곳을 뚫고 나가는 데 3일을 예상했으나 8일이 걸렸다. 대원들은 기진맥진 했다.

5월 2일 그들은 계곡을 빠져나와 다울라기리 서면을 바라보게 되었는데, 여기서 본 서면은 4,500미터의 소름끼치는 절벽이었다. 포터들이 더 이상 가려고 하지 않았다. 원정대는 하는 수 없이 3,500미터 지점에 베이스캠프를 치고 포터들을 돌려보냈다.

스위스 대는 서면을 포기하고 북면을 노렸다. 그들은 마얀디 빙하로 내려가 북면 밑에 제 1캠프(4,500m)를 마련하고 고도를 높였다. 캠프 5가 표고 6,500미터 급사면에 세워졌다. 정상까지는 아직 1,700미터나 있었고, 이 고도를 하루에 공격한다는 것은 생각할 수 없었다. 도중에 비박이 불가피했다.

브라운과 샤츠 두 대원이 공격조로 선발되어 세르파 세 명과 같이 제 5캠프에 진입했다. 그들은 밤 한시에 일어나 떠날 준비를 했다. 두 시에 마지막 캠프를 뒤로 한 공격조도 동이 틀 무렵 7,000미터 가까이 올라갔다. 세르파들은 도중에 내려 갔다.

정오 가까이 두 대원은 정상으로 이어지는 능선 밑의 수직 암벽에 이르렀는데, 이 벽은 피톤도 쓸모없었고 프릭션으로 올라야 했다. 따라서 고도의 등반기술과 시간이 필요했다. 공격조는 능선까지 비박해야 하는데, 산소 없이 하룻밤을 지낸다는 것은 자살행위나 다름없었다.

그들은 서로 논의한 끝에 무모한 일을 피하고 현명한 길을 택하기로 했다. 그리하여 스위스 원정대는 표고 7,700미터까지 진출하였으나 피지 못하게 후퇴하고 말았다. 그러나 이 스위스대의 악전고투로 다울라기리에 대한 정보가 처음으로 자세히 밝혀지는 계기가 되었다.

3

1954년 아르헨티나 원정대가 스위스대의 경로를 따라 고소 캠프를 전진시켰다. 총지휘에는 안데스에서 이름난 프란시스코 이바니에스 중위였는데, 이들은 7,000미터 고소에서 텐트 칠 곳을 만들려고 다이너마이트를 터뜨려 제 6캠프를 정상 능선 직하 7,500미터 지점에 세웠다.

6월 1일 대원과 세르파가 한 쌍이 되어 두 조가 공격에 나섰으나 능선을 따라 진출하기가 쉽지 않았다. 그들은 7,590미터까지 전진하고 비박했는데, 밤새 눈이 왔다. 아침이 되어 공격조는 깊은 눈 때문에 후퇴하는 수밖에 없었다.

이 공격에서 이반니에스 대장이 캠프 7까지 올라갔다가 심한 동상을 입었다. 구조대가 편성되어 대장의 구출작전이 벌어졌다. 무서운 북벽을 탈출하는 데 일단 성공했으나, 이바니에스 중위는 폐렴이 병발하여 끝내 카트만두 병원에서 사망했다.

1955년이 되어 마르틴 마이어가 이끄는 독일·스위스 합동대가 왔다. 이 원정대는 팀웍이 깨진데다 일기도 불순하여 표고 7,200미터까지 도달했을 뿐이며, 1956년에는 아르헨티나가 재기를 노렸지만 그해 따라 몬순이 빨리 와서 결국은 그들도 7,600미터 지점에서 후퇴하고 말았다. 이어서 1958년에 스위스가 다시 도전하게 된다.

이번 스위스 대는 지금까지의 루트를 재검토했다. 지난 날 원정대는 거의 같은 북벽을 공격했는데, 이 루트를 택하는 한 예외 없이 문제에 부딪쳤다. 지형이 과일의 배처럼 생겨 '페어 루트'라고 불리는 지대 위로는 캠프 칠 만한 곳이 없었고 7,700미터의 고소부터는 등반이 어려웠다.

지난날 원정대가 거의 여기서 시간과 노력을 소모하고 실패의 쓴잔을 마셨다. 따라서 설욕의 기회를 노리는 스위스 대는 이 점을 고려해서 동북릉으로 방향을 바꾸려 했지만, 때는 이미 공격조가 페어 루트에 붙은 뒤여서 시간적으로 늦었다.

스위스 대는 동북릉 공략의 과제를 안고 이듬해 제 3차 시도를 노렸으나 1959년의 입산 허가는 오스트리아에 떨어졌다.

프리츠 모라베크 대장과 내원 /명, 그리고 유능한 셰르파 13명이 그들을 지원했다. 모라베크 대는 스위스 대의 판단에 따라 동북릉 공격에 나섰다. 처음에는 그들에게 행운이 같이 하는 듯이 보였다. 두 주일 동안에 제 4 캠프(6,500m)까지 전진하여 대원들의 사기가 올랐다. 그런데 가장 우수한 하인리히 로이스 대원이 크레바스에 떨어져 죽는 불상사가 일어났다.

5월 3일 공격이 재개되자 이번에는 악천후가 기습했다. 캠프마다 눈에 덮이고 바람에 천막이 찢기거나 날아갔다. 대원들은 텐트 대신 설동을 파고 전진을 노렸다. 그러나 20일이 지나서 7,000미터 고소에 캠프 5를 설치했을 때에는 벌써 몬순이 가까웠고 연료도 거의 떨어졌다.

여기서 지원팀은 내려가고, 24일 칼 부라인 대원과 파상 다와 라마가 7,400미터 고소에 마지막 캠프를 설치했다. 그들은 다음날 새벽 4시에 일어나 간단히 식사를 마치고 정상으로 떠났다. 하늘은 맑았으나 바람이 대단했다. 능선 위의 길은 어려운 데가 없었지만 바람만은 어쩔 수가 없었다. 공격조는 바람이 자기를 바라고 캠프 6으로 돌아왔다.

26일 그들은 다시 공격에 나섰다. 그런데 이날의 조건은 더 나빴다. 강풍은 여전하고 시야마저 흐려서 도저히 앞으로 나갈 수 없었다. 결국 그들은 이날도 행동을 멈추고 천막 안에서 비참한 밤을 지새웠다. 그래도 행운은 끝내 오지 않았다. 세 번째 공격에 나선 그들을 맞이한 것은 폭설이었다. 이렇게 해서 오스트리아 원정대는 다울라기리 정상을 눈앞에 두고 물러섰다. 일곱 번째 후퇴였다.

1960년이 밝았다. 프랑스대가 처음으로 탐색 활동을 벌인 후 7회에 걸친 도전을 물리쳐온 히말라야 최후의 보루 다울라기리도 세 번째로 찾아온 스위스 원정대에게 비로소 입성을 허락한다.

그런데 이 스위스 대는 몇 가지 점이 특이했다. 대장은 지난 1958년에 동북릉에 눈을 돌렸던 막스 아이젤링이었고, 대원중에는 오스트리아의 맹자 디엠베르거와 폴랜드 의사 하주키에비츠, 그리고 1971년 에베레스트 국제 대를 지휘하게 되는 디이렌퍼드가 카메라맨으로 참가했다. 그 뿐만 아니라 원정대는 캐러밴 대신에 경비행기로 타파 콜(5,200m)과 동북 콜(5,877m)에 대원과 물자를 올렸다. 그러나 공중 수송은 쉽지 않았다. 내릴 곳을 공중에서 찾아야 했고 비행기에는 썰매를 달아야 했다. 비행기는 끝내 고지에 떨어졌지만 작전은 일단 성공한 셈이었다.

수송 작전이 계속되는 동안 타파 콜에 도착한 대원들은 고소 순응 훈련을 했다. 한편 동북 콜에 내린 세 대원과 네 명의 셰르파는 6,600미터 고소에 제 1캠프를 세웠다.

1957년 네 명이 브로드 피크를 올랐을 때의 멤버였던 디엠베르거가 여기에 있었다. 타파 콜에서 동북 콜로 짐을 나르는 사이에 동북 콜의 전진대는 디엠베르거를 선두로 악천후와 싸우며 앞으로 밀고 나갔다.

후속 부대가 전진대를 따라 잡은 것은 제 3캠프(7,400m)가 설치된 날이었다. 디엠베르거 일행이 동북 콜에 내린지 한 달이 지나고 있었다. 이때 캠프 3을 캠프 5로 바꾸었다.

그동안 전진을 계속했던 세 대원은 콜에 내려가서 쉬고 있다가 5월 9일 하루에 표고 차 1,500미터의 캠프 4로 올라왔다. 놀라운 에너지였다. 그리하여 5월 10일에는 캠프 5에 아홉이 모였다. 다음날 여섯 명이 7,800미터 고소에 마지막 캠프를 마련하고 정상 공격에 대비했다.

그들은 2인용 텐트에서 거의 잠을 이루지 못하고 13일 정상으로 떠났다. 날씨는 맑았다가 차차 흐려졌으나 다행히 바람은 없었다. 그러나 산소통 없는 네 시간의 고투는 상상을 넘어서는 일이었다. 열세 번째의 히말라야 자이언트의 정상이 그들을 기다리고 있었다.

2

등산 역사를 바꾼
사람들

드 소쉬르

Horace Benedict de Saussure

1986년은 몽블랑 등정 200주년이 되는 해다. 이 200주년의 의의는 몽블랑 등정이 등산의 기원이라는 데 있다.

지구 5대륙에는 표고 4,000미터부터 8,000미터에 이르는 고산군이 널려 있지만, 등산은 4,000미터 급의 유럽 알프스에서 처음 시작됐다. 등산을 영어·독어·불어에서 모두 알피니즘으로 부르게 된 까닭인데, 이것을 보아도 등산은 유럽에서 온 것을 알 수 있다.

뽈 베씨에르는 이렇게 말한다. "알피니즘은 알프스 등산이라는 좁은 뜻이 아니다. 거기에는 역사적인 기원이 있을 뿐이며 그 뜻은 넓고 일반적이다." 베씨에르는 그가 쓴 『알피니즘』이라는 책에서, "전문적인 사람들은 알피니즘을 따라 피레네이즘(피레네 등산), 히말라야이즘(히말라야 등산), 안디즘(안데스 등산)이라고 할 수도 있겠지만, 이 모두가 필경은 산에 오르는 것을 말한다"고 했다.

알피니즘의 기원은 1760년으로 올라간다. 철학교수이며 물리학자고 광물학자인 오라스 베네딕트 드 소쉬르라는 사람이 있었다. 스위스 제네바 태생으로 당시 20세인 그는 80킬로미터 떨어진 샤모니에 갔다. 그가 샤모니를 찾은 것은 식물 채집이 목적이었는데, 그때만 해도 샤모니는 알프스 산록의 가난한 마을이었다.

드 소쉬르는 인적이 드문 샤모니 계곡을 여기저기 찾아다니다가 표고 2,526미터의 프레방에 올라갔다. 프레방은 몽블랑 맞은편에 있는 산으로 그 위에서는 몽블랑 일대가 훤히 바라다 보였다. 그때 프레방과는 비교도 안 될 만큼 높고 장엄하고 웅대한 몽블랑에 감동한 드 소쉬르는 산을 내려오자 샤모니의 몽블랑에 오르는 사람이 있으면 상금을 주겠다고 교구마다 써 붙였다.

18세기 히말라야가 아직 알려지지 않았던 것은 물론이고, 만년설이 덮인 알프스의 고산은 그곳 사람들에게 공포의 대상이던 시대이다. 이러한 때였기에 드 소쉬르의 제안에도 ―상금의 액수는 발표되지 않았으나― 몽블랑에 올라보겠다는 사람은 나타나지 않았다. 이 몽블랑 등정이 1786년에 가서야 비로소 이루어졌으니 당시의 상황이 짐작된다.

사람에 따라서는 등산의 기원을 달리 보기도 하는데, 그 좋은 예가 슈펭글러의 설이다. 인간이 자연에 예속된 상태는 르네상스까지 계속되었다. 르네상스를 계기로 인간이 자연과 새로운 대응 관계가 부활되면서 인간 부흥의 시대가 온다. 그리하여 르네상스의 선구자였던 페트라르카(1304~1374)는 프로방스 지방의 몽벵투(1,912m)에 올라가서 몽블랑을 비롯하여 알프스의 연봉을 바라보면서 그 자연미에 감동했다. 그러므로 이 이탈리아 시인이야말로 알프스를 오른 최초의 인간일지도 모른다.

그러나 알프스 등산이 시작된 것은 그가 가고 나서도 400년이나 후의 일이다.

한편, 드 소쉬르의 제안이 결실되어 몽블랑 초등이 이루어지고 나서 1865년 윔퍼의 마터호른 등정까지 알프스에는 오르지 않은 곳이 없게 됐다. 그리하여 드 소쉬르는 '과학적 등산의 아버지'라는 평을 받았는데, 그 자신은 몽블랑에 올라가서 여러 가지 물리 실험을 해 볼 생각이었다고 한다. 드 소쉬르는 좋은 환경에서 자랐다. 드높은 산과 아름다운 호수를 배경으로 한 장대한 장원(莊園)이 바로 그의 집이었다.

오라스 베네딕트는 학교 성적도 좋았으나 자라면서 자연에 눈을 뜨기 시작했다. 그는 14세에 대학에 진학하여 18세 때까지 제네바 근교의 산을 누비다시피 올랐다. 그는 어려서 산에 대해 열정을 가지고 있었다. 1759년 드 소쉬르는 아카데미에서 철학과정을 마치고 교수직을 얻을 목적으로 '태양열에 관한 물리적 추론'이라는 자연과학의 소논문을 완성했다. 그러자 잠시 한가한 시간이 생겨서 그는 전보다 광범위한 산악지대를 찾아 나섰는데 그가 샤모니로 간 것은 그 무렵이었다.

드 소쉬르의 알프스 편력은 그 후 20년 가까이 계속된다. 그러면서 그는 많은 봉우리와 빙하를 찾고 과학자다운 관찰과 각종 실험을 했다. 특히 1767년에는 몽블랑 주변을 돌아다녔는데, 6일이 걸린 이 짧은 여로는 오늘 날까지 이어지는 몽블랑 일주 코스로 유명하다. 이밖에도 그는 체르마트를 돌아보고 『마터호른 인상기』를 남겼다. 이 책은 마터호른에 관한 기록으로는 처음 나온 것이다.

과학자·철학자로시의 드 소쉬르는 1787년부터 3년간 몽블랑 등정과 콜 뒤 제앙 체류, 그리고 몬테 로자 주변의 여행을 마쳤다.

이와 같은 드 소쉬르의 알프스 편력은 4권으로 된 『알프스 여행기』로 결실을 보았다. 그는 교수직을 떠나서 1779년부터 1796년에 이르는 17년 동안에 이 위대한 저술을 완성했다. 그의 여행기는 자료로서 가치가 있을 뿐 아니라, 자연 묘사가 아름다운 것으로도 유명하다. 알프스의 경관을 서술하여 『근대 화가론』으로 이름을 남긴 존 러스킨은 어려서 드 소쉬르의 『알프스 여행기』를 애독하고 평생 그를 우러러 보았다고 한다.

그런데 이 방대한 저서에 가장 중요한 부분은 역시 근대적 등산의 여명을 알린 몽블랑 초등정에 관한 이야기다. 일반적으로 등산의 역사에서 크나큰 뜻을 지닌 사건으로 1786년의 몽블랑 등정과 1865년의 마터호른 등정을 드는데, 전자는 근대적 등산의 개막을, 후자는 알프스 등정의 종막을 가리키는 상징적 사건이기 때문이다.

그 옛날 샤모니 계곡에는 수정을 캐거나 산양을 잡아서 생활하는 사람들이 살고 있었다. 그들은 이러한 직업적인 이유로 산과 능선을 넘거나 빙하를 건너야 했다. 그들에게는 그런 일에 필요한 용기와 기술이 있었다. 그러나 『카프카스 탐험』과 『캉첸중가 일주』라는 명저를 남긴 탐험가 프레쉬필드(1845~1934)가 지적했듯이, 이들 샤모니 사람들에게는 모험심이 결여되어 있었다. 즉, 그곳 원주민들은 높고 흰 몽블랑을 신성불가침한 곳으로 보고, 거기에 오르다가는 어떤 위험을 만날지 몰라 두려워했다.

이러한 원주민들도 15년의 공백기를 보내자 1775년부터 산발적으로 등정 경쟁을 벌였다. 그리하여 역사적인 몽블랑 초등은 수정 채취인 발마와 의사 파카르가 힘을 합해서 해냈다. 두 사람은 1786년 8

월 7일 저녁, 일정한 비박 장소까지 올라가서 그날 밤을 지내고, 다음날 14시간을 산과 싸우고 마침내 현상금이 걸린 정상에 섰다.

많은 사람들이 이 역사에 남을 등행을 샤모니 계곡에서 지켜보고 있었다. 그 가운데는 독일에서 온 과학자 폰 겔스도르프도 있었다. 그는 성능이 좋은 망원경으로 두 사람의 루트와 시간을 자세히 기록했다. 바로 이때 스케치 한 것이 먼 훗날 파카르와 발마 사이에 싸움이 벌어졌을 때 고증 자료로서 소중한 역할을 했다.

발마는 용기와 모험심이 있었으나 인간성이 좋지 않았다. 혼자 영웅이 되려던 그는 "파카르는 피로와 설맹과 동상으로 정상에 서지 못했다"고 말하여 그것이 세상에 널리 퍼지게 되었다.

1832년 알렉상드르 뒤마의 아버지인 이른바 대 뒤마가 샤모니를 찾았다. 그 무렵 발마는 샤모니 계곡의 대인물로 자리를 굳히고 있었다. 따라서 당대에 이름난 소설가 뒤마가 이 유명한 노(老)가이드의 이야기를 놓칠 리가 없었다. 뒤마의 방문을 받은 발마는 허공에 높이 솟은 몽블랑이 보이는 한 카페에 앉아 포도주 잔을 비워가며 지난날의 영웅담을 털어놓았으리라. 발마는 72세로 몽블랑 초등을 한 지 반세기가 지나가고 있었다.

노 가이드의 이야기에는 의심할 데가 없었다. 거기다가 대 알렉상드르 뒤마의 매력적인 필치가 가세했다. 이렇게 해서 엮어진 몽블랑 모험담이 당시 얼마나 읽혔는가는 짐작하기 어렵지 않다. 그리하여 발마는 소원대로 영웅이 됐고, 파카르는 발마의 증인으로 내려앉았다.

그로부터 1세기가 지났다. 그 사이에 샤모니 광장에는 역사적 몽블랑 등정을 기념하는 동상이 섰다. 드 소쉬르와 자크 발마가 나란히 선 동상이다. 물론 파카르는 그 대열에서 빠져 있었다.

그런데, 초등정에 관한 진상이 밝혀지는 날이 왔다. 앞서 스위스 등산계의 거성인 뒤비 박사가 「파카르와 발마」라는 논문에서 독일의 겔스도르프가 작성한 스케치 자료를 인용, 고증한 일이 있었지만, 이 진상 규명에 결정적 역할을 한 것은 프레쉬필드의 끈질긴 집념이었다.

그는 제네바에 살고 있는 드 소쉬르의 증손과 그 일가를 찾아서 아직 발표되지 않은 드 소쉬르의 일기를 얻어내는 데 성공했다. 그 속에 드 소쉬르가 파카르 집에 초대되어 몽블랑 등정 당시의 이야기를 들은 내용이 실려 있었다. 파카르는 의학도로서, 그의 진술은 과장되지 않았고 정확했다. —정상 근처에는 눈 속에 큰 우박이 섞여 있었고, 신설이 눈을 더 피곤하게 만들었다는 이야기며, 긴 지팡이를 가로 뉘어서 히든 크레바스에 빠지지 않고 살아난 일, 그 뒤부터는 발마와 지팡이 끝을 서로 쥐고(안자일렌을 모를 때 이야기) 갔으며, 높이 올라가자 숨쉬기가 어려워져서 100보 걷고 쉬었으나 점점 쉬는 횟수가 잦아졌다고 말했다. 이밖에도 파카르는 내려올 때 앞이 보이지 않아 발마의 안내를 받았던 일, 눈에 젖은 장갑을 끼고 있어 동상이 걸렸으나, 눈으로 비벼서 괜찮았는데, 자기 장갑과 발마의 가죽 장갑을 바꾸었더니, 이번에는 발마의 손이 얼어서 역시 눈으로 비볐다고 했다. 몽블랑의 설원은 얼어서 굳었지만 바닥이 이따금 꺼져서 걷는데 애를 먹었다. 발마는 파카르가 앞에서 눈을 다져주지 않았다면 정상에 서기가 어려웠을지도 모른다고 파카르에게 말했다고 한다.

이상과 같은 드 소쉬르의 일기 내용은 그로부터 200년이 지난 지금 읽어도 얼마나 진실한 것인가를 알 수 있다.

  1786년 8월 8일 오후 6시 12분, 몽블랑 정상에 마지막 돌격이 시작되었다. 표고 차 117미터, 밑에서는 사람들이 모여 육안으로 그들의 전진을 지켜보고 있었다. 그때 파카르는 일직선으로 전진하고 있었으며, 발마는 갈지자로 올라가느라 뒤에 처졌다. 6시 32분, 파카르가 정상에 섰다. 그는 지팡이로 사용하던 긴 막대기를 세우고, 밑에서 보이도록 빨간 천을 달았다. 그리고 기압계로 관측했다. 당시 몽블랑은 4,777미터로 되어 있었는데 5,039미터를 가리켰다.

  이러한 몽블랑의 초등정 기록이 오랫동안 정사로 인정되지 않았던 것은 파카르의 성공을 시기한 무리의 악의에 찬 보고와, 이 내용을 뒷받침한 허위 선언과, 대 뒤마의 발마 회견담이 작용한 탓이다. 그러나 100년의 세월이 감춰졌던 진실을 백일하에 드러냈다. 프레쉬필드는 "영국 산악회는 오늘날 샤모니에 서 있는 드 소쉬르와 발마의 기념상 옆에, 오랫동안 버려져 멸시되어 온 진정한 몽블랑 초등정자의 한 사람인 마을의 의사 파카르를 기념하기 위해 또 하나의 상을 세워야 한다."고 역설했다.

  이 기념비적인 순간, 몽블랑 등정의 동기를 부여한 장본인 오라스 드 소쉬르는 1787년 8월, 포터 다섯과 가이드 아홉을 데리고 스스로 이 알프스 최고봉 위에 섰다. 이 등산대가 휴대한 장비 속에 무게 68킬로그램이나 되는 매트리스와 침구 그리고 땔나무가 있었다는 것을 생각 할 때 몽블랑 등정 200주년의 의미를 알 것 같다.

등산 역사를 바꾼 사람들 **149**

에드워드 윔퍼

Edward Whymper

위대한 인물들은 대체로 고전이 될 만한 저술을 남기고, 후세 사람들은 그 인물에 대해 역시 고전이 될 전기를 쓰고 있다. 세계 등반 200년 역사의 흐름 속에서 이에 해당하는 오직 한 사람이 있다면 그는 바로 에드워드 윔퍼일 것이다.

『등산 100년사』의 저자로 유명한 아놀드 런의 말을 빌리면, '사람이 산에 오르는 한 계속 읽히리라'고 한 명저 『알프스 등반기』를 윔퍼가 남겼으며, 프랭크 시드니 스마이드는 부피 있는 책 『에드워드 윔퍼』 전기를 썼다.

윔퍼는 1840년 런던에서 태어나서 1911년 몽블랑이 바라보이는 알프스의 산간 마을 샤모니에 묻혔다. 72년이라는 그의 생애는 한마디로 알프스 등산의 황금기에 시작하여 근대 등산의 기초가 잡힌 시대에 끝났다. 윔퍼의 일생은 우연한 기회에 등산과 연결되었지만, 타고난 그의 소질은 알프스 등반사의 흐름을 바꿔 놓았고 스스로 인류 역사에 길이 새겨지기까지 했다.

윔퍼의 명성은 물론 마터호른 등정으로 높아졌다. 윔퍼가 마터호른을 초등한 것은 1865년의 일로, 드 소쉬르가 알프스의 최고봉 몽블랑에 오르는 자에게 상금을 주겠다고 한 때부터 100년, 그리고 그 몽블랑이 초등되어 근대 등산의 문이 열린 지 80년이 지나서다.

특히, 1840년에는 빅토리아 여왕의 집권으로 영국의 국력이 눈부시게 신장하기 시작한 때요, 영국 사람들은 바다를 건너 유럽 알프스로 몰려왔다. 그리하여 1854년 윌즈가 베터호른 초등을 기록하면서 알프스 등산은 이른바 황금기를 맞았다. 그러는 사이에 알프스에서는 두드러진 봉우리가 모두 등정되고 끝내는 마터호른 하나가 처녀봉으로 남았다.

마터호른은 알프스의 최고봉이 아니며, 발리스 산군에서도 높이로 친다면 몽블랑 다음으로 가는 몬테 로자가 멀지 않은 곳에 있다. 그러나 마터호른은 아닌게아니라 고고한 자태로 주위의 넓은 공간을 제압하며 사람들의 접근을 완강히 거부하고 있었다. 다시 말하면 그 무렵 알프스 최대이자 최후의 과제는 바로 마터호른 등정이었다. 이런 마터호른을 윔퍼가 드디어 올라갔으니 알프스에는 더 이상 오를 곳이 없게 되었다. 결국 윔퍼가 알프스 등산의 한 시대를 마감하는 역할을 한 셈이다.

그런데 에드워드 윔퍼는 마터호른에 오르기 5년 전만 해도 등산은 고사하고 산과 아무런 관계가 없는 사람이었다. 이에 대해서 윔퍼 자신이 『알프스 등반기』 첫머리에 자세히 기록하고 있다.

'1860년 유럽 대륙에 긴 여행을 하기 위해 영국을 떠나려 하고 있는데, 런던의 이느 유명한 출판사가 나더러 알프스의 명산을 그려달라고 부탁을 했다. 그 무렵 나는 등산이라곤 책을 통해서

알고 있었을 뿐, 산이란 본 적도 없고 하물며 산에 오른 일도 없었다.'

윔퍼가 스물한 살 때의 일이다. 세계 최초의 산악회로 1857년 창립된 영국산악회가 회원들의 등산·기행 문집을 펴낼 생각으로 그 안에 들어갈 삽화를 윔퍼에게 부탁했다. 수채화가로서 유명했던 아버지의 피를 받았는지 윔퍼도 그림 솜씨가 대단했다.

사진 제판과 인쇄 기술이 발달하지 못했던 당시였으니까 이러한 삽화 그리기는 매우 중요한 기술이었고, 윔퍼 자신도 어려서 그 기술을 아버지한테 익히고 장차 그 방면의 일을 할 생각이었다. 오늘날 우리 손에 있는 윔퍼의 저서 『알프스 등반기』에는 윔퍼가 그린 삽화가 많이 들어있는데, 그 그림들은 세세한 묘사가 담겨있어 당시의 분위기가 잘 나타나 있다.

그리하여 윔퍼의 글과 그림은 독자에게 120년 전의 알프스 등산의 세계가 어떠한 모습을 하고 있었는지 눈앞에 생생히 보여준다.

그렇다면 에드워드 윔퍼의 신화를 낳게 한 것은 무엇인가.

윔퍼는 유럽 여행에서 돌아왔을 때 완전히 산에 미쳐있었다. 윔퍼가 그리기로 되었던 산은 도피네 산군의 몽펠부였는데, 여기를 오르려던 영국의 등반대는 실패했다. 그러나 윔퍼는 이듬해 친구와 같이 몽펠부에 도전해서 정상에 올라갔다. 이렇게 해서 그는 등산가로서의 첫발을 내디뎠다. '그리고 나서 나는 서둘러 경험을 쌓고 마터호른으로 눈을 돌렸다. 나를 몽펠부로 몰아붙인 것은 미지의 세계에 대한 이상한 충동이었다'고 윔퍼는 그의 등반기에서 말하고 있다.

윔퍼의 뛰어난 능력이 어디에 숨어있었으며 그 충동이 어떻게 뿜어 나오게 됐는가 알아보기 위해 스마이드는 윔퍼의 어린 시절 일기를 살폈다. 이 전기 작가는 윔퍼의 혈통 속에 모험적인 본능이 흐르고 있고 예술적이며 여행을 좋아하는 소질이 있었던 점을 찾아냈다.

윔퍼가 지녔던 장점은 그의 아버지 조사이아 윔퍼에게서 간단히 찾을 수가 있다. 즉 그는 가업 잇기를 거부하고 얼마 안 되는 돈과 자기가 조각한 물건을 가지고 혼자 런던으로 나갔다. 그곳에서 그는 조각을 팔아 일자리를 구하고 독창적인 예술가로서의 길을 열었는데, 그는 수채화를 잘 그려 영국수채화협회 회원까지 됐다.

사회적 기반을 닦은 조사이아 윔퍼는 결혼해서 11명의 자녀를 낳았는데, 에드워드 윔퍼는 그 대가족의 차남이었다. 윔퍼 일가는 영국의 국력이 확장되는 시대적 배경에 힘입어 저마다 여행가, 아니면 예술가로서 실력을 발휘해 나갔다. 그런데 이러한 형제들 틈에서 에드워드는 어떠했는가.

그는 어려서부터 학교 성적이 좋아 상장도 많이 받았다. 특히 사물을 관찰하는 그의 눈은 예리하고 정확했으며 생활 태도도 진지했다. 그러나 이와 같은 훌륭한 그의 자질이 끝내 자유롭게 키워지지 못한 채 14세 때 윔퍼는 학업을 그만두고 아버지 일을 돕게 된다. 1854년의 일이다.

이렇게 자기의 생활이 바뀌면서 윔퍼는 일기를 쓰기 시작했다. 5년 동안이나 써나간 그의 일기에 비친 윔퍼는 개성이 자유롭게 자라지 못한 어둡고 쓸쓸한 소년이었다. 그의 정신은 아버지의 단조로운 직업 속에서 위축될 대로 위축되어 거기서 빠져나갈 길이 없었다.

자연과 만나는 기회가 생기자 윔퍼가 그 속에 재빨리 말려들어 갔던 것은 이와 같은 생활환경에 놓여 있는 청춘의 몸부림이라고도 볼 수 있으리라.

윔퍼는 감정을 무시했으며 특히 여자에게 관심이 없었다. 그것은 그가 죽기 5년 전인 67세 때 비로소 결혼한 사실로도 알 수 있지만, 그러다보니 결국 그의 생애에서 유일한 여성은 어머니였다. 윔퍼는 많은 형제자매 사이에서 자랐지만 그의 말 상대가 될 만한 상대는 없었다. 이러한 환경에서 윔퍼의 자기 본위 사상과 고독감은 더욱 굳어지고 깊어갔다.

위대한 등산가 윔퍼의 면모는 그가 처음 알프스에 발을 들여놓았던 1860년부터 마터호른 등정에 성공한 1865년에 이르는 불과 6년 동안에 완성 됐다. 이것은 일에 대한 진지함과 철저함에서 오는 것이며, 그가 등산의 문외한으로 시작하여 여덟 차례에 걸쳐 마터호른에 쏟은 끈질긴 노력의 결과였다. 그의 치밀한 성격은 등산하는 일에만 나타난 것이 아니라 산을 오르던 도중에 있었던 일에도 여러모로 나타난다.

지질학자 보니는 윔퍼의 자연 관찰을 보고 유능한 자연 과학자가 될 소질을 가지고 있었다고 평했다. 훗날 남미 안데스 산군에 원정 갔을 때의 등반기와 조사 보고가 나왔을 때에도 영국 지리학협회에서는 윔퍼의 공로를 인정하여 금메달을 수여했다.

시간이 흘러 19세기 말엽에 이르자 사진 제판 기술이 발달하면서 윔퍼가 삽화 그리던 일은 자연히 시들어갔다. 그러나 만년에도 윔퍼의 체력은 조금도 줄지 않았다. 그는 62세가 된 나이에 에딘버러에서 런던까지 먼 거리를 걸었다고 한다. 그 무렵 윔퍼는 카나디언 로키에 가서 여러 차례 초등반을 해냈다.

알프스 등산사의 연구가로 알려졌던 쿨리지는 "만일 윔퍼를 따라 마터호른에 올라갔던 일행이 무사히 내려왔다면 그 초등의 명예는 당시 등산가로 유명했던 허드슨에게 돌아갔을 것"이라고 말한 일이 있다. 이것은 7회에 걸쳐 마터호른 등정에 실패한 윔퍼가 우연한 기회에 허드슨 일행과 만나 합동 대를 편성하여 드디어 성공하게 된 것을 두고 한 말이다.

물론, 등산에서 운도 많이 작용한다. 만일 8회 째 도전 때 카렐과 같이 이탈리아 쪽으로 올라갔더라면 그 결과는 전과 다름없었을는지 모른다. 마터호른의 이탈리아 산록에서 태어난 안내인 카렐은 그 쪽에서 마터호른을 오르는 것이 평생의 소원이었다.

그런데 윔퍼가 스위스 회른리 능선으로 등로를 바꾸자 카렐은 윔퍼 대열에서 이탈하여 독자적으로 행동했다. 그의 머릿속에는 이탈리아의 명예가 있었다. 1863년 이탈리아 산악회가 창립됐을 때, 그들은 자기 나라 유명산인 몬테 비조를 1861년에 영국 사람들에게 빼앗긴 일을 잊지 못하고 있었다.

1865년 7월의 마터호른은 이탈리아 쪽에서 오르는 카렐과 스위스 쪽에서 오르는 윔퍼의 각축장이 되어버렸다. 『알프스 등반기』에는 이때의 상황이 눈으로 보듯 잘 그려져 있다.

윔퍼는 마터호른으로 떠나기 전날 체르마트의 몬테 로자 호텔에서 우연히 허드슨 일행을 만난다. 허드슨은 영국에서도 이름난 등산가로 마터호른을 노리고 있던 차라 때마침 윔퍼의 권유로 같이 가게

등산 역사를 바꾼 사람들

되었다.

 윔퍼 일행은 7월 13일 새벽 5시 반 체르마트를 떠나 11시 반에 마터호른 산록에 도달했다. 첫날 그들은 높이 오를 생각을 하지 않았는데, 정오가 되기 전에 3,500미터 고소에 천막 치기 좋은 데가 나타났다. 그들은 첫날을 그곳에 머물고 두 안내인이 길을 살피러 나섰다. 윔퍼는 스케치하거나 채집으로 시간을 보냈는데, 특히 낙조가 아름다웠다고 『알프스 등반기』에 적고 있다.

 이 등반에서 어려운 곳은 윔퍼와 허드슨이 서로 번갈아 뚫고 나갔다. 허드슨의 등반 실력은 인정할 만했다. 윔퍼가 도와주겠다고 해도 그는 거절하고 끝까지 혼자 올라갔는데 그를 따라온 하도우는 그렇지 못했다.

 오후 1시 40분, 윔퍼 일행은 드디어 마터호른 정상에 섰다. 이탈리아쪽을 둘러보았으나 먼저 올라온 흔적은 없었다. 그러자 저 밑으로 사람들이 보였다. 윔퍼는 크로와 같이 돌을 굴렸다. 돌이 소리를 내며 떨어지는 것을 보고 카렐 일행은 윔퍼에게 마터호른 선등을 빼앗긴 것을 알았던지 도중에 내려가 버렸다. 이때 일을 윔퍼는 다음과 같이 기록하고 있다.

 '그러나 나는 저 이탈리아 사람들의 대장인 카렐이 지금 우리와 같이 이 정상에 있었으면 좋겠다고 생각했다. 우리들의 승전보가 그의 생애의 야심을 실망으로 끝나게 했다. 카렐이야말로 마터호른을 노린 사람들 중에서 제일 먼저 그 정상에 설 자격을 가진 사람이었다. 마터호른을 오를 수 없다고 한 데 대해 제일 먼

저 의심을 품었던 사람이다.'

세계 등반사상 가장 유명한 사건이 이 직후에 벌어진다. 그것은 네 명의 희생자를 낸 비극이었지만 한편 마터호른과 초등자 에드워드 윔퍼의 이름을 영원히 잊혀 지지 않도록 하기에 충분한 사건이기도 했다.

윔퍼는 한몸에 영광과 비극을 동시에 안고 사람들의 선망과 비난의 눈초리를 벗어나서 그후 멀리 그린란드와 남미 안데스, 그리고 캐나다로 떠돌아다닌다. 그의 그린란드 여행은 돈이 모자라 횡단까지는 이르지 못했지만, 그때의 성과가 훗날 1888년 노르웨이의 난센 탐험대의 성공을 가져왔다고 평가되고 있다. 한편 남미에서는 6,000미터 급 여섯 봉을 초등하는 기록을 세우기도 했다.

윔퍼의 『알프스 등반기』는 제목 그대로 그가 알프스를 편력한 기록이다. 즉, 1860년 그가 처음으로 알프스 여행에 나 선 이래 65년 마터호른 등정까지 6년 사이에 있었던 윔퍼 자신의 알프스 체험담이다.

『알프스 등반기』는 또한 19세기 알프스 지방의 풍물지이자 알피니즘 발달의 역사이기도 하다. 지금은 찾아볼 수 없는 알프스 벽촌의 옛 모습과 무지하면서도 소박한 마을 사람들의 생활과 감정이 그대로 그려져 있다. 특히 이른바 윔퍼 텐트며, 오늘날과 같은 등반장비를 가지지 않았던 윔퍼가 카라비너, 하켄, 스카이훅 등의 원형을 고안해서 사용하는 이야기에서 우리는 등산의 진수가 무엇인지 다시 생각하게 된다.

프리 클라이밍이니 클린 클라이밍이니 하고 떠드는 현대가 모름지기 돌아가야 할 세계를 윔퍼는 일찍이 『알프스 등반기』에서 그렸다.

에밀 자벨

Emile Javelle

　에밀 자벨은 1847년 이탈리아에서 가까운 남프랑스의 생 데티엔느 골짜기에서 태어났다. 그곳은 낡은 성당의 조용한 종소리가 잘 어울리는 중세의 오래된 작은 마을이다. 자벨은 집안에 어려운 일이 있어서 세 살 때 파리로 갔는데, 그가 훗날 등산가로서 일생을 마치게 되는 운명이 그곳에서 기다리고 있었다. 그것은 숙부와의 만남이었다.

　이 숙부되는 사람은 박식한 식물학자로서 당시 도피네 산군의 고봉인 몽펠부를 비롯하여 샤모니 계곡과 생 베르나르 등지를 두루 다니며 식물을 채집했는데, 그중에는 자벨에 줄 선물도 들어 있었다. 산양 뿔이 달린 지팡이와 티롤 지방의 냅색, 그리고 산간 마을의 나무 조각 등이 어린 자벨의 호기심을 자극했다. 특히 '앙드로자스-몽블랑 바우터에서'라고 쓴 라벨이 붙은 한 식물 표본에 그의 눈이 반짝였다. 자벨은 가본 적도 없는 알프스 흙냄새를 그리워했다. 그것은 몽블랑의 아주 작은 부분에 지나지 않았으며, 시든 그 풀이 자기에게는 단순한 어린이 장난감이 아니었다고 낭시의 심정을 글로 쓴 적이 있다.

그 후 자벨은 어려서부터 몽상가였다. 한때 그는 철물점에서 긴 자루가 달린 비를 사다가 그 자루에 큰 못을 박았다. 이것이 그에게는 등산 지팡이였다. 자벨은 이것을 가지고 언젠가는 가려는 몽블랑에 오르는 연습을 할 참이었다. 그러나 숙부는 그의 말을 들어주지 않았다.

에밀 자벨은 열네 살 때 가톨릭 교단의 교육기관에 들어가서 앞으로 사제가 되려고 훈련을 받았다. 그 생활은 공부와 기도 외의 모든 것을 희생시켰다. 그런데 이러한 생활을 통해서 자벨의 건강이 점점 나빠졌다. 결국 그는 학업과 수도생활을 중단하고 집으로 돌아와서 쉬었다. 자벨의 건강 회복을 위해서 식물학자인 숙부가 친구처럼 그의 옆에 붙어 있었다. 숙부는 나비를 채집하러 자벨을 데리고 야외로 나가곤 했다. 매일매일 이런 생활 속에서 그는 점차 스포츠에 취미를 가지기 시작했다.

자벨의 건강이 회복되자 주위 사람들은 그에게 라틴어 공부를 강요했다. 자벨의 성적은 좋았는데 운명의 신이 그의 가정을 엿보았던지 미국에서 전쟁이 일어나는 통에 아버지의 사업이 큰 타격을 받게 되었다. 그래서 아버지는 직업을 바꾸어 사진 스튜디오를 열려고 했다. 우선 그는 아들 자벨을 어느 사진 기사 밑에 보내서 석 달 동안 일을 배우도록 하였다.

자벨은 기술을 익히고 아버지의 스튜디오에서 한동안 일을 했는데 그 기간은 길지 않았다. 그는 다시 돌아오지 않을 생각으로 편지 한 통을 남기고 집을 나갔다. 그가 가출하게 된 직접적인 동기는 아버지가 재혼해서 맞은 계모로부터 사랑을 받지 못한 데 있었다. 그러나 자벨은 이렇게 집을 나가게 되면서 꿈에 그리던 알프스 여행길에 나선다.

자벨은 스위스를 가로질러 알프스의 현관인 마르티니에 이르러 산을 넘어 사보아 지방으로 나갔다. 어려서부터 마음에 그리던 몽블랑이 보였다. 그러나 물론 그의 여행의 목적은 딴 데 있었다. 도피네의 앙블랑에 사는 친척을 찾아 가는 길이었다.

이 친척도 파리의 숙부처럼 자벨을 사랑했다. 그는 자벨의 이야기를 듣고 가엾게 생각하여 자벨을 그곳에서 당분간 쉬도록 하는 한편, 자벨을 결혼시켜 생활을 안정시켜야겠다고 생각했다. 그런데 자벨은 그러한 숙부의 마음을 받아들이지 않고 다시 고향땅인 생 데티엔느로 돌아갔다. 그리고 거기서도 오래 있지 않고 먼 길을 혼자 걸어서 파리로 나갔다. 다행히 파리에서 그는 예술 작품을 제작하는 상당한 지위를 얻어 일다운 일을 하게 되었다. 에밀 자벨은 직장의 작업실과 펜싱 도장 사이를 오가며 그의 청년기를 보냈다. 그는 1년 전에 처음 가본 사보아 도피네에 관한 여행기를 틈틈이 써 나갔다. 자벨의 뛰어난 글 솜씨는 이때 그 진가를 보이게 됐다.

그러나 이 무렵, 아버지가 자벨의 거처를 알고 파리에 나타나서 에밀을 스위스로 다시 데리고 갔다. 그의 스튜디오에 기사가 필요했기 때문이다. 이번에는 자벨이 전과 달리 아버지 밑에 오래 있게 되었다. 자기가 혼자 쓰는 아파트도 있었지만, 무엇보다도 스위스를 제2의 조국으로 삼을 수가 있어서 그는 행복했다. "내가 돌아온 것은 스위스가 가지고 있는 저항하기 어려운 인력에 끌렸기 때문"이라고 그는 말하고 있다.

그때 자벨의 나이는 17세였다. 스튜디오에서 일하는 동안 그의 지성이 갑자기 눈뜨기 시작했다. 자벨은 루소의 『에밀』과 비네의 『고문선집』을 읽을 기회가 있었는데, 이 작품들은 그의 진로에 결정적 영향을 미쳤다. 여기서 자벨은 고매한 사상의 세계를 넘보며 산악의 세계에 눈과 마음이 열리게 되었다.

그러나 그는 그럴수록 자기의 학식이 빈약하다고 느끼고 본격적인 학문의 세계로 발을 들여놓았다. 랑베르는 '에밀 자벨의 전기와 문학에 대한 주석'이라는 글에서 '그는 잃은 시간을 되찾으려고 온 힘을 기울여 연구에 몰두했다. 이러한 상태에서 그의 성장은 빨랐다.'고 당시 자벨의 연구 생활을 평했다. 사실 자벨은 사진 기사로서 일을 하며 남은 시간 연구에 몰두한 끝에 그의 노력은 보답되어 훗날 스위스 베베 대학에서 수사학 강좌를 맡게 된다.

당시 자벨의 프랑스 수사학 강의는 독특한 분위기를 조성했다. 그에게 문장은 언제나 위대한 예술품이요, 하나의 창조물이었다. 아름다운 문장은 위대한 화가의 작품이나 천재 건축가의 건축물 같다는 것이 그의 논리였다. 그의 수사학 강의는 학생들에게 언제나 큰 매력이었다. 그리하여 교사와 생도가 깊은 신뢰가 담긴 우정으로 맺어졌다.

에밀 자벨은 산에 대해 남다른 열정을 지니고 있었다. 알프스는 그에게 일종의 매력을 행사했으며, 그는 알프스를 멀리 떠나 살 수 없게 되었다. 자벨에 있어 알프스의 자연은 인격적 상징이기까지 했다. 그는 대학의 학생들에게 이 독특한 세계를 소개하느라 있는 정성을 다했다.

그런데 에밀 자벨이 실제로 산에 오르게 된 것은 그의 생애로 보면 그다지 빠른 일이 아니었다. 그가 성년이 될 때까지 그의 부모는 자벨의 신앙적인 성격을 보고 신부로 만들 생각이었으나, 결국 그는 신학 공부보다 바위와 눈으로 덮인 고산에 마음이 끌렸다.

그가 수사학을 강의하는 대학이 있는 베베는 레망호 호반에 있으며 거기서 맑고 넓은 호수 위로 멀리 흰 눈을 쓴 알프스가 보였다. 표고 3,257미터의 당 뒤 미디였다. 따라서 자벨의 운명은 그가 아름다운 레망호 위로 멀리 당 뒤 미디가 보이는 베베에서 교편을 잡게 되면서 결정됐다고도 할 수 있다.

이에 대해 랑베르가 아래와 같이 말하고 있다.

"자벨은 베베에서 가장 아름답게 보이는 당 뒤 미디에 대단한 애착을 가졌다. 이 산이 다른 산에서 보기 드문 아름다움을 — 단순하고 조화를 이룬 고전적인 미를— 가지고 있는 것은 사실이다. 자벨은 당 뒤 미디를 알프스의 파르테논이라고 말하고 있었다. 그는 그것에만 자기를 바치고 싶어 하는 것처럼 당 뒤 미디를 화제로 삼았다."

또한 프랑스 아카데미 회원인 앙리 보르도도 이 무렵에 자벨이 얼마나 당 뒤 미디를 깊이 동경하고 있었는지에 대해 이렇게 기록했다.

'자벨은 당 뒤 미디를 여러 차례 올라갔다. 새로운 길로 그리고 계절을 바꾸어 가며 올라갔다. 그는 마치 애인처럼 이 산을 사랑했다. 자기가 가르치는 학생이 건너편 집의 예쁜 아가씨를 창밖으로 보며 공부하던 책을 제쳐놓고 얼굴을 돌리듯이, 대학교수인 자벨은 레망 호수 위로 하늘 높이 솟은 당 뒤 미디 일곱 봉우리의 아름다운 모습을 창 너머로 바라볼 때면 학생들이 앞에 있는 것도 잊었다.'

'내가 목적 없이 떠나는 등산가이며 쓸모없는 산악회원임을 고백해야 할까.
나는 톱펠과 틴달을, 카람과 드 소쉬르를 찬양한다. 나는 지금까지 빛나는 이 수령들 곁에 갈 수도 없고 그들의 등산 방식을 그 어느 하나도 성의껏 따른 일도 없다. 그러면서 나는 차례로 그 누군가에게 이끌리어 그 뒤를 멀리서 아주 멀리서 쫓고 있다고나 할까.
소치는 목동들 사이에 끼어 난로 앞에 앉아 있노라면 톱펠의 매력 있는 구절들이 마음속에 되살아난다. 낡은 샬레와 거센 바람에 쓰러진 오래된 전나무를 보면 카람이 생각난다. 빙하의 기슭 모레인에서는 드 소쉬르를 묵상한다. 높은 봉우리와 마주 설 때에는 틴달과 바일렌만이 부럽다. 그리고 나는 마음 속에 몇 가지 멋진 회상과 그 어떤 사상을 품은 채 돌아온다.
그러나 학문적인 관찰도 빙하 연구도 한 적이 없으며, 값진 풀 한 포기 그림 한 장도 없다. 만년설 가에서 뜬은 작은 꽃 한 송이 아니면 사랑하는 어느 봉우리의 옆모습이나 있을까. 필경 나는 떠날 때와 다름없이 아무 쓸모없는 인간으로 돌아온다. (중략)

그러나 아무 걱정 말고 떠나는 것이 좋다. 배우지 못한 등산가나 쓸모없는 산악회 여러분, 빙하를 건너고 여러 고봉에 오르며 조금도 뉘우칠 것 없이 돌아옴이 좋다. 노동과 근심으로 지친 그대들의 혼을 저 대자연의 에네르기 속에 부끄럼 없이 담그라……. 쓸모없는 여행자? 아니 그럴 리가 없다. 설사 그가 조심성 있는 자라해도 진지한 찬탄의 제물을 바치려고 알프스에 와서 마음을 단련하면, 설명과 묘사의 방법은 모른다 해도 알프스를 이해하고 사랑하는 자라면 그는 결코 무용의 인간이 아니다.

무용지물이라는 말이야말로 파란 베일을 쓰고 불도장이 찍힌 지팡이를 든 관광객에게 돌리라. 그러나 보이지 않는 오솔길을 더듬어 혼자서 샬레의 문을 두드리는 자, 특히 모레인 지대를 넘어 빙하를 거슬러 오르며 높은 봉우리를 기어오르는 자는 다르게 불러야 하리라.'

이 글은 에밀 자벨이 남긴 오직 한 권의 산악 문헌인 『한 등산가의 회상』 첫머리에 나온다. 이 책은 자벨이 생전에 발표한 글들을 그가 죽은 뒤 그의 친구였던 에드와르 베라넥 교수가 1886년 로잔에서 펴낸 것인데, 1896년의 제3판에는 에밀 자벨에 대한 랑베르의 평전이, 1920년 신판에는 앙리 보르도가 자벨의 산악문학을 평한 격조 높은 장편의 논문이 서문으로 각각 붙었다. 에밀 자벨을 오늘날 산악 문학의 아버지라고 부르는 까닭을 알 만하다.

등산가 자벨의 명성은 당대의 윔퍼나 머메리와는 비교가 안 된다. 그러나 36년이라는 그의 짧았던 생애를 생각하면 그의 알프스 편력은 결코 좁았던 것은 아니다. 그는 당 뒤 미디에서 시작하여 발레의 여러 고산과 몽블랑 산군까지 발을 뻗쳤다. 그리하여 자벨은 1870년에는 유명한 가이드 니콜라스 크누벨과 함께 마터호른을, 1871년에는 바이스혼, 그리고 이어서 치날 로트혼을 올랐으며, 특히 1876년 몽블랑 매시프에 침봉의 하나인 투르 느와르(3,824m)를 초등정하기도 했다.

에밀 자벨은 모험도 정열도 다른 등산가들에 비해 뒤지지 않았지만, 그중에서도 산에 대한 애정과 산을 보는 정관적 태도는 그를 흉내 낼 자가 없으리라.

알피니스트 자벨은 문인이자 철인이며 예술가였다. 등산가 중에 이런 특성을 지닌 사람을 동서 고금을 통해 찾기 어려운 사실로 비추어 볼 때 에밀 자벨의 존재는 주목할 만하다. 그리하여 그는 후년에 많은 등산가들에 깊은 감동을 주었으며, 저명한 스위스의 화가 샤를르 고오 같은 사람은 자기의 처녀작을 에밀 자벨에게 바쳤다.

오늘날 일본의 등산가이며 와세다 대학의 불문학 교수인 콘도 히도시는 어려서 자벨의 회상기를 읽고 후년에 스스로 이 작품을 번역했을 뿐만 아니라, 『한 등산가의 회상』을 따라 자벨이 걸어간 알프스를 골고루 답사했다고 쓴 적이 있다. 나온 지 100년이나 되는 책의 위력이다.

리카르도 카신

Riccardo Cassin

우리가 애용하고 있는 카라비너 중에 '카신'과 '보나티' 이름이 들어있는 것이 있다. 모두 2,000킬로그램 안팎의 강도를 가진 물건들이다.

카신과 보나티 이름이 이처럼 등반 용구에 들어있는 것은 그들이 세계적으로 이름난 명클라이머였기 때문이리라. 두 사람이 활동한 기간은 거의 한 세대의 차이가 난다. 카신은 1930년대의 등반계를 독점하다시피 했고 보나티는 1950년대에 눈부시게 활약했다. 그들에게 공통된 것은 모두가 거대한 암벽을 무대로 극도로 곤란한 루트를 개척했다는 점이다.

세계적으로 볼 때 저명한 등산가라 해도 자기의 산행 기록을 책으로 충실히 남기는 사람은 많지 않다. 오늘날 메스너와 같이 다작인 경우는 예외로 치고, 평생에 한두 권 쓰는 것이 일반적인 듯하다. 그런데 리카르도 카신의 경우는 어떠한가.

'리카르도, 자네는 어째서 자기 등반이야기를 책으로 쓰려고 하지 않는가. 낮은 알프스에서 시작하여 높은 알프스와 돌로미테를 오른 일, 그리고 빛나는 해외원정 등 쓸 것이 얼마든지 있을 터인데······'

카신은 이와 같은 권유와 설득을 주위로부터 많이 받았다. 사실 카신은 한평생 30건에 가까운 대암벽 초등 기록을 세웠고 뒤에 가서는 눈부신 해외 원정도 여러 차례 해냈다. 이러한 그의 체험은 몇 권의 책으로도 모두 담기 어려우리라. 그러나 카신은 나이 칠순이 가까워서도 자기의 과거를 정리하려 하지 않았다.

그러다 1975년이 왔다. 리카르도 카신은 이탈리아의 젊은 클라이머들을 이끌고 세계 최대의 벽이라고 하는 로체 남벽에 도전하여 보기 좋게 쓴잔을 마시고 돌아왔다. 빛나는 긴 인생에서 그가 처음 맛보는 패배감이었으니 그것이 카신에게 준 충격은 컸으리라.

위대한 노령의 등산가 마음에 처음으로 동요가 일어났다. 이리하여 그로서 처음이자 마지막인 한 권의 책 『나의 등반 50년』이 나오게 된다.

1977년의 일이다. 카신은 로체에서 돌아온 후 요세미테를 찾기도 했지만 클라이머로서 그의 무대는 로체 남벽을 종점으로 막을 내린 셈이다. 현역 클라이머의 기개를 끝까지 버리지 않았던 카신도 드디어 자기의 인생을 정리해두고 싶었던 모양이다. 나이든 클라이머가 보여주는 이러한 심경이 우리의 마음을 움직인다.

산을 인생의 스승으로 보는 견해는 진지하게 산을 대하는 등산가들에게 공통된 관념인 듯하다. 이점에 있어서 카신도 결코 남에게 뒤지지 않는다. 그는 『나의 등반 50년』의 서문에서 산이 자기 인생의 교사였다고 이렇게 말한다.

"자유로운 시간을 모두 산에서 보냈던 많은 세월은 내 성격을 강하게 해 주었을 뿐만 아니라 어떤 일을 깊이 생각하는 데도 큰 도움을 주었다. 그리하여 어려운 등반에서 나는 여러 차례 성공하여 자신이 생기고 기력이 넘쳤다. 그처럼 신중한 대비를 했는데도 로체에서 패한 것은 의지의 힘으로 넓힐 수 있는 인간 능력의 한계에 부딪힌 탓이다. 산은 인생의 스승이며 우리에게 긴장감을 주고 우리를 지도하는 언제나 매력있는 교사였다."

이러한 인생관과 등산관을 가지고 있었기에 카신은 클라이머로 빛나는 긴 생명을 유지할 수 있었다. 그는 프리 클라이밍에서 시작하고 도중에 에밀리오 코미치의 영향을 받아 인공 등반으로 전환했지만 끝내 프리 클라이밍을 버리지 않았다. 그가 생각하기에 클라이밍의 요체는 어디까지나 자유 등반에 있었다. 그렇지만 필요에 따라서는 인공적인 보조 수단도 받아들여야 한다는 유연성을 보였다. 결국 카신이 긴 생애에 걸쳐 극도로 어려운 등반을 해낸 뒤에는 이러한 그의 유연성에서 빚어진 심신의 탄력이 있었으리라.

리카르도 카신은 지식층이 아니다. 그는 자신이 책을 좋아하지 않으며 시도 읽은 적이 없다고 고백했는데, 그의 인간성은 솔직하며 가식이 없다. 그러면서도 카신은 '시인은 잿빛 어린 일상의 현실에서 강렬한 상상력이 창조한 세계로 탈출하려 한다'는 것을 알고 있다. "이와 같은 시에 대한 공감 없이는 등반에서 불쾌감, 피로, 위험 등과 대결할 수가 없다"고 말하였다. 사실 리카르도 카신은 학력이라고 할 만한 것을 가지고 있지 않으나 그 대신 남달리 타고난 시인다운 감성이 있었다.

리카르도 카신은 1909년 1월 2일 남부 이탈리아 지방의 사볼가뇨에서 농부의 아들로 태어났다. 그는 두 살 때 아버지를 잃고 할아버지 밑에서 어린 시절을 보냈는데, 학교에선 도망치기가 일쑤고 냇가에서 고기를 잡거나 자전거 타고 노는 데만 정신을 팔았다고 한다.

카신은 열두 살 때 대장간에서 일하게 되어 풀무질을 맡았다. 그러다가 친구의 말을 듣고 조금이라도 나은 일자리를 찾아서 레코로 갔는데, 이것이 그의 인생에서 커다란 전환점이 되었다. 새로 옮겨간 마을에는 거대한 암벽이 하늘 높이 솟아 있었다. 카신의 마음이 요동하기 시작했다. 그때까지 의식의 밑바닥에 깔려 있던 산에 대한 열정이 한꺼번에 터졌다.

첫 휴일을 맞자 카신은 친구들과 레세고네의 주봉을 올라갔는데, 그는 최초의 등산이었던 당시의 모습을 다음과 같이 회상하고 있다.

> '별을 보며 새벽에 떠났다. 초라한 장비, 남에게서 빌린 배낭, 좋은 옷을 버릴까봐 몸에 걸친 낡고 해진 덧옷, 필사적으로 높은 곳을 바라보던 광기, 처음으로 정상에 섰을 때의 환희…… 이것이 나의 생애의 결정적인 갈림길이었다. 절대로 고칠 수 없는 산 미치광이의 시작이었다.'

레세고네를 오른 뒤 얼마 안 되어 카신은 멋있는 암벽 등반의 중심지 그리냐를 알게 되는데, 이 지역에서 그의 초기 등반은 만족스러울 정도로 성숙해갔다. 이 바위터는 이탈리아에서도 여러 세대에 걸쳐 소문난 곳으로 루트는 짧았지만 난이도가 높았다. 그는 여기서 비박이 무엇인가 하는 것 같은 소중한 체험을 얻기도 했다.

이 바우터를 카신이 얼마나 좋아했는가는 그가 "바위 터로 돌아갈 날을 생각하면 한 주간을 일하는 것이 조금도 힘들지 않고 즐거웠다"고 말한 것을 보아도 알 수 있다. 그 무렵 카신은 생활에서 따로 바라는 것이 없을 정도로 만족해했다고 한다. 그는 생활비를 남겨 어머니에게 보냈는데, 그에게 필요한 것이 있다면 오직 자유 시간이었으며, 그는 이 시간을 온전히 산에 바쳤다.

카신은 처음에 쉬운 루트부터 시작하여 차차 어려운 데로 옮아갔다. 그때마다 루트가 새로운 그 어떤 것을 자기에게 가르쳐 주었고 자기는 그 '말'을 이해할 수 있었는데, 카신은 이 언어의 소통을 참다운 감각적 커뮤니케이션이었다고 생각한다. 그리하여 산은 그의 일부라고까지 했다.

카신이 초기에 쓰던 등반 장비는 로프, 카라비너, 피톤 따위였는데, 특히 피톤은 자기가 만든 것으로 크고 무거웠다. 그리고 현수하강에는 언제나 로프만 사용했으며, 슬링이나 카라비너마저 멀리했다. 물론 지금과 같은 하강기는 처음부터 없었다. 당시 카신의 등반 태도는 극히 모험적이고 저돌적인 인상을 주었다. 그는 날씨가 나빠져 물러서야 했을 때에도 그 자리를 떠나려고 하지 않았다. 그에게는 등반할 수 있는 자유로운 시간이 별로 없었기 때문에 최대한 주어진 기회를 놓치고 싶지 않았던 것이다.

시간을 넉넉히 가진 클라이머들은 한 루트에서 성공할 때까지 몇 번이고 시등을 되풀이하고 있었지만 카신은 그렇게 할 여유가 없었다. 그러나 이와 같은 시간상의 핸디캡이 오히려 카신에게 후퇴 없는 전진을 할 수 있도록 도왔다. 이리하여 그는 여러 팀의 라이벌을 물리치고 많은 루트의 초등을 성취했다.

1929년 봄, 카신은 처음으로 길이 50미터의 마닐라 로프를 가지게 되어 피너클을 찾았다. 당시 등반 실력이 뛰어났던 두 친구가 그를 따랐는데, 등반하다가 짙은 안개 속에서 톱과 세컨드가 서로 놓쳤다. 카신 일행은 앞 팀과 떨어져 로프 없이 어려운 침니를 뚫고 간신히 정상에 올라섰다. 다행히 앞에 간 팀도 뒤에 나타났다.

여기서 '다행히'라고 한 것은 하강에 로프를 쓸 수가 있었기 때문이다. 만일 그때 로프를 가졌던 앞 팀과 만나지 못했더라면 부족한 경험을 가지고 어떻게 내려갔을지, 그리고 어떤 사고를 당했을지 생각하면 정말로 소름끼친다고 카신은 그의 초기 등반 시절을 회상한다.

리카르도 카신이 이룬 초등 기록은 20건이나 되는데, 그중에서도 특기할 만한 것은 돌로미테 6급 루트를 여러 개 해낸 일이다. 즉 카신은 1935년에 치마 오베스트 북벽과 토레 트리에스테 동남벽을 초등하는 데 성공했으며, 1937년에는 피즈 바딜레 동북벽을 올라갔다. 그리고 당시 알프스 3대 과제의 하나로 이름났던 그랑드 조라스의 워커 산릉을 그 이듬해에 처음으로 올라 세계를 놀라게 했다.

카신이 이처럼 등반사에 빛나는 위대한 등반을 해내기까지에는 그것을 준비하는 한 시절이 있어야 했다. 즉 1931년부터 1934년에 이르는 그리냐 산역에서 가진 눈부실 정도로 맹렬했던 초등반 기간이었다.

카신 자신 말대로 그리냐 산역에서 신중한 훈련을 계속하고 있는 동안에 그의 등반 방법은 나날이 성숙하고 기술이 향상되었다. 그리하여 카신은 아무도 손댄 일이 없는 처녀 암벽에 마음이 움직였다.

카신은 1931년에 여성 클라이머 메리 바라레와 만나서 쿠리아 안젤리나 동벽을 초등하여 이것을 기점으로 그의 일련의 초등 활동이 막을 열었다. 기록면에서는 모든 등반이 운좋게 진행되어 성공한 듯했으나, 명이 긴 카신도 몇 차례 죽을 고비를 넘겼다. 등반하다 기상이 돌변하여 처절한 궁지에 빠진 적도 한두 번이 아니었다. 그때마다 카신은 자기도 의심할 정도의 인간 능력을 초월한 힘이 생겨 그 난국을 헤쳐 나갔다.

1930년 가을, 고르나 디 메달레에서 미등 동남벽을 오르다가 피톤이 빠지며 추락해서 발 밑으로 200미터 되는 허공에 매달린 것이 그로서는 첫 추락이었으나, 이보다 더 큰 시련이 1935년에 몬테 치베타에서 있었다.

카신은 유명한 코미치·베네디티 루트의 제 2등을 노리고 몬테 치베타 서북벽을 정찰하고 있었다. 동행자는 가보라는 애칭을 가진 마리오 델토토였다. 그들은 전날 밤 추위로 잠을 못 잤지만 아침 일찍 벽에 붙어 700미터의 고도를 벌었다.

코미치가 '피톤과 줄사다리'라고 적어놓은 지점에 도착했을 때 그 위로 무서운 오버행이 나타났다. 간신히 피톤을 박고 사다리를 걸었다. 그러나 오버행을 넘어서려면 사다리를 벗고 뒬퍼 스타일로 올라가서 오른팔로 매달리며 왼손으로 작은 홀드를 잡아야 했다. 마침 홀드가 있어서 팔과 다리를 활 모양으로 구부리고 몸을 올리러 했다. 그 순간이었다. 몸의 진동으로 홀드가 떨어져 나갔다.

로프를 붙들고 바위 선반에 발이 닿는 찰나 몸이 튕기면서 뒤집혔다. 그러나 카신은 로프를 놓지 않았다. 머리가 바위에 부딪치며 그는 의식을 잃었다. 카신은 발 밑 700미터 허공에 매달렸다. 약 200미터 떨어진 것이다. 가보가 부르는 소리가 들렸다. 카신은 정신을 차리고 로프를 당기며 벽에 기대어 간신히 오버행 위로 자기 몸을 끌어 올렸다. 그런 상황에서 있을 수 없는 일을 해낸 것이다.

가보는 천만 다행이었다고 생각하면서도 두려움에 어쩔 줄 몰랐다. 카신은 현기증이 난다며 가보에게 톱을 서라고 했다. 톱을 서본 적이 없었지만 가보는 하는 수 없이 앞으로 나갔다. 그러나 가보의 움직임은 보기에도 위태로웠다. 카신은 보다 못해 앞으로 나가며 마지막 남은 부분을 다이렉트 라인을 긋듯이 올라갔다. 이 루트가 유명한 '베리에이션 피니쉬'다.

이들이 오를 때 졸레더 루트에 두 사람이 보였다. 주스토 제르바수티 일행이었다. 카신은 그들을 기다렸다가 내려가는 길을 알아볼 생각이었다. 그런데 그들이 루트를 찾고 있는 동안에 날이 어두워졌으니 이제는 그 자리에서 밤을 지새우는 수밖에 없었다.

카신은 비박색을 가지고 있었으나 그것은 3인용이었다. 카신은 이 비박색을 교대해 가며 사용하기로 하고 먼저 세 친구에게 양보했다. 그런데 세 사람은 깊이 잠들어 버렸다. 소심하고 마음이 여린 카신은 차마 그들을 깨울 수가 없어, 얼어오는 발을 동동 구르고 몸과 팔다리를 두들기며 길고도 무서운 밤을 지새웠다.

리카르도 카신은 그의 30대 돌로미테와 알프스에서 이처럼 눈부시게 보냈지만, 60년대에도 알래스카와 안데스에서 매킨리 남벽과 히리샹카 서벽을 초등했다. 이밖에도 그는 1957년 가셔브룸 IV봉과

1975년의 로체 남벽 원정대를 지휘했다.

카신의 삶은 평생 산과 대화를 하며 살았다. 그 대화에 매혹되어 기회만 있으면 산으로 갔다. 그는 극한 상황을 무서워하지 않았다. 그에게는 극도의 난관에 도전하는 일이 바로 건강한 희열과 정신적 고양을 추구하는 일이었다. 이 희열과 고양은 등반의 성공, 실패와는 무관하며 오직 위험한 도전을 통해서만 얻어진다고 그는 주장한다.

리카르도 카신은 『나의 등반 50년』을 이렇게 맺었다.

'그러나 아무리 패배가 있었다고 해도 산은 우리의 정신을 풍요하게 해주는 심미적, 윤리적 감정을 고양하는 강력한 원천으로 있으리라. 이런 뜻에서 산과 나의 대화는 끝나지 않을 것이다.'

헤르만 불

Hermann Buhl

'1953년 7월 3일 7시. 29세의 티롤 출신 헤르만 불이 표고 8,125미터 낭가 파르바트 정상에 섰다. 이 일로 그는 세계의 각광을 받았고 단번에 그 이름이 온 세상에 알려졌다. 헤르만 불이 혼자서 해낸 이 등정은 후세에 큰 화제리가 됐다. 이성으로 짚을 수 있는 온갖 방법으로 생각한다면 그가 정상에서 다시 돌아오지 못하리라는 결론으로 이어졌기 때문이다.

히말라야 등반의 역사를 볼 때 일찍이 불의 등정과 맞먹는 육체적 정신적 고행은 찾을 길이 없다. 전날 아침에 생기 넘치는 젊은 얼굴로 고소 캠프를 떠났다가 이튿날 저녁 주름진 얼굴의 늙은이로 돌아온 등산가가 있었을까?

우리는 묻는다. 세상 사람들이 묻는다.

불이라는 자는 도대체 어떤 사람이냐?'

이것은 쿠르트 마이크스가 헤르만 불이 남긴 책 『8,000미터의 위와 아래』 첫머리에 붙인 글인데, 이 속에 헤르만 불의 모습이 잘 나타나 있다. 사실 낭가 파르바트에서 돌아온 직후의 사진을 보면 청년이 하루 사이에 노인이 되었다고 한 쿠르트 마이크스의 말에 조금도 과장이 없다는 것을 알 수 있다.

그렇다면 헤르만 불을 이처럼 늙게 한 것은 무엇이었을까. 그는 낭가 파르바트에서 어떤 극한 상황에 놓여 있었던가 『8,000미터의 위와 아래』에는 이렇게 쓰여 있다.

'지금 내게는 추위를 막을 수 있는 비박색도, 추락을 예방해 주는 확보용 자일도 없으나 앞으로 다가올 밤이 조금도 무섭지 않았다. 이상하리만큼 마음이 편안했다. 모든 일이 그저 당연하기만 했다. 이렇게 될 수밖에 없었다. 처음부터 알고 있었던 일이 아닌가. 여느 때와 다름없는 마음으로 나는 8,000미터 고소의 밤을 맞이했다 ―중략―

갑자기 잠이 깼다. 고개를 들었다. 어떻게 된 거지? 내가 어디 있는 걸까? 나는 깜짝 놀랐다. 낭가 파르바트의 험준한 암벽 한가운데서 의지할 곳도 없다. 발밑에는 시커먼 지옥이 입을 벌리고 있었다. 그런데 8,000미터 고소에 있다는 느낌이 전혀 없었으며 숨쉬기도 어렵지 않았다. 나는 깨어나려고 애썼지만 졸음을 물리칠 수가 없었다. 이처럼 졸고 있는데도 몸이 중심을 잡고 있으니 참으로 신기하다….

하늘에는 아직 별이 있었다. 날이 밝지 않았나보다. 나는 애타는 마음으로 해가 떠오를 지평선에 시선을 던졌다. 마침내 마지막 별도 흐려졌다. 동이 트기 시작했다. 나는 몸을 바위에 기댄 채 움직이지 않았다. 오른손은 여전히 바위를 붙잡고 왼손은 스키

스톡을 꼭 잡고 있었다. 두 다리가 막대기처럼 뻣뻣했다. 구두는 꽁꽁 얼었고 구두 바닥이 얼음에 박혀 있었다. 아침 첫 햇볕이 내 몸에 닿았다. 무어라 말할 수 없는 기분이다. 굳었던 몸이 풀린다. 오늘은 주의해야지! 미끄럽지 않은 데가 없다. 꿀르와르를 내려갔다. 끝이 없다. 아이젠은 여전히 한쪽뿐이다. 또 하나는 아노락 안주머니에 있었다. —중략—

머리가 갑자기 텅 빈 듯했다. 주위를 둘러본다. 도대체 여기가 어디지? 여기저기 스키 자국이 보이고 저쪽에는 케른도 있다. 내가 스키를 타러 왔던가? 나는 낭가 파르바트 8,000미터 고소에 있다. 그것도 혼자서! 스키 자국으로 보인 것은 바람이 지나간 자리고 케른은 암탑이었다. 사람 소리가 났다. 누가 부르는가? 바람 소린가? 저 위에 친구가 기다리고 있을까?

검은 점들이 보였다. 나는 야호를 부르려 했으나 소리가 나오지 않았다. 다시 설원을 바라보니 검은 점이 온데 간 데 없다. 걷잡을 수 없는 환영. 그러나 다시 나타났다. …아니야 설원에는 역시 아무것도 없다. 헤르만, 헤르만! 소리는 들렸는데 아무도 없었다. 배낭이 어디 갔는지 보이지 않았다. 나는 끝없이 펼쳐진 절망의 얼음 벌판에 혼자 있었다.'

이러한 시련을 딛고 헤르만 불은 하루 사이에 늙은이가 되어 산에서 내려왔다. 헤르만 불의 이야기는 오늘날에도 하나의 수수께끼처럼 남아있다. 그는 역시 초인인가? 그것이 사실이라면 그와 같은 힘은 어디서 나왔을까? 이러한 의문을 자아내게 한 초점은 당시로서는 꿈에도 생각할 수 없었다. 8,000미터 고소를 혼자 오른 데도 있지만 그가 산에서 내려오다 그 자리에 선 채 꼬박 하룻밤을 지냈다는 사실이 더욱 사람들을 놀라게 했다. 이에 대해 라인홀트 메스너는 『죽음의 지대』라는 그의 책에서 다음과 같이 말하고 있다.

>'헤르만 불이 낭가 파르바트에서 살아 돌아온 것은 그가 정상을 밟았기 때문이다. 만일 최고점을 눈앞에 두고 좌절했다면 그와 같은 초인간적인 하산을 해내지 못했을 것이다.'

어느 분야에서든 역사적 인물들에게 익센트릭한 것까지는 아니더라도 남들과 다른 데가 있는 법이다. 헤르만 불의 경우도 역시 그렇다. 그는 독일과의 국경 가까이 카르벤델 산괴가 둘러싼 도시 인스브룩에서 태어났는데, 산에 대한 애정은 부모한테서 이어받은 것 같다고 자기 입으로 말하고 있다. 즉 아버지는 산에 가는 것을 좋아했고 어머니는 돌로미테의 심장부인 그레데나 계곡 출신이었다.

어렸을 때 그는 불행했다. 네 살 때 어머니를 잃은 데다 그는 몸이 약해서 학교에 들어가는 것도 한 해 늦었다. 그러한 불이 산을 좋아한다는 것을 주위에서는 아무도 믿지 않았다.

열 살이 되던 해, 불은 아버지와 같이 인스브룩 북쪽 하늘 높이 솟은 2,600미터 봉에 올라갔다. 거기서는 북녘으로 끝없이 이어지는 연봉의 세계가 보였다. 그때부터 헤르만 불은 산에 넋을 잃었다.

엄한 종교적 분위기에서 불은 새벽 네 시에 교회에 나가 미사를 드리고 산으로 갔다. 사람들은 자기를 약한 자로 여기고 동정하거나 상대도 하지 않았지만, 자기는 결코 약하지 않았다고 불은 당시를 회고하고 있다.

그는 돈이 없어 등산화도 사지 못하고 바위 터를 양말만 신은 채 올라갔으며, 자일도 살 수가 없어 집에 걸린 빨랫줄을 가져가기도 했다. 그렇다고 이 정도로 기가 죽지는 않았다.

헤르만 불의 등반 수업은 고향인 인스브룩 근처와 북부 티롤 지방에서 마쳤다. 「하늘과 땅 사이의 배회자」라는 글에서 쿠르트 마이크스는 이렇게 평했다.

'불은 붙잡을 데가 없는 얼음에 덮인 베르겔 암벽과 피즈 바딜레 북벽을 올라갔다. 다른 클라이머가 여러 날 걸리고도 도중에 비박하거나 피로로 죽었는데, 불은 이 암벽을 혼자 네 시간 만에 해치웠다. 그는 인스브룩에서 밤새 자전거로 험한 산길을 달려 스위스로 왔다가 등반을 마치고 그날로 돌아갔다. 이렇게 한 이유는 차비나 산장에 머물 돈이 없었기 때문이다. 교회 지붕을 칠하는 일 덕분으로 자전거를 살 수 있었던 것만도 그에게는 큰 재산이었다.'

한편 불에게는 좋은 친구가 될 자격이 없었다고 평하는 사람도 있었다. 불이 동행자를 너무 자주 바꾼다는 이야기였다. 그런데 불의 말을 빌자면 마음이 즐겁지 않은 친구들도 있었다. 날씨가 나쁘고 밖에서 눈보라가 일거나 비가 쏟아진다고 이불을 쓴 채 일어날 생각을 하지 않는 사람들과는 같이 갈 수 없다는 것이었다.

헤르만 불은 1952년 여름에 아이거 북벽에서 7인조와 만났는데, 무서운 악천후가 몰아닥친 사정없는 암벽에서 그들과 안자일렌 하고 이 위기를 뚫고 나갔다. 그때 불은 처음부터 앞에서 눈사태와 얼음과 추위와 싸운 끝에 전원이 무사히 위기를 벗어나자 비로소 북벽을 뒤로 했다.

헤르만 불은 낭가 파르바트 원정대에 초대되었을 때에도 혼자 단단한 각오를 하고 있었다. 그는 자기의 실력을 테스트하는 뜻에서 밤중에 혼자 동알프스 최대의 암벽인 표고 1,800미터의 바슘나 동벽을 올라갔는데, 그것도 가장 어려운 루트로 이름난 잘츠부르크 루트를 겨울에 완등 했던 것이다.

이러한 불이었으니까 1895년 머메리 이래 반세기가 넘는 동안, 30여명의 희생자를 낸 '운명의 산'이자 '마의 산'인 낭가 파르바트를 비록 고소캠프에서 시작한 것이지만 단독 등정을 해냈던 것이다.

『8,000미터의 위와 아래』는 헤르만 불의 자서전 같은 등산 기록이며, 이 극적인 저술은 등산가 불의 명성을 영구불멸의 것으로 만들었다. '위와 아래'란 낭가 파르바트의 고소 캠프 3을 기준으로 한 '위와 아래'를 말한다. 이 책 마지막 장이 낭가 파르바트 원정기인데, 이것은 크게 두 편으로 나뉘어서 전편이 '밑에서는' 후편이 '그리고 위에서는'으로 되어 있다.

낭가 파르바트의 초등은 헤르만 불이 베이스캠프의 지휘본부에 걸려 오는, 누차에 걸친 "전원 철수하라!"는 대장의 명령을 듣지 않고 혼자 정상으로 떠난 데서 비롯 됐다. 그때 불이 대장의 지시대로 움직였다면 이 '마의 산'의 역사는 달라졌으리라. 그런 뜻에서 제 3

캠프의 '위와 아래'는 중요한 의미를 가진다.

존 헌트는 에베레스트 등정이 많은 사람들의 어깨를 딛고 오른 것이라고 했지만, 특히 8,000미터 고봉의 경우, 대원들의 단결된 행동 없이 성공을 기대하기는 어렵다. 그런데 유독 낭가 파르바트는 수많은 희생자를 낸 운명의 산, 마의 산이면서도 오히려 대원들의 의견이 대립된 가운데 등정의 성공을 보았다. 『8,000미터의 위와 아래』는 당시의 모습을 아래와 같이 전해주고 있다.

> '무전기가 울렸다. 아쉔브레너가 귀국하니까 내려와서 고별인사를 나누라고 한다. 등정 마지막 기회인데, 내려오라고? 무전기가 또 울린다. "전원 하산하라!" 베이스캠프에서는 새로운 공격 계획을 세웠다는데 그것을 알려달라고 하자 "나인! 하산해요!"라고 수화기 소리가 한층 커졌다.'

『8,000미터의 위와 아래』의 대화는 이것으로 끝나지 않았다. 다음 날(7월 1일) 불은 동료들과 같이 새벽에 제 4캠프로 전진했는데, 이날도 계속해서 무전이 왔다. 등반대장의 임무를 프라우엔 베르거에 넘기고 귀국한다던 아쉔브레너가 다시 그 임무를 맡고 여전히 하산을 명령했다. 그러나 위에서는 캠프 4에 올라가서 눈에 묻힌 천막을 파낸 다음, 그날 오후 종일토록 라키오트 빙벽과 모렌코프로 트래버스 할 곳에 자일을 고정하고 스텝을 만들었다.

이어서 7월 2일, 새벽부터 아래서는 여전히 철수하라고 무전을 쳤다. 30분이나 이야기가 오간 끝에 마침내 지휘본부가 손을 들었다.

──"할 수 없군, 그럼 갔다 오게. 성공을 비네."

 헤르만 불은 한스 에르틀, 의사 발터와 함께 훈자 포터 세 명을 데리고 전진을 계속했다. 캠프 3에 처졌던 오토와 포터가 따라 붙었다. 불이 선두에서 러셀하고 에르틀이 무비 카메라를 돌렸다. 발터는 인부들을 잘 다루어 공격조의 전진이 순조로웠다. 그리하여 대원 넷, 포터 넷이 모렌코프까지 오르는데 성공했다. 여기는 캠프 5 예정지였는데 그들에게는 2인용 천막과 극히 소량의 필수품밖에 없었다. 결국 선배격인 에르틀과 발터가 후배인 불과 오토에게 정상 공격의 기회를 양보하고 포터를 데리고 내려갔다.

 그런데 마지막 캠프에서 오토가 일어나지 못하자 불은 혼자 정상으로 떠났다. 불은 처음부터 혼자서 하겠다는 욕심을 가지고 있지 않았던 것을 알 수 있다. 이에 대해 라인홀트 메스너는 그의 낭가 파르바트 단독 등행기에서 "헤르만 불의 업적을 평가하려면 불이 정상 공격을 앞둔 이틀 동안에 얼마나 노력했는가도 함께 참작해야 한다"고 말하며 당시의 상황을 아래와 같이 말하고 있다.

> '제 5캠프는 약 6,900미터로서 정상까지 표고 차 1,255미터. 수평거리 6킬로미터. 날씨는 좋았으나 7월 2일에서 3일에 걸쳐 밤에 강한 바람으로 헤르만 불은 몇 번이고 천막을 보강하느라 거의 뜬눈으로 밤을 새웠다. 그러나 그는 에베레스트가 등정됐다는 소식을 듣고 힘을 냈다.
> 그는 밤 두시에 캠프를 떠났다. 오토가 한 시간 뒤에 불을 쫓았으

나 질버자텔에서 되돌아섰다. 불은 다섯 시간 뒤 7,400미터 고소에 도달했는데 그때부터 고도에 고통을 느껴서 자주 쉬어야 했다. 그는 앞 봉우리로 오르는 급경사에 이르러 배낭을 내려놓고 페넌트와 장갑, 수통을 주머니에 넣고 아노락을 허리에 둘렀다. 표고 7,840미터 디아미르 샤르테 상단부에 올라섰다. 그리고 바즈인 샤르테로 트래버스, 깎아지른 바위, 돌투성이의 바위터, 눈과 얼음을 한바탕 기어 올라갔다.

열두 시간 걸은 뒤 앞에 정상 벽이 나타났다. 아직도 표고 차 30여 미터, 수평 거리는 1,000미터였다. 가장 어려운 곳이다. 그는 체력 소모를 느껴 퍼비틴 알약을 먹었다. 이 돌출부에서 저 돌출부로 가는 한 단계 한 단계가 그때그때의 그의 목표였다. 멀리 정상을 쳐다보면 그곳을 오른다는 생각을 도저히 할 수가 없었다.'

오후 여섯 시가 되어 불은 마지막 차를 한 모금 마셨다. 이제는 먹을 것이 없었다. 그러나 끝내 그는 기다시피 하여 8,125미터 정상에 도달했다. 19시, 천막을 떠난 지 17시간 뒤였다.

그러나 초인 헤르만 불에게도 운명의 날이 왔다. 1957년 6월 27일, 그는 카라코룸의 7,000미터 봉 초골리자를 오르다가 눈 처마가 무너지는 바람에 33세의 젊은 생애를 마친다. 그의 불상사는 같은 달 9일에 <u>브로드 피크</u>(8,047m)를 초등한 뒤의 일이었다.

존 헌트

John Hunt

1983년은 에베레스트 등정 30주년을 기념하는 해였다. 그보다 5년 전인 1978년에는 네팔의 수도 카트만두에서 25주년을 축하하는 성대한 행사가 열리고, 초등자였던 힐라리와 텐징을 비롯하여 지난날 등정자들이 한자리에 모였으며, 우리나라에서도 고상돈 씨가 여기에 참석했다.

에베레스트는 세계의 최고봉으로 그 등산사적 가치는 재론의 여지가 없으므로 25주년이니 30주년이니 하는 기념의 대상이 된다. 그리고 그 기준을 삼는 것은 물론 1953년 5월 29일에 영국 원정대가 해낸 에베레스트 초등정이다.

지금은 그렇지도 않지만, 당시 이 성취와 업적은 확실히 놀라운 것으로 단순히 등산계라는 좁은 세계의 일이 아니라 인류 전체를 위해 기념비적인 사건이었다. 그리고 그 엄청난 일을 추진하고 성공시킨 장본인이 존 헌트였다. 그러나 존 헌트는 자기가 한 일의 내용과 성격과 과정을 누구보다도 잘 알고 있었다. 그래서 그는 세계가 격찬해 마지않는 최고봉 등정에 대해 어디끼지나 검허하고 냉정했으며 객관적인 태도를 취하는 것을 잊지 않았다. 세계에 에베레스트에 관한 도서가 산적되어 있어도 존 헌트가 저술한 『에베레스트 등정』이 교과서다운 결정판으로 취급되며 고전 중 고전으로 높이 평가되는 까닭이다.

헌트는 에베레스트 등정에 관한 그의 저술에서 아래와 같이 기록했다.

'지금까지 있었던 모든 등정 시도는 당시 어디까지 도달했는가 보다는 그 하나하나의 도전을 통해 경험들이 쌓여나간 데 중요한 뜻이 있다. 이러한 경험의 축적은 이 산의 수수께끼가 풀리기 전에 상당한 높이에 가 있었다. —중략— 이렇게 생각한다면 지금까지의 원정대는 실패 한 것이 아니라 전진한 것이다.'

그래서 헌트는 1953년 그의 원정대에게 안겨진 영광을 여러 선배 원정대와 같이 나누어야 한다고 말했다.

사실 에베레스트 등정은 1953년 어느 날 갑자기 이루어진 것이 아니다. 그로부터 32년 전 1921년에 시작된 첫 도전 이래 에베레스트 원정은 영국 산악회의 숙명적인 과제로 되어 왔다. 이 4반세기가 넘는 동안 10회에 걸쳐 벌어진 그들의 집요한 노력은 그 자체가 독립된 히말라야 등반사요, 등반 기술의 발달사였다. 존 헌트는 그가 저술한 『에베레스트 등정』의 첫머리에서 역사적 개관을 통해 과거의 원정을 설명하고 처음으로 8,000미터 고소의 문제점을 구체적으로 상세히 제기했다.

이러한 서술은 자기가 선배들이 기록한 역사를 바탕으로 그 위에 섰으며, 그들의 체험이 자료가 되어 8,000미터 고소의 어려움을 알게 되었다는 내용이 들어있다.

에베레스트 첫 도전에서 성공까지 32년간에 비조직적인 활동이 영국 아닌 다른 나라에서 시도된 일도 없지 않았으나, 1952년의 스위스 원정대가 벌인 두 차례의 등정은 조직적이었던 것으로 이에 대해 존 헌트는 다음과 같이 평하는 것을 잊지 않았다.

'스위스 원정대는 작년에 수많은 일련의 영국 등반자들로부터 최신 지식을 이어받아 눈부시게 달린 후 우리에게 다시 바톤을 넘겼다. 그리하여 마침내 우리가 결승선에 들어가는 마지막 주자가 됐다.'

이것은 스위스 원정대가 듣기 좋으라고 한 단순한 인사치례가 아니었다. 1952년의 스위스 대는 오늘날도 그 위력을 잃지 않고 있는 '마의 길목' 아이스폴을 통과하고, 처음으로 웨스턴 쿰의 설원을 지나 사우스콜로 뚫고 올라가서, 이른바 에베레스트의 전통적인 등반 루트를 개척한 공로자였기 때문이다.

시대는 바뀌고 바뀌어서 에베레스트를 무산소로 혼자 오를 수 있는 데까지 왔다. 그리고 8,000미터 급에 대한 알파인 스타일 속공도 일반화하고 있다. 그러나 이 놀라운 변화 뒤에는 선배 도전자들의 값진 노력과 희생이 깔려 있다. 말하자면, 오늘날의 히말라야 도전자들은 본인이 의식하건 안 하건 머메리와 말로리의 후예들로서 그들의 어깨를 딛고 올라가고 있다고 해야 한다.

존 헌트의 이름은 하루아침에 전 세계에 알려졌다. 그의 존재는 적어도 1953년 5월 말에서 6월 초에 영국이 에베레스트에 초등정 했다는 보도가 나돌기 전까지는 영국 내에서도 일부 산악계를 제외하고는 아는 사람이 없었다.

존 헌트는 인도에 파견되어 있던 영국 육군 장교의 아들로 1910년 인도에서 태어났다. 그러나 아버지가 1차 대전에서 전사하여 그는 영국으로 돌아왔다. 존은 어려서 어머니를 따라 알프스에 간 일이 있는데, 이것이 그의 등산의 시작이었다. 그리하여 그때부터 헌트의 등산은 빠른 속도로 진척하여 15세에 베르니나 알프스에 올라간다.

존 헌트는 18세가 되면서 아버지의 뒤를 이어 육군사관학교에 들어갔는데, 그는 수석으로 입학하고 수석으로 졸업했다. 그 뒤 그는 당시 알프스에서 화제로 되어 있던 도피네 암봉인 메이주를 종주한다.

1935년에 헌트는 인도에 파견되어 중위로 근무하며 인도의 서북 오지 카라코룸에 있는 표고 7,742미터의 피크 36(살토로캉리)주변을 탐색했다. 이때 그 일행은 4명의 청년 장교였다. 그들은 정보도 자금도 충분하지 않아 면밀한 정찰 활동을 하기에는 처음부터 애로가 많았다.

그런데 설상가상으로 눈이 많이 내리고 연 3일 동안 폭풍설이 휘몰아쳐 그들은 천막 밖으로 나가지도 못했다. 그리하여 5,500미터 고소에서 3일 동안이나 갇혀 있었다. 그러나 헌트 일행은 여기서 좌절하지 않고 날씨가 회복되기를 기다려 전진을 계속했다.

그들은 동벽의 가장 어려운 곳을 이미 돌파했으나 정상은 가까워지지 않았다. 처음부터 고도 측정에 착오가 있었는데 그것을 뒤에 가서 알았다. 결국 헌트는 피크 36을 시등 하는데 그쳤으나, 이때의 체험이 훗날 5,425미터의 코라호이 남벽 초등정을 가져온다.

코라호이 루트는 1912년에 개척되었지만, 헌트의 2인조는 다른 베리에이션 루트를 뚫고 고도차 2,285미터를 15시간 만에 올라갔다. 이 장한 도전은 그가 피크 36에서 돌아온 지 두 주일 후에 이루어졌다.

이렇게 해서 헌트는 히말라야의 경험이 가장 풍부한 등산가로 성장했다. 1936년 에베레스트 원정이 계획되었을 때 그도 참가하리라는 이야기가 나돌았으며, 틸맨, 오델 등과 같이 건강 진단을 받았으나 운이 안좋았는지 그만 탈락 됐다.

이때 그는 26세였는데, 그로부터 16년 동안 헌트는 제1급 등산가의 지위를 확보했다. 그는 1937년 결혼하여 부인과 같이 캉첸중가 정찰에 나서게 되었는데, 이를 계기로 헌트 부인도 여성 클라이머로 성장하게 되었다.

헌트 부부는 포스트 몬순기에 젬 빙하와 그 주변 일대를 조사하여 그 서북으로 높이 솟은 슈거로프 봉에 붙어 정상 120미터 앞까지 올랐으며, 또한 단독으로 네팔 피크 서남봉(7,186m)에도 올라갔다.

1939년에 헌트는 6,691미터의 판딤을 오를 생각이었으나 2차대전이 일어나 이 계획은 무산되고 말았다. 그리하여 그는 육군소령으로 본국에 돌아왔다.

이 무렵 북 웨일즈 지방에 있는 클라이머즈 클럽의 헤릭 산장에 기갑부대가 주둔하고 있었다. 헌트 소령은 그 부대의 훈련을 맡게 됐다. 헌트는 병사들을 이끌고 스노돈(1,085m) 등산에 정성을 기울였다. 이러한 특수훈련에서 헌트는 당대에 유명했던 클라이머들의 지원을 받았다. 헌트의 훈련은 높이 평가되어 그 후 스코틀랜드 케언곰 산중에서 '산악전 및 극한지역 전투훈련의 학교'의 주임 교관직을 맡았다. 이 교육 과정은 6개월이었는데 여기서도 그는 만족할 만한 활동을 했다.

2차 대전이 끝나자 헌트는 유럽 각 지역에 파견되었지만, 그는 가는 곳마다 그 고장의 산을 올라갔다. 1948년이 지나서 헌트는 프랑스에 주재하면서 알프스를 가까이할 수 있었다. 프랑스의 등산 친구들은 그를 유명한 암벽으로 안내했다. 파리에서 차로 두 시간 거리에 있는 퐁텐블로 숲에 있는 높이 20미터의 바위 터로 클라이밍 훈련장으로 알려진 곳이다. 헌트는 주말마다 여기서 클라이밍에 열중했다.

헌트는 프랑스에서 독일로 근무지를 옮기게 되었다. 그러자 1952년 10월 어느 날 한 통의 편지가 날아왔다. 본국의 히말라야 위원회에서 온 이 편지는 존 헌트에게 에베레스트 원정대 대장을 맡아달라는 내용이었다. 히말라야 위원회는 사전에 군 당국과 교섭하여 헌트의 차출에 관한 동의를 얻어 놓고 있었다. 이 편지 한 통이 존 헌트의 운명을 크게 바꾸고 세계 등반사의 흐름에 전환점을 마련한다.

에베레스트 등산은 그 규모가 가장 크다. 산이 높고 거리가 멀기 때문에 일어나는 여러 가지 문제를 검토하고 대책을 세우는 일은 복잡하며 방대하다. 존 헌트는 에베레스트의 문제를 요약해서 고도와 기상과 등반 자체의 어려움이라고 했는데, 이 3대 요소는 깊은 연관을 가지고 있어서 에베레스트 등산의 문제는 더욱 심각하다.

그러나 오늘날 이 세계 최고봉에 도전하는 길은 그 옛날에는 상상조차 하지 못했을 정도로 쉬워졌다. 그것은 헌트의 말대로 앞에 간 원정대들이 남긴 귀중한 정보를 그대로 활용할 수 있기 때문이다. 특히 1953년의 초등 이후는 거의 모두가 존 헌트 대의 구체적인 경험과 정보가 담겨있는 헌트 대장의 『에베레스트 등정』 한 권이 모든 것을 알려주고 있기 때문이다.

오늘날 에베레스트에 가는 데 필요한 자금과 대원만 확보되어 있다면 누구나 본국에 앉아서 멀리 히말라야 고산에 가기 위한 상세한 계획을 짤 수 있다. 헌트 원정대도 1952년의 스위스대가 아이스폴과 웨스턴 쿰을 통과하고 로체 페이스에 길을 뚫은 뒤 사우스콜을 지나 동남릉으로 진출한 것을 보고 계획을 세울 수 있었으리라.

에베레스트 공략전에는 몇 가지 단계가 예상된다. 고도순화라는 말은 오늘날 상식화 되었지만 헌트는 처음으로 그 중요성과 방법을 구체적으로 다루었다. 이밖에도 그는 아이스폴을 지나고 전진 캠프를 설치하는 일에 대해서 자세히 설명하고 있다. 헌트는 고도와 기상의 문제가 등산의 기술적 어려움을 크게 지배한다고 보고 이에 어떻게 대할 것인가 깊이 생각했다. 그리하여 이 문제를 해결하려면 가벼운 산소 공급 장치가 있어야 한다는 결론을 얻었다.

존 헌트는 원정대의 성패가 사람 문제에 달려있다고 보고 대원들의 인화와 개인의 능력을 같이 중요시 했다. 특히 능력 면에서는 대원이면 누구나 정상 공격을 할 수 있어야 한다고 주장했다. 그리고 8,000미터 급에서는 인내력이 중요한데, 그 인내력은 나이가 많을수록 강해진다는 점을 고려, 그 적정 범위를 30세 선후로 판단했다.

이밖에도 큰 키와 작은 키가 어느 쪽이 적합한지 이론이 분분했을 정도로 헌트의 대원 선발 기준은 신중하고 까다로웠다. 헌트는 대원이 13명으로 구성됐을 때 13이라는 숫자가 불길하다고 기분이 언짢았으나, 때맞추어 노르게이 텐징이 참가하게 되어 대원수가 14로 늘자 그의 불안이 가셨다고 한다.

헌트는 다섯 가지 기본 방침을 세웠다. 1) 합동 훈련을 통해 대원 상호간의 친밀성을 기른다. 2) 몬순이 오기 전에 정상 공격의 기회를 잡는다. 3) 베이스 캠프에 들어간 뒤는 등반 뒤에 다른 일로 시간을 보내지 않도록 사전에 모든 태세를 갖춘다. 4) 경우에 따라 정상 공격을 되풀이 할 수 있도록 인적 물적 지원 태세를 완비한다. 5) 산소량에는 제한이 있으나 아주 높아지면 체력 소모 현상이 생기니 이를 예방하기 위해 밤에 잘 때에도 산소를 적절히 마신다.

그리고 그는 에베레스트 등산을 두 가지 단계로 나누었다. 즉 베이스캠프에서 쿰푸 빙하 하단부까지, 그리고 빙하 상단부, 다음에 사우스콜로 이어지며 짐을 옮기는 것을 제 1단계 작전으로 하고, 다음 단계는 정상으로 향하는 작전으로 했다. 그리하여 사우스 콜까지 짐을 올리는 데 투입되는 인원과 배치, 그리고 물동량 등에 대해서 세밀한 계획을 세웠다. 끝으로 헌트는 노턴과 롱스태프 한테서 조언을 받았다. 이 두 선배는 최종 캠프의 위치가 낮으면 문제가 있으니 사우스 서미트(남봉) 바로 밑까지 최종 캠프를 올리는 것이 좋겠다고 말했다.

이와 같은 일들은 오늘날의 눈으로 보면 너무나도 상식적인 것이지만, 당시에는 그 하나하나가 검토의 대상이었다. 모든 것이 미지였고 설사 어떤 안이 나왔다 해도 그 일을 추진했을 때 어떤 결과를 가져올는지 아무도 장담할 수가 없었다. 선구자가 가는 길은 언제나 그런 것이고, 해 놓고 보면 모두가 콜럼버스의 달걀이다.

아이스폴이 에베레스트에 이르는 마의 길목인 것은 예나 지금이나 다를 바가 없다. 초기에는 여기를 통과하는 기술이 문제였지만, 지금은 빙하가 이동하면서 세락과 크레바스가 일으키는 사고만 피할 수 있다면 기술적으로 어려울 것은 없다.

이렇게 아이스폴 통과 방법이 쉬워진 것은 오직 헌트 원정대의 덕분이고, 그들도 스위스대로부터 그 방법을 이어받은 셈이다.

이밖에도 히말라야에서 가장 무서운 눈사태의 위험에서 벗어나려는 노력과 로체 페이스에 로프를 고정시키기 위한 묘안을 연구하는 이야기를 읽을 때 존 헌트의 『에베레스트 등정』 독자와 에베레스트 원정을 꿈꾸는 사람들은 무엇을 생각할 것인가.

헌트의 기록을 읽으면 우리는 너무나 행복한 등산을 하고 있다고 느낀다. 그 방대하고 복잡한 계획을 짜는 데 좋은 참고 자료가 되며, 식량과 장비 문제를 다루며 고민할 필요가 없을 뿐만 아니라, 원정대의 운영 방법과 작전에 이르기까지 어느 하나 도움이 되지 않는 것이 없다.

헌트는 등산화와 텐트를 특별히 설계해서 주문했고 침낭과 깔개까지도 새로 고안했다. 뿐만 아니라 이런 장비들을 알프스에 가지고 가서 그 성능을 시험했다. 그러나 오늘날 우리의 눈으로 보면 그 물건들은 한 세대 전의 낙후된 것들이었으니 이러한 물건들을 가지고 그 험준한 세계에 달려든 존 헌트 원정대가 유난히 돋보인다.

『6대 등산가』의 저자 로널드 클라크는 헌트가 이끈 원정대의 성공을 그의 주도면밀한 계획에 힘입은 것이었다고 하며, 이것은 베이스캠프에서 이어진 보급로로부터 에베레스트 최종 공격 태세가 감행된 사실에서 볼 수 있다고 평가했다. 11명의 대원 중 9명이 사우스콜에 오르고 그 가운데 2명이 두 번 오른 것도 대장 헌트의 계획이 적절했음을 말해준다.

토니 히벨러

Toni Hiebeler

1984년 2월, 세계의 등산계는 위대한 알피니스트이자 뛰어난 저술가였던 한 사람을 잃었다. 그의 이름은 토니 히벨러. 이날 아침 히벨러는 율리스 알프스 상공에서 헬리콥터가 떨어져 54세의 생애를 마쳤다.

히벨러는 이번에 새로운 책을 쓰기 위해 자료를 수집하고자 율리스 알프스 지방을 공중에서 촬영하고 있었으며, 헬리콥터에는 트라우들 부인과 유고슬라비아 등산가 한 명도 같이 타고 있었다. 사고원인은 밝혀지지 않았으나 산악지대의 기상 악화로 시야가 가렸던 것 같다는 조사팀의 1차 보고가 있었다.

등반사의 견지에서 볼 때 토니 히벨러의 생애는 짧지도 길지도 않다. 그가 이겨낸 수 많은 등반과 그가 쌓아올린 산악문화, 그가 계획하고 있던 사업 등으로 미루어 그의 죽음은 세계 등산계에 커다란 손실이었다.

스위스 베른에서 발간되는 산악 전문지 「베르게」(Berge)의 발행인 페터 마이어 박사는 1985년 1월호에 히벨리 회상기를 쓰면서 다음과 같이 말했다.

"토니 히벨러는 이렇게 말한 적이 있다.

'산과 등산은 멋진 것이다. 사람이 한 세상 등산하다 죽는다면 그 이상 바랄 것이 없으리라. 전위 등산가로서 성공하기는 어렵지 않다. 등산은 마술이 아니기 때문이다. 그러나 등산가로서 늙어가기는 정말로 어렵다. 나는 노련한 등산가가 되고 싶다. 아주 늙어서도 웅대한 산에 도전하여 멋진 등산 활동을 계속하고 싶다.'

그러나 히벨러는 이와 같은 자기의 소원을 풀지 못한 채 자기가 좋아하던 산에서 죽었다. 물론 그는 등반하다 죽은 것은 아니었다."

마이어는 토니 히벨러를 하나의 완숙한 인간으로 보며, 그의 등산은 미와 선의 극치라고 높이 평하고 있다. 사실상 토니 히벨러에게 등산은 삶의 필연적 요소였고 등산 자체가 삶이었다. 히벨러가 만년에 「베르게」의 일을 돕고 있었던 것도 이를테면 마이어 박사가 히벨러라는 인간을 이처럼 평가했기 때문이리라.

이제 54세를 일기로 간 토니 히벨러의 등산가로서 생애를 간추려 보면, 그는 알프스의 대 암벽을 거의 빠짐없이 올라갔으며, 히말라야와 카프카스, 그리고 로키에까지 발자취를 남겼다. 이와 같은 광범위한 그의 산행에는 50회가 넘는 초등기록이 들어 있다.

토니 히벨러는 1930년 오스트리아의 훠아르베르그에서 태어났다. 그는 아홉 살 때 동부 알프스의 테티콘 산군에서 등산을 시작하였는데, 1941년 18세 때 벌써 6급에 도전할 정도였다.

둘젠투름 북벽의 초등정은 이때의 성과였다. 이것을 계기로 극한의 세계가 히벨러 앞에 열렸다. 드디어 그는 돌로미테의 그로센 친네 서남벽과, 치베타 서북벽을 올랐으며, 특히 1961년에는 당시 알프스의 최대 과제로 남아 있던 아이거 동계 초등정을 해냈다. 이로써 토니 히벨러의 이름은 일약 전 세계에 알려졌고, 클라이머로서 확고한 기반이 다져졌다.

토니 히벨러는 어린 시절의 대부분을 산에 둘러싸여 자유롭게 보냈다. 그러나 세계 대전이 끝나고 독일이 극히 어려운 처지에 놓였을 무렵에는 어떤 일도 마다 않고 해냈는데, 그가 종사한 일 가운데에는 기와장이와 야간 경비원의 일도 들어있었다. 이런 직업들을 전전하다가 결국 그의 인생에서 성공한 일터가 산이었다.

등산가로서 유명해지자 그는 뮌헨으로 거처를 옮겼다. 뮌헨은 알프스에서 가까운 남부 독일의 큰 도시며, 세계 등산 활동에 관한 최신 정보의 집결지로 오늘날 독일의 3대 등산 전문지 「알핀」, 「베르그슈타이거」, 「베르그벨트」가 모두 발행되고 있다. 히벨러는 뮌헨을 제 2의 고향으로 삼고 알피니스트의 활동과 저술을 통한 등산 연구 활동을 시작했다.

토니 히벨러의 능력과 의욕은 대단했다. 즉 그는 일찍이 『모험-산』이라는 단행본을 처녀출판한 데 이어, 1961년의 체험을 토대로 『겨울의 아이거 북벽 초등』을 썼으며, 이밖에도 등반의 역사를 정리하여 『아이거』 『마터호른』 등 산악 명저를 저술했다.

1963년 히벨러는 「베르그카메라드」를 창간하여 산과 인간 연구에 손을 대기 시작하였는데, 그의 시야는 점차 넓어져 새로운 「알피니스무스」지를 창간하여 오랫동안 이것을 주관하면서 세계적 등산지로 발전시켰다. 1980년대에 들어와서 라인홀트 메스너가 「알피니스무스」를 인수하여 「알핀」으로 이름을 바꾸고 스스로 발행인 겸 편집인이 되었지만, 이것으로도 히벨러가 키운 「알피니스무스」의 위치를 알 만하다.

히벨러는 「알피니스무스」에서 「베르그슈타이거」로 편집장 자리를 옮겼다. 그러나 여기에 그는 오래 있지 않고 나와서 「알펜렉시콘」 편찬이라는 새로운 일을 시작했다. 따라서 히벨러의 서고에는 전 세계에서 일어나는 산악 활동의 기록과 관계 사진이 수집 및 정리되고 있었다.

토니 히벨러는 이른바 학자는 아니다. 그러나 그는 자연에 관해서 전문가에 못지않은 식견을 가지고 있었다. 이러한 견해의 진실 여부는 히벨러가 펴낸 『알프스』라는 책이 증명하고도 남는다. 즉 『알프스』는 지리와 자연 그리고 역사 등 여러 가지 측면을 다룬 풍물지며, 그 업적은 학구적 가치를 지닌다. 이번에 율리스 알프스 상공에서 히벨러가 조난사한 것도 결국 그가 또 한 권의 『알프스』를 펴내려고 자료를 수집하려던 참에 일어난 듯하다.

히벨러가 아이거 북벽을 마음에 새긴 것은 열아홉 살 때였다. 그는 당시의 영웅 헤크마이어, 페르크, 카스파레크, 하러 등을 동경의 눈으로 우러러 보며, 벽에서 다시 돌아오지 않은 비극의 주인공들 제들마이어와 베링거, 라이너, 앙겔러, 힌터슈토이서, 쿠르츠의 운명을 가슴 아파했다.

이 무렵 아이거 북벽은 최악의 시대를 맞고 있었다. 히벨러는 아이거 북벽에 친근감을 가져보려고 먼저 미텔레기 산릉을 올라갔다가 나중에 아이거에 붙었다. 그런데 아이거는 육체의 힘만 가지고 해낼 수 있는 것이 아니고 위대한 정신력이 따라야 한다는 것을 깨달았다.

1952년 스위스 친구가 히벨러를 아이거 도전에 끌어내리려고 했다. 그러나 히벨러는 자기의 준비가 덜 된 것을 알고 이에 응하지 않았다. 스위스 친구는 하는 수 없이 히벨러 대신 다른 사람을 데리고 아이거에 도전하게 되는데, 결국 그는 벽에서 다시 돌아오지 않았다.

히벨러는 자기가 북벽을 완등 할 수 있는 자신을 가진 것은 그로부터 6년 뒤였다고 솔직히 말했다. 그런데 그가 실제로 등반에 나선 것은 그로부터도 2년 뒤였으니 히벨러는 심신 양면으로 완벽을 기해 나간 것이다. 그 과정은 『겨울의 아이거 북벽 초등』에 잘 나타나 있다.

특히 비박, 식량, 후퇴 가능성 세 문제를 검토하는 히벨러의 태도와 A, B 등반 방식을 설정하고 그것들을 비교하는 그의 치밀한 작전은 높이 평가할 만하다. 이리하여 아이거 동계 초등은 휴 메릭의 말대로 "모험에 알맞은 훈련을 쌓은 엄선된 4인조가 건실한 기초 위에 서서 세심하게 장비를 갖추는 등 계획을 완성하는 데 히벨러는 12개월을 보내고 1961년 3월 중 6일 동안 목적을 달성했다."

오늘날 아이거 북벽에서는 단독으로 다섯 시간도 채 안 걸리고 오른 상상을 초월한 등반기록까지 나오게 됐지만, 당시의 왕자 하인리히 하러나 토니의 일행에게 한 번 더 해볼 생각이 없느냐고 묻자 그들은 입을 모아 싫다고 했던 것이다.

토니는 아이거에서 성공한 이듬해 1월에 마터호른 북벽으로 떠났다. 그에게는 물론 바로 10개월 전 아이거에서 얻은 귀중한 체험이 있었다. 토니 킨스호퍼, 피에르 마조, 에리히 크램프 등과 같이 1월 7일에 드디어 북벽에 붙었는데, 이날은 100년 전 영국인 케네디가 마터호른의 동계 초등을 노렸던 기념할 만한 날이기도 했다.

토니 히벨러가 이 날을 알고 택한 건지 알 길은 없지만, 마터호른 주변에는 100년 전이나 지금이나 똑같이 강풍이 휘몰아쳤다. 히벨러 일행은 3,800미터 고소까지 올라가서 이틀 째 비박을 했는데, 날씨는 조금도 나아지지 않았다. 그들은 악천후 속에 자일도 없이 상상할 수 없는 고통을 겪으며 내려왔다. 표고 차 1,800미터를 6일 동안에 올라갔던 히벨러였지만, 마터호른 북벽의 동계 초등은 끝내 이루지 못했다.

나는 1977년의 에베레스트 원정이 인연이 되어 토니 히벨러와 알게 됐다. 물론 그의 이름은 아이거 북벽의 동계 초등으로 이미 알고 있었고 또한 『마터호른의 검은 벽』 ―이 책은 훗날 내용의 일부가 보완되면서 『마터호른』으로 바뀌었지만― 이라는 그의 명저를 통해서 벌써 친숙했던 터였다.

에베레스트에서 돌아온 지 1년 가까이 되던 어느 날 히벨러로부터 한 통의 편지를 받았다. 그는 나를 찾느라 시간이 걸렸다며, 한국 원정대의 성공을 축하하고, 늦었지만 에베레스트 등정 기록을 싣고 싶으니 원고와 사진을 보내달라고 했다. 그리하여 우리의 기록은 그가 발행하고 있던 「알피니스무스」에 크게 실렸다.

그 후 이 등산지가 메스너한테 넘어가면서 히벨러는 「베르그슈타이거」지의 편집을 맡았다는 소식이 들려왔다. 그리고 나는 이 월간지의 편집동인이 되어 달라는 제안을 받았다. 물론 히벨러의 부탁이었다. 그리하여 우리나라의 마칼루, 바인타 브락 등정, 인수봉 조난 등 당시의 산악계 소식들이 「베르그슈타이거」지에 실리게 되었다.

1982년으로 기억하는데, 토니 히벨러는 독일 산악연맹이 주관하는 심포지엄에 오라며 안내장을 보내주기도 했다. 한번은 이런 편지가 그로부터 왔다. (1983. 11. 11) ─ 마나슬루를 혼자 오른 한국인 등산가를 독일 원정대가 정상 부근에서 만났다는데, 그 사람의 이름과 등정 경위를 빨리 알려달라는 내용이었다.

그러나 얼마 안 되어 히벨러는 「베르그슈타이거」를 그만두고 자유로운 몸으로 산악 정보를 수집하며 산악사전을 펴낼 준비를 시작했다고 알려왔다. 그가 이런 소식을 알린 데에는 까닭이 있었다. 한국의 산악 정보가 자기도 필요하니 「베르그슈타이거」에 보내는 보고 내용을 산악 사전을 편찬하는 자기의 아르히브(문서실) 앞으로 보내달라는 부탁이었다.

나는 헤를리히코퍼를 생각했다. 헤를리히코퍼는 1978년 프레 몬순에 에베레스트에 오른 오스트리아 원정대 대장이지만, 그것보다도 독일의 낭가 파르바트 원정을 실패하면서 일곱 차례나 끌고 간 집념의 사나이다. 그런데 언제였던가 그가 히말라야 8,000미터 급 도전의 역사를 쓰고 있으니 한국 원정활동을 알려달라고 하며 연락이 왔다. 당시 우리의 히말라야 진출은 1971년 로체샤르 원정과 그 후 몇 차례에 걸친 마나슬루 원정 그리고 1977년의 에베레스트 원정 정도였다.

토니 히벨러와 헤를리히코퍼는 모두 오스트리아 태생이면서 독일에 정착하여 산악활동을 벌여온 사람으로, 그들에게 공통된 점은 등산을 하는 행동인인 동시에 그 행동의 세계를 정확한 기록으로 정리하는 지식인이라는 점이다. 히벨러의 이와 같은 지성적인 측면은 이미 그가 세상에 내놓은 많은 저술과 만년에 편집하던 산악사전 「알펜렉시콘」으로 알 수 있다.

토니 히벨러의 불의의 사고를 급보한 현지 신문 「쥐드도이취차이퉁」은 토니 히벨러를 '등산가이자 저술가'라고 높이 평가했다. 이 신문은 또한 토니 히벨러가 국경을 넘어 전 세계의 등산가들에게 '토니'라는 애칭으로 통했다고 덧붙였다.

1965년 일본의 클라이머 두 명이 아이거 북벽을 오르다가 정상까지 300미터를 두고 한 사람이 추락사한 일이 있었다. 이들은 아이거에 가면서 뮌헨에 들러 토니 히벨러를 만났다는데, 그들의 조난 소식을 듣자 토니는 비행기로 현장에 달려갔다.

히벨러는 '만능 등산가'라고 널리 알려져 있다. 그의 행동 범위는 급류타기를 비롯해서 행글라이딩, 고산 호스에서 요트타기, 크로스컨트리 스키 등 못하는 운동이 없었다.

사실 이러한 분야는 단순한 스포츠가 아니라 모두가 모험이 따르는 것이니 토니 히벨러는 늙을 줄 모르는 알피니스트였다. 유럽에 오거든 한번 만나자던 그의 음성이 지금도 귓가에서 사라지지 않는다.

귀도 레이

Guido Rey

 오늘날 등산의 역사에 관심을 가지고 있는 사람이면 누구나 에드워드 윔퍼나 알버트 머메리, 그리고 헤르만 불의 이야기를 알고 있다. 그런데 그들에게 에밀 자벨이나 귀도 레이를 아느냐고 묻는다면 과연 어떠한 답이 돌아올지는 모르겠다.

 자벨과 레이는 19세기 등산가인데 알프스에서 몇 가지 초등정의 기록을 세웠다. 그러나 그들이 윔퍼나 불처럼 등반사에 길이 남을 중요한 등반을 한 것은 아니다. 이런 의미에서 그들의 이름은 당대에 그친 감이 있지만, 그러면서도 생각하는 산악인에 지금도 그들의 이름이 기억되고 그들의 발자취가 회상되는 까닭은 무엇일까.

 18세기 중엽 이래 200년의 세월이 흐르는 가운데 세계의 산군을 거쳐 간 등산가는 많다. 그리고 그들의 등산관, 그들의 등반 형식, 그들의 활동은 지극히 다양했다. 이러한 다양성 가운데 에밀 자벨과 귀도 레이의 세계는 특이하다. 전자는 객관적이고 후자는 종교적이었으며, 그들은 모두 불멸의 주옥같은 산악문학을 남겼다. 이런 점에서 그들과 견줄 만한 능산가는 그들 앞에는 물론이고 그들 뒤에도 나타나지 않았다.

산에 대한 귀도 레이의 태도는 사랑과 경지를 넘어 신앙에 가까운 경건과 겸양 그것이었다. 그는 "등산의 실천 속에는 어려운 산을 오르려는 허전한 양심 이상으로 무엇인가가 있다. 거기에는 혼이 있다"고 하였고, '알프스와의 투쟁은 노동처럼 유익하고 예술처럼 고상하며 신앙처럼 아름답다'고 믿고 있었다. 이와 같은 레이의 등산관과 알피니즘이 그의 등반기의 기조를 이루고 있다.

귀도 레이는 등산을 시작하면서 스위스 국경에 있는 리스캄(4,538m)남릉을 초등하고, 이어서 몬테 로자 산군의 뒤푸르(4,638m) 남릉도 올라갔다. 이 무렵에 그는 일찍이 쿨리지가 가장 어렵다고 했던 에귀유 달브의 남봉을 당시로서는 가장 앞섰던 방식으로, 다시 말해서 안내자 없이 스스로 리드하며 올라가서 바로 20대의 기백이 넘치고 앞서가는 알피니스트 다운 모습을 보였다.

그러나 레이는 1885년에 콜 뒤 제앙에서 등반 중에 동생 마리오를 잃고 심적 충격을 받은 후부터는 등산에 신중을 기하고 가이드를 동반하게 됐다. 특히 그는 발 투르낭슈 출신의 마키냐 형제를 좋아하여 깊은 우정을 맺었으며, 그들과 여러 차례 초등정을 이룩했다. 그 중에서도 1898년의 당 데랑의 동릉, 포앙트 브랑쉬 등반은 레이가 3년 동안의 피로와 시련이 겹친 위에 여러 차례 비박 끝에 해낸 결과였으니 자기도 가장 감동을 받았노라고 말했다. 레이는 또한 시아말레라 남면(1883년)과 비조 동면(1893년) 등반을 거쳐 1899년에는 마터호른의 미답릉인 프루겐 산릉을 초등 답사하여 주목을 끌었다. 이 장거는 머메리가 츠무트 능선을 오른 지 20년 뒤의 일이다.

레이의 프루겐 등반에 대해 아놀드 런이 『등산 100년사』에서 아래와 같이 논평했다.

> '1899년 8월 24일, 레이는 마키냐 형제를 가이드로 하고 등반했는데, 정상 가까이서 오버행에 부딪쳤다. 레이는 하산해서 다시 노멀 루트로 정상에 올라, 앞서 저지됐던 지점까지 줄사다리로 내려갔다. 이렇게 해서 레이는 프루겐 암릉의 탐험을 완수했다.'

프루겐 등반에 대해서는 레이의 저서 『마터호른』에 상세하게 나와 있으며 엄격한 의미에서 이 암릉이 완등된 것은 1911년의 일이다. 그러나 레이는 자신의 등반이 가장 '아크로바틱'한 것이었다고 한다.

그런데 이같은 여러 등반은 레이가 이미 등산가로서 이름이 굳혀진 중년기에 들어가서 이룩한 것이니 그의 마음이 얼마나 젊었던가를 알 수 있다. 특히 인공 등반에 쏠리는 젊은 마음은 순간의 안락함에 빠져 나약한 감성에 빠지기 쉬우나, 레이의 탄성력 있는 마음은 동생의 희생과 중년의 연륜에서 오는 결과인 듯, 그는 언제나 친밀한 계획과 철저한 훈련 그리고 꾸준한 노력과 침착한 용기로 등반에 임하였다.

귀도 레이는 1861년 북이탈리아의 토리노에서 태어났다. 그는 어려서부터 산과 깊은 인연을 맺고 있었다. 레이의 아버지는 그 지방에서 이름난 서상이었는데, 어머니 계통으로 퀸치노 셀라(1827~84년)라는 대단한 인물이 있었다. 셀라는 레이의 백부로 저명한 지질학자고 광물 학자였다. 그는 또한 경제와 재정에도 밝아 이탈리아 통일을 전후한 시기에 여러 차례 재무장관이라는 정부 요직에도 있었는데, 특히 산을 좋아하여 이탈리아 산악회를 조직하고 그 회장을 지냈다.

귀도 레이의 주요 저서의 하나인 『마터호른』 첫머리에 아래와 같은 글이 나온다.

'마터호른을 처음 보았을 때 나는 열세 살, 이제부터 알프스에 오르려고 하던 때였다. 맑게 갠 어느 여름 아침, 2,000미터 가까운 산마루에서 한 훌륭한 분이 우리에게 멀리 보이는 거대한 검푸른 피라미드를 가리키며 저것이 마터호른이라고 알려주었다…. 그 훌륭한 분의 이름은 퀸치노 셀라라고 하며, 그 분이야말로 그 산을 가리키고 그 산의 매력에 대해 말할 수 있는 인물이었다.'

이 글에서 귀도 레이는 퀸치노 셀라가 누구인지, 그리고 그가 어째서 훌륭한지 밝히지 않았지만, 레이가 산에 대해 세례를 이 사람으로부터 받은 사실이 여기에 잘 나타나 있다. 퀸치노 셀라는 해매다 여름이 되면 주위의 아이들을 자기 산장에 모아놓고 같이 생활하며 그들에게 등산 훈련을 시켰다. 그리하여 레이는 여기서 점차 산에 대한 애착심을 길렀고 등산의 정신을 이어 받았다.

귀도 레이의 가문에서는 이탈리아 등산계의 큰 인물들이 많이 나왔는데, 이것은 당연한 일이었다. 즉 당 뒤 제앙을 초등정한 셀라의 네 형제와 알래스카, 히말라야, 카프카스 등지까지 발을 뻗친 유명한 산악사진 작가 비토리오 셀라 등이 모두 그의 집안이다.

이러한 가정환경에서 귀도 레이는 아버지의 사업을 돕는 한편, 틈만 있으면 열심히 산에 다녔다. 레이는 여덟 살 때부터 백부를 따라 산에 첫발을 내디뎠지만, 그의 본격적인 등산은 20대부터였다. 레이의 산행은 처음부터 독특했다. 그는 틈틈이 산을 연구하면서 해마다 여름이면 두 주일을 오로지 산중에서 보냈다.

레이가 등산을 시작했을 무렵, 유럽 알프스의 주요 봉우리는 거의 등정됐고, 따라서 등산계에서는 새로운 등로를 개척하려는 기운이 싹트고 있었다. 새로운 움직임은 수구 세력의 반발을 사게 마련이다. 그리하여 등산계는 신·구 두 조류가 크게 맞섰다.

이러한 대립에는 역사적으로 기록할 만한 계기가 있었다. 즉 1882년에 셀라 4형제와 가이드 마키냐 3형제가 당 뒤 제앙(4,009m)을 정복했는데, 이 등정은 두 가지 이유로 등반사에서 중요했다. 첫째는 이 봉우리가 알프스 4,000미터 급에서 마지막 남은 미답 봉이었기 때문에 윔퍼의 마터호른 등정 이후부터 시작된 이른바 '은의 시대'가 막을 내리게 되었다는 점이고, 둘째는 이 등반에서 마키냐 형제가 처음으로 암벽에 피톤을 박고 로프를 고정시키는 새로운 등반 방식을 썼다는 점이다.

마키냐 형제는 나흘 동안 바위에 피톤을 박았고, 이것을 보조 수단으로 셀라 형제가 당 뒤 제앙 등정에 성공했다. 기존의 등반 방식으로는 생각할 수도 없었던 곳이 이런 보조구를 쓰면 가능하다는 것을 알게 되었으며 이것이 역사상 인공 등반의 효시가 되었다.

이처럼 등반계에 역사적인 전기가 마련될 무렵, 이에 못지않게 중요한 사건들이 있었다. 1897년에 머메리가 마터호른의 츠무트 산릉을 오른 일이다. 알버트 머메리(1856~1895년)가 영국에서 건너와 알프스의 땅을 밟은 것은 1871년 그의 나이 15세 때였는데, 그때 그는 부뤼유로부터 데오듈 패스를 넘어 체르마트로 가면서 마터호른을 보고 넋을 잃었다. 그로부터 8년 뒤 마터호른의 4대 산릉의 하나인 츠무트 능선을 초등하여 세상을 놀라게 했으며, 1881년에는 그레퐁 침봉(3,482m)을 등반하여 당시로서는 모든 것이 새로웠던 암벽 등반의 모범을 보여주었다.

한편 귀도 레이는 머메리보다 5년 뒤에 태어났으니, 이들은 서로 접촉이 없었으나 같은 시대에 같은 무대에서 같은 생각을 가지고 활약했다.

언제나 '보수'를 주장하기는 쉽고 안전하며, '진보'를 내세우기는 어렵고 위험하다. 특히 한 시대의 전환점에 서서 그 흐름을 선두에서 유도하려면 낡은 것 즉, 전통에 대한 경건한 정신을 유지하면서 혁신에게로 서서히 이행하는 길이 정도일지 모른다.

귀도 레이는 아직도 영국에서 건너온 등산가들이 그들의 전통을 고집하고 고전적 등산을 예찬하며 이에 전념하고 있는 가운데서 두려워하지 않고 인공 등반이라는 새로운 형식을 긍정적으로 받아들였다. 이러한 일은 신념과 용기를 필요로 했다. 인공적인 등반에는 확실히 곡예적인 면, 다시 말해서 아크로바틱한 요소가 많다. 이점이 전통을 사랑하는 영국 사람들에게 가볍게 비쳐졌으리라.

'보수에 속하는 대 등산가들은 첨봉을 오르는 기술이 이렇게 발달하고 고전파의 등산에 사용된 기술과 완전히 다른 것이 되리라고는 예측조차 하지 못했을 것이다. 초기의 등산가들이 좋아한 대규모의 등산 즉, 많은 인원이 무리 지어 천천히 장엄하게 넓은 빙하의 사면을 지나 정상에 오르는 등산 방식에서 지금은 작은 바위 이빨같이 생긴 침봉에 대한 스피디한 짧은 등반으로 올라갔다.

이러한 등반의 목표는 가장 높은 산마루가 아니라 가장 어려운 꼭대기에 있다. 옛날에는 머리를 들고 다리로 디디며 등산지팡이를 꽉 쥐고 천천히 올랐지만, 지금은 바위에 몸을 굽히고 손과 무릎으로 오른다. 다리는 땅을 딛고 있다기보다는 공중에 떠 있을 때가 많으며, 피켈은 거추장스러워 바위에 붙기 전에 버린다. 이러한 새로운 방법을 아크로바티꼬 라고 한다.'

귀도 레이는 인공 등반을 이와 같이 설명하고, '아크로바티꼬'라는 말이 등산계에서 멸시되고 있지만, 그것은 안 될 일이며, 등산의 진수는 구세대와 신세대 모두를 걸쳐 느낄 수 있으므로 사람이 팔로 오르건 다리로 오르건 산을 정복하고 거기서 감동과 정신을 얻고 마음이 고양되어 더욱 큰 힘을 가지고 돌아온다면 육체와 정신의 건강이 입증된다고 말했다.

귀도 레이는 동서고금을 통해서 보기 드물게 책을 많이 쓴 등산가의 한 사람이다. 그런데 그가 쓴 여덟 권의 책 가운데서도 특히 『마터호른』과 『알피니즈모 아크로바티꼬』는 산악문학의 고전으로 오늘날에도 그 생명을 유지하고 있다.

『마터호른』은 당시 이탈리아의 문호 아메티스의 평가를 받고 1903년에 출간된 것으로, 마터호른을 둘러싼 등반의 역사와 19세기의 마터호른 풍물지를 비롯하여 저자 자신의 프루겐 등정까지 9년간에 걸친 정진의 이야기로 엮여져 있다.

한편 1914년에 나온 『알피니즈모 아크로바티꼬』는 순수 등반기로서 몽블랑 산군과 돌로미테의 암봉군을 무대로 하고 있다. 기록이 아니라, 새로운 등산을 이해한 레이의 순수한 정신적 체험의 세계가 그의 독특한 필치로 그려져 있다. '산은 나의 시'라고 말하는 산의 시인 귀도 레이의 예리한 감수성과 빈틈없는 관찰 그리고 깊은 사색이 그의 경건과 겸양을 바탕으로 숭고한 종교적 차원으로까지 승화되어 이 책 구석구석에 넘쳐흐르고 있다.

등산가로서의 레이의 활동기와 무대를 대별하면 20대에 이탈리아 · 프랑스 · 스위스 등지의 준봉을 오르고, 30대에는 몬테 로자와 마터호른 등 발리스 알프스를, 그리고 40대에 들어서는 샤모니와 돌로미테에서 암벽 등반을 시작하여 '아크로바티꼬'라는 이름을 등산계에 알렸다.

레이는 '아크로바티꼬'에 대한 굳은 신념을 가지고 샤모니로 떠났다고 그의 책 첫머리에 적었는데, 이러한 신념이 있었기에 그는 40대 중년에 무서움을 모르고 샤모니 침봉군에 도전할 수 있었으리라.

그러나 불사조 같은 레이에게도 운명의 시간은 있었다. 1912년 51세때 그는 곤란한 암벽과의 마지막 정을 나누는 기분으로 파라 디생 마르티노 서북릉에 올랐다. 그후 얼마 안 되어 1차 대전이 터졌다. 남달리 애국심이 강한 레이는 적십자 활동에 뛰어들었는데, 전방에서 자동차 사고로 중상을 입게 되어 등산의 세계와 영원히 작별하게 된다.

귀도 레이는 한없이 마터호른을 좋아했다. 그리고 윔퍼를 존경했다. 레이의 『마터호른』에는 그가 데오듈에서 내려오다가 고결한 백발의 노인과 스치는 장면이 감동적으로 쓰여져 있는데, 그때 레이는 그 나그네가 윔퍼인 줄 몰랐다고 한다.

레이는 만년에 마터호른이 마주보이는 부뤼유 언덕에 산장을 세우고 지난날을 회상하며 독서로 세월을 보냈다. 그리고 그는 1935년, 독신으로 74세의 생애를 마쳤다.

라인홀트 메스너

Reinhold Messner

'1986년 10월 16일은 등산 역사에서 매우 뜻 깊은 날이 됐다. 이 날 라인홀트 메스너가 표고 8,501미터의 로체 정상에 섰다. 그는 바로 몇 주 전에 산 친구 한스 카멀란더와 같이 마칼루에 올랐는데, 이것으로 지구상의 최고봉을 둘러싼 경쟁이 끝났으며, 메스너는 제일 높은 8,000미터 급 14봉을 모두 오른 첫 번째 사나이가 됐다.'

서독에서 나오는 등산 전문지 「베르그슈타이거」 1986년 12월호는 라인홀트 메스너를 이렇게 보도했다. 기사는 몇 줄 안 되지만 이 짧은 글 속에 담긴 의미를 제대로 알려면 두툼한 책 『라인홀트 메스너』 한 권은 읽어야 할 것이다. 영국의 「타임즈」 기자인 로널드 퍽스가 인생 가도를 한창 달리고 있는 40대의 사나이에 대해 300면이나 되는 전기 『라인홀트 메스너』를 썼으니까.

등산계에 메스너가 크게 떠오른 것은 1970년의 일이다. 그전까지 그의 이름은 알프스 일각에서 흔히 볼 수 있는 우수한 암벽 등반가의 한 사람으로 알려져 있었을 뿐이다. 그러던 메스너가 1970년 파키스탄 히말라야에 있는 낭가 파르바트 루팔 벽을 올라간 뒤부터 세상은 그를 특이한 존재로 주목하기 시작했다.

낭가 파르바트는 세계에서 아홉 번째로 높은 히말라야의 고산으로, 인간이 여기에 처음으로 도전한 것은 19세기 말이다. 그리하여 낭가 파르바트 도전은 독일의 등반대가 초등에 성공하기까지, 반세기에 걸쳐 계속되었다. 독일은 1934년에 9명, 이어서 37년에 16명의 희생자를 내면서 일곱 차례나 원정대를 투입한 끝에 겨우 초등의 명예를 안았다.

이러한 '마의 산' 낭가 파르바트를 26세의 메스너가 동생 귄터와 둘이서 올랐다. 그 과정에서 눈사태로 동생은 유명을 달리하게 되고, 그는 결국 소름끼치도록 높은 벽을 뚫고 정상에 섰다. 아무도 밟지 않았던 길이었다. 그때부터 세상 사람들은 라인홀트 메스너를 세계에서 가장 뛰어난 등산가로 보기 시작했다. 왜냐하면 메스너 이전에는 능선을 따라 낭가 파르바트를 올라갔을 뿐이었기 때문이다.

그러나 메스너가 그 명예로운 터전을 확실히 굳히기 위해서는 8년이라는 세월이 더 흐른다. 그리하여 등산가 메스너의 일생에 커다란 전환기가 오는데, 1978년의 에베레스트 무산소 등정이 그것이다.

그때까지 세계의 최고봉은 인간의 지식이 아직 해결하지 못한 지구상의 유일한 공간이었다. 즉, 사람이 인공적 산소 기구를 쓰지 않고 오를 수 있는지 없는지 여전히 수수께끼로 남아 있었다. 이 문제를 앞에 놓고 1921년에 영국이 첫 원정대를 파송하면서부터 논쟁은 50여 년 동안 끈질기게 계속되었는데, 마침내 메스너가 그 수수께끼를 풀었다. 라인홀트 메스너가 자기 자신을 시험대에 올려놓고 '무산소 도전'이라는 생체 실험을 한 뒤부터 히말라야에 무산소 등정 시대가 열렸다. 그것은 마치 인류의 역사가 어느 한 사건을 계기로 그 흐름을 크게 바꾸는 것과 같았다.

등산은 서구적 사고와 행동의 소산이다. 즉, 1786년에 유럽 알프스의 최고봉 몽블랑(4,807m)이 초등되면서 막을 올린 알프스의 등산-알피니즘은, 1865년 마터호른의 등장 이후 그 무대를 알프스에서 히말라야로 옮기게 된다.

이리하여 인간은 1895년 처음으로 히말라야 8,000미터 고산에 도전했는데 그 고봉이 낭가 파르바트였다. 그러나 이러한 8,000미터급과의 싸움에서 첫 승전보를 올린 곳은 낭가 파르바트가 아니라 안나푸르나였다.

안나푸르나는 최고봉급 14봉 가운데 열 번째 인데, 프랑스의 모리스 에르조그가 1950년에 초등했다. 이것은 히말라야의 위대한 10년을 알리는 값진 신호였다. 영국과 독일이 각각 32년과 23년을 끈질기게 매달렸던 에베레스트와 낭가 파르바트가 같은 1953년에 정복되면서 1964년까지 세계의 지붕위에 드높이 솟은 자이언트 급이 오스트리아의 작가 슈테판 츠바이크의 표현을 빌자면 모두 그 처녀의 치마끈을 풀었다.

그런데 이 위대한 역사 가운데 특히 돋보이는 사건이 있었다. 그것은 1953년 독일 원정대가 낭가 파르바트를 공격했을 때 헤르만 불이라는 사나이가 표고 6,900미터의 마지막 캠프를 떠나 혼자 정상에 섰던 일이다. 불의 이러한 행동은 일찍이 상상조차 할 수 없었기 때문에 그는 단번에 등산계에 초인으로 알려졌다.

그런데 초인 헤르만 불도 그 4년 뒤 카라코룸의 초골리자를 오르다가 눈 처마가 무너지면서 히말라야의 만년설 속에 영원히 묻히고 말았다.

그 후 히말라야에는 그의 뒤를 잇는 자가 없었다. 아니 헤르만 불이 간지 20년 뒤인 1978년, 바로 불이 데뷔했던 낭가 파르바트에서 이번에는 그를 앞지르는 단독 등반이 벌어졌다. 다시 말해서 이 거봉을 새로운 루트로 산 밑에서 꼭대기까지 불과 며칠 사이에 혼자 오르내린 사나이가 나타났는데, 그가 바로 1970년 동생과 함께 낭가 파르바트를 오른 바 있던 라인홀트 메스너였다.

헤르만 불이 활약했을 때 라인홀트 메스너는 아직 열 살도 안 되었다. 그는 1944년 북부 이탈리아 남티롤의 아름다운 산간 마을 빌네스에서 태어났다. 그의 국적은 이탈리아로 되어 있었으나, 이 지방은 그전에 오스트리아 영토여서 주민들은 독일말을 하며 오스트리아 문화권에 살고 있다.

빌네스 계곡에는 돌로미테 특유의 바위산 가이슬러 연봉이 병풍을 치듯 둘러 있어 메스너는 다섯 살에 아버지를 따라 800미터 암벽을 올라갔다. 그는 바위타기가 어렸을 때의 장기였다고 한다.

그는 가이슬러 암봉에서 시작하여, 20세를 전후해서는 돌로미테 6급 등반(암벽 등반은 난이도에 따라 1급에서 6급까지의 6등급으로 나누어진다)을 거쳐 점차 알프스 구석구석의 험한 루트를 소화해 나갔다. 그리하여 나이 삼십 이전에 5대륙의 고산군을 누비며 많은 경험을 쌓고 눈부신 기록을 세웠다. 당시의 활동은 70년대 조에 나온 그의 저서 『모험으로의 출발』에 자세히 기록되어 있다.

등산가 메스너의 생애는 1970년 낭가 파르바트 원정을 중심으로 전반기, 후반기로 크게 나뉜다. 그가 등산계에 남긴 자취는 5대륙에 걸쳐 1백건이 넘는 초등과 3천봉의 등정이라는 엄청난 것인데, 이중에 세계에서 가장 높은 히말라야 자이언트 급들이 모두 들어있음은 물론이다.

메스너가 높이 평가를 받는 것은, 이러한 숫자도 숫자려니와, 그가 그저 산에 오른 것이 아니라 남과 다른 새로운 길을 걸었다는 사실에 있다. 즉, 무산소 등정, 단독행, 등반의 난이도로서 제 7급 제창, 8,000미터 급의 연속 등반, 알파인 스타일의 히말라야 등반 등이 그것이다. 이러한 새로운 등반 형식은 그야말로 극한 상황을 전제로 하는데, 오늘날 세계의 등산 조류는 바로 이러한 형식과 정신을 따르고 있다.

라인홀트 메스너는 그의 등산관부터가 특이하다. 1955년 마칼루를 초등한 프랑스 원정대의 대장 장 프랑코가 '등산은 일종의 신앙'이라고 했지만, 메스너에게는 종교를 가진 구도자의 면모가 있다. 끝없는 정진, 가혹한 자기 단련…. 바로 이 길을 통해서 오늘날의 메스너가 나왔다. 특히 그는 전통적인 등산 형식에 대해 비판적이며, 많은 인원과 장비와 자금을 투입하는 원정 활동에 반대한다. 그리하여 그는 지금까지 등산계의 통념을 깨고 등산에 새로운 척도를 제시한다.

라인홀트 메스너는 이탈리아 파두아 대학에서 공학을 공부하다 1970년 낭가 파르바트에 가려고 학교를 그만두었는데 이것이 그의 생에 전환기를 가져왔다. 그리하여 제2의 전성기의 인생은 낭가 파르바트에서 성공적으로 시작한다.

1972년에 그는 마나슬루를 헤르만 불처럼 혼자 고소 캠프부터 정상까지 올라갔다. 1974년에는, 그 당시만 해도 일급 등반가가 며칠씩 걸려 오르던 알프스의 아이거 북벽을 열 시간에 끝내는 신기를 보였고, 이듬해 페터 하벨러와 히든 피크를 알파인 스타일로 등정하여 앞날의 그의 독특한 형식인 단독행의 길을 닦았다.

그러나 메스너의 비약의 해는 뭐니 뭐니 해도 1978년이리라. 이해 5월에 그는 페터 하벨러와 에베레스트에 산소통 없이 오르고, 이어서 석 달 뒤에는 혼자 낭가 파르바트 정상에 섰다. 사상 처음의 무산소 등정과 단독 등반 그리고 8,000미터 급의 연속 등반이라는 새로운 과제들을 이 한 해에 해치운 것이다.

메스너는 이것으로 세계 최강의 등산가임을 증명했다. 그런데 불사조같은 그는 여기서 은퇴하지 않고 전진을 계속했다. 1980년대에 들어서자 메스너는 에베레스트를 북쪽으로 혼자 오르더니, 그 이듬해 시샤 팡마(8,012m)를, 그리고 또 해가 바뀌자 이번에는 제 3의 고봉 캉첸중가와 가셔브룸 II, 브로드 피크 등 히말라야 자이언트 셋을 석 달 사이에 잇따라 올라가서 지난날의 자기 기록을 갱신했다.

라인홀트 메스너는 마치 산에서 모든 세월을 보낸 듯하다. 그러나 그는 산에서만 살지 않았다. 메스너는 고향인 티롤 지방에서 등산학교를 열고 책을 내며 많은 강연을 하고 있다. 특히 그의 저술들은 새로운 산악 문학의 경지를 열었다고 해서 이탈리아와 독일에서 여러 차례 산악 문학상을 받앗다.

메스너가 사십 고개를 넘어서며 결혼도 하게 되자 사람들은 그에게도 올 날이 왔다고 보았으리라. 그러나 메스너에게는 아직 마칼루와 로체 등 8,000미터 미답 봉이 남아 있었다. 이 두 고산은 서로 가까운 거리에 있었는데, 이 점을 메스너는 처음부터 계산에 넣었을 것이다. 그는 힘과 시간과 돈을 적게 들여서 잇달아 오르려고 했을 테니까. 그리고 마침내 1986년 10월 16일 그는 그 일을 해냈다.

라인홀트 메스너가 '8,000미터 시리즈'를 매듭지었다는 소문이 나돌자 그렇다면 앞으로 그는 무엇을 할 것인가 하고 그의 팬들이 몹시 궁금히 여겼다. 메스너는 이제는 히말라야의 예티(설인)라도 쫓아야겠다고 말한 적이 있다. 그러던 그가 로체를 내려온 지 한 달도 못 되어 남극 대륙으로 떠났다. 알고 보니 5대륙 외에 최고봉이 하나 더 있었다. 그 이름은 빈슨(5,140m)이었다.

아문센과 스코트

Roald Amundsen & Robert Falcon Scott

1910년 10월 남극으로 가는 배가 세 척 있었다.

로버트 스코트가 이끄는 영국 탐험대의 테라 노바 호(764t)와 로아르 아문센이 이끄는 노르웨이 탐험대의 흐람 호(402t) 그리고 시라세 중위의 일본 탐험선 카이난 마루(204t)였다.

이 가운데 영국과 노르웨이 탐험대는 처음부터 남위 90도의 남극점에 가려는 뜻을 가지고 끝내는 서로 경쟁하는 소용돌이에 빠져들었다. 그러나 일본의 경우는 그 규모나 배경으로 보아 극점이라는 목표가 섰던 것으로 보이지는 않았다.

그런데 이 남극점 선착 경쟁에서 노르웨이의 아문센은 1911년 12월 14일 먼저 극점에 도달했고, 약 한 달 뒤인 1912년 1월 17일 영국의 스코트가 갔다. 남극점에는 노르웨이 탐험대의 천막이 홀로 서 있었고, 그 안에 아문센이 뒤에 올 스코트를 위해 남긴 편지와 자기 나라 왕 앞으로 쓴 서신이 있었다. 결국 스코트는 뜻밖에 노르웨이 왕에게 갈 편지를 전달하여 아문센이 남극점에 먼저 도달한 것을 증명하는 입장에 놓이게 됐다. 그야말로 운명의 장난이라고 할 수 밖에 없다.

영국 탐험대의 비극은 여기서부터 시작했다. 천신만고 악전고투 끝에 남극점을 밟은 스코트 일행 다섯 명은 아문센에게 앞을 뺏기고 극도의 실의와 절망 속에 돌아오다가 날로 더해가는 추위와 기아와 피로로 싸운 보람도 없이 하나 하나 쓰러졌다. 그것도 1톤의 식량을 저장해둔 지점을 불과 18킬로미터 남겨두고 쓰러진 것이다.

스코트 일행의 참담한 최후의 현장은 그로부터 1년 뒤에 수색 활동으로 발견됐으나, 영국에서는 남극점에 먼저 간 노르웨이 탐험대에 대해 맹렬한 비난의 소리가 일어났다. 즉 북극점으로 간다고 하던 아문센이 극비리에 남극으로 방향을 바꾸었다는 것은 비겁하다는 이야기였다.

이와 같은 영국의 견해와 여론에는 전혀 근거가 없지 않았다.

아문센이 처음부터 남극점을 노린 것은 아니었기 때문이다. 사실 아문센이 그의 방향을 이렇게 남극으로 급선회하기까지 그는 오로지 북극에 대한 생각만 하고 있었다. 그런데 1909년 미국의 피어리가 북극점에 도달했다는 소식을 듣자 아문센은 조용히 자기의 목표를 남극으로 돌리고 그 준비를 극비리에 추진했다.

그러나 문제는 아문센이 남극 탐험 문제를 어떻게 검토하고 그 계획을 어떻게 수립했으며 또한 추진 과정에서 어떻게 활동을 전개 했는가 이다. 그리고 스코트의 경우는 그 모든 일들이 어떻게 벌어졌는가에 있다. 남극행은 결국 거의 같은 계절에 두 갈래로 벌어져 마치 서로 경쟁한 듯이 보이나 실은 서로 남을 방해한 일이 없었고, 루트가 떨어져 있어서 도중에 만나지도 않았으며 상대방의 활동 양상도 서로 몰랐다. 이를테면 두 탐험대는 처음부터 각자 자유로운 의

사와 결정으로 행동한 셈이다. 날이 가면서 이러한 사실이 알려지자 영국의 비난과 오해도 자연스레 풀리고 말았다.

아문센과 스코트가 우연히 같이 벌리게 된 남국대륙에서의 탐험 과정을 보면 아문센은 처음부터 끝까지 성공의 길이 열려 있었고 스코트는 실패의 길을 갔다고 해도 지나칠 것이 없다.

물론 영국이 비난했던 대로 아문센이 나서지 않았더라면 스코트가 남극점을 처음 도달하는 기록을 남겼을 것이다. 그러나 스코트가 그 탐험 전술을 쓰는 한 남극점 행진 과정이 아무런 고난과 희생 없이 순조로웠으리라고 믿어지지 않는다. 이것은 오로지 스코트 탐험대의 사전 계획부터 문제가 있었고, 그로 인해 남극에서 행동하는 데 돌이킬 수 없는 지장을 초래했기 때문이다. 그런데 스코트에 비하면 아문센의 계획과 그 추진은 처음부터 빈틈이 없었으며 완벽에 가까웠다.

탐험이나 원정에 준비가 어떤 의미와 비중을 가지는 가 새삼 논할 문제가 아니다. 이 점에서 세기적 탐험대의 대장이었던 아문센과 스코트 두 사람의 말이 모두 그들의 탐험의 결과와 관계없이 천금의 무게를 지니고 있다.

아문센은 단호하게 말한다. —— "완전한 준비가 있는 곳에 언제나 승리가 있다. 사람들은 이것을 '행운'이라고 한다. 준비가 불충분한 곳에 반드시 실패가 있다. 사람들은 이것을 '불운'이라고 한다." 이 말을 뒷받침이라도 하듯 아문센은 1909년 오슬로 자택에서 계획을 짤 때 그의 극점행은 1월 25일 기지에 돌아오는 것으로 되어 있었는데, 그는 1912년 바로 그날 기지에 돌아왔다.

한편 스코트의 말도 단호했다. ── "준비가 됐으면 탐험의 최악의 부분은 극복된 거나 다름없다"고. 1910년 6월 15일 테라 노바 호가 영국의 항구를 떠났을 때 스코트의 어깨는 비로소 가벼웠으리라. 사실 아문센이나 스코트는 당연한 이야기지만 모두 자기의 필생의 목표 달성을 위해 엄청난 사전 준비를 해왔다. 스코트 남극 탐험대의 비극을 쓴 가라드의 『돌아오지 않는 여행』에서 보면 스코트가 대원을 선발할 때 무려 8천 명의 지원자 가운데서 간부 대원과 과학 대원 그리고 선원을 엄선했으며, 해군 대령인 본인이 발탁한 이들 대원은 몇몇 과학자를 빼고는 모두가 해군의 신분이었다고 한다.

영국과 노르웨이 탐험대의 능력의 차이나 문제점은 우선 대장들의 경력과 경험에서 비롯했다고 보아야 할 것이다. 스코트는 30대 초(1901~1904) 영국 남극 탐험대에 참가해서 남위 82도 16분까지 진출하였고, 그때 그는 썰매 운영의 어려움을 알았다. 그래서 그는 누구 보다도 당시 남극에 접근하는 길과 그 문제점을 알고 있었던 셈이다. 그의 두 번째이자 마지막 탐험 때 세운 계획이 들어있는 루트 선정부터 식량 장비 수송 수단과 탐험대 운영상의 세부 사항은 그때까지의 본인의 연구와 체험을 바탕으로 하였음은 물론이다. 그런 뜻에서 스코트는 전력을 다했고 남극점을 향한 행진에는 나름대로 자신이 있었으리라.

한편 아문센은 어려서부터 장차 탐험가가 될 것을 결심하고 이에 필요한 길을 택했다. 20대에 대학을 중퇴하고 관계 문헌을 섭렵하며 항해사 자격을 얻고 북극해를 항해하는 등 극지 여행을 위한 훈련을 쌓았다. 사실 이러한 그의 노력과 체험 과정은 스코트가 따라가지 못할 정도로 다양하고 광범위 했다. 특히 아문센은 1896년 오슬로 서쪽 표고 1,000미터가 넘는 고원을 악천후 속에 스키로 8일간 횡단했으며, 그 뒤 벨지움 남극 탐험대에 참가했을 때 배가 얼음에 갇혀 13개월 동안 그 난국을 헤쳐 나가며 동료들을 구출하는 데 뛰어난 활약을 했다.

그러나 아문센이 극지 탐험가로서 명성을 얻고 자격을 인정받게 된 것은 그가 30대 초(1903~1906)에 당시 탐험의 최대 과제였던 북서 항로를 개척한 공로 때문이었다. 그것은 유럽에서 북극해를 거쳐 캐나다 북방을 지나 베링 해협을 통과하여 태평양으로 나가는 항로를 확인하는 일이었다.

스코트와 아문센이 탐험의 일선에 서게 된 데는 그보다 앞서 시대적 배경이 있었다. 즉 19세기 말에서 20세기 초에 걸쳐 지리학상의 관심은 북극점과 남극점에 도달하는데 있었고, 북극점에는 난센, 피어리, 쿡, 아문센 등이 그리고 남극점에는 스코트와 셰클턴 등이 저마다 노력을 기울이고 있었다. 이렇게 볼 때 아문센은 처음부터 남극점을 생각하지 않았던 것이 확실하다.

사실 그는 1903년 프랭클린이 실패한 북극 항로 통과 성공에 힘입고 북극점에 갈 꿈을 기르고, 난센의 유지를 이어 흐람 호를 빌려 베링 해협에서 북극 해류를 타고 극점에 갈 준비를 하고 있었다.

그러던 어느 날 피어리의 북극점 도달 소식을 듣고 남극으로 방향을 바꿀 결단을 내렸던 것이다.

그러니 남극에 대한 아문센의 지식과 연구와 체험은 전무했으며 그 점은 스코트와 비교가 안 되었다. 그러나 그가 방향 전환을 하고 불과 1년 사이에 남극점에 이르는 루트를 연구한 아문센의 노력과 성과는 대단했다. 그것은 오직 탐험가로서 선천적 자질을 증명하는 것으로 볼 수밖에 없다.

바로 그가 택한 루트가 영국의 성역을 건드리지 않았을 뿐만 아니라 스코트의 길보다 100킬로미터나 짧았고 기상 조건도 좋았다. 이 100킬로미터의 거리는 훗날 스코트 일행 다섯이 불과 18킬로미터 때문에 죽어간 것을 생각할 때 더욱 의미가 크다.

사실 루트 선정에 있어서는 스코트가 유리했다. 영국의 남극 탐사는 1841년 로스해의 발견 이래 경험이 많았다. 따라서 그 부근의 지리적 해양적 조건을 그들은 여러 차례 검토한 셈이다. 그런데 아문센은 영국이 접근할 수 없다던 '고래만' 일각에 눈을 돌렸다. 결국 두 탐험대의 성패는 그들이 서로 선정한 루트와 설치한 기지의 조건에 따르게 됐다. 그리하여 각자 자기 기지에서 월동 생활을 어떻게 했고 그들의 루트를 어떻게 갔는지에 따라 그들의 운명은 이미 결정됐던 것이다. 그러한 양상은 아문센이 쓴 탐험기 『남극점』과 가라드가 기록한 『돌아오지 않는 여행』에 잘 나타나 있다.

아문센은 기지에서 남극점에 이르는 길이 훤히 내다보이는 듯해서 대원들의 사기가 충천했다고 한다. 뿐만 아니라 근처에 해표가 많아 그들은 겨울이 오기 전에 해표를 잡아 그 생육을 60톤이나 저장했다는 것이다. 그리고 걱정되었던 음산한 기나긴 겨울철을 좋은 날씨 덕분에 쾌적하게 지낼 수가 있었다. 그러나 로스섬에 세운 스코트의 기지는 첫날부터 심한 블리자드가 엄습하고 그러한 악천후는 그들이 활동하는 동안 거의 계속됐다.

스코트와 아문센의 전략상의 차이는 그밖에도 있었는데, 결국 이것이 스코트에게는 치명적 타격을 주었다. 바로 수송 수단이 그것이었다. 스코트는 대원 25명 외에 조랑말 19필, 개 30마리 그리고 동력 썰매 3대를 가지고 있었다.

　스코트는 말이 힘이 좋아 많은 짐을 끌어줄 것으로 생각했다. 그리고 말은 몸집이 커서 고기가 많으니 될 수록 멀리 끌고 가서 도살하면 사람과 개의 식량으로 큰 보탬이 될 것으로 보았다. 그런데 사태는 그의 예상을 벗어났다. 스코트는 말의 약점을 전혀 생각하지 못했던 것이다. 즉, 털이 없는 말이 추위에 견디지 못하는 점, 몸이 커서 사료가 많이 드는 점 그리고 크레바스에 빠지면 끌어낼 수 없다는 점들이 그것이었다. 또한 연료를 가져간 석유통의 포장상의 문제점과 동력 썰매의 기계로서의 약점들도 충분히 검토하지 못했던 것이다. 결국 스코트는 다양했던 수송 수단의 도움을 받지 못하여 사람이 짐을 끌었고 석유가 흘러 옷과 식량을 모두 망쳐버렸다.

　1911년 1월 18일 에반스 곶에 기지를 건설한 뒤 식량 데포 여행에 나선 스코트 대는 하루 20에서 30킬로미터의 행진을 시작했지만 그 거리는 날로 줄어들었다. 이때 아문센은 남위 80도에 첫 식량 저장을 끝냈고, 3월에는 81도와 82도에 반 톤의 식량과 4분의 3톤의 식량을 각각 저장 완료했다. 그야말로 일사천리의 전진이었다.

　남극은 4월 22일부터 8월 24일까지 해를 보지 못한다. 그래서 아문센은 이 어두운 겨울철이 오기 전에 해표 사냥을 해서 사람의 식량과 개의 먹이를 더욱 확보했다. 그때 준비한 60톤의 해표 고기는 내원 9명과 개 110마리가 겨울 동안 먹고도 남는 양이었다.

결국 남극점을 둘러싼 스코트와 아문센의 싸움은 이러한 각자의 사전 준비와 실지 운영 여하에 달려 있었다. 그런데 아문센이 스코트보다 여러 면에서 앞서 있었던 데는 또 다른 이유가 있었다. 바로 그가 노르웨이 출신이라는 점이다. 그는 에스키모 개가 어떤 동물인지 알고 그린란드에서 우수한 개 97마리를 가져왔다. 그런데 이것이 남극에 가는 동안 새끼를 쳐서 116마리로 불었다. 이것부터가 행운이라면 행운이었다.

그러나 아문센이 수송 수단으로 개를 택한 데는 그의 빈틈없는 계산이 작용했다. 즉 남극에서 활동하는 동안 날이 갈수록 짐이 준다는 점, 이에 따라 필요한 개의 수도 줄 것이라는 점 등에 착안했다. 이대 개들을 도살해서 그 고기를 사람이 먹고 개에게도 준다는 것이었다. 또한 개는 크레바스에 빠져도 간단히 끌어낼 수가 있고, 말보다 다루기도 쉬운 장점을 평가했다. 이렇게 해서 개를 가져간 아문센은 1,300킬로미터를 오가는 긴 여정에서 한 번도 사람이 짐을 끈 일이 없었다.

한편 스코트의 기록을 보면 바다표범 사냥 이야기가 나오지만 그 수는 보잘 것 없었고, 언제나 먹을 것 때문에 고생하는 이야기뿐이다. 아문센의 경우 해표들이 사람을 무서워하지 않고 가까이 다가왔으며, 천막을 찾아오는 펭귄을 그 자리에서 기름에 튀기는가 하면 개고기가 최고 등급의 쇠고기보다 맛이 월등했다고 한다.

1911년 10월 19일, 아문센은 개 52마리 썰매 4대를 가지고 대원 다섯이 극점 도달 행진을 시작하고 마침내 12월 14일 남위 90도에 도달했다. 그리고 그는 그 기록을 더욱 굳히려고 사방 9킬로미터 지점까지 대원들이 나가 눈으로 케른을 쌓았다.

그 무렵 즉, 10월 말에서 11월 초에 걸쳐 스코트 대는 동력 썰매가 고장 나서 버렸고, 11월 하순에서 12월 초에는 마지막 말 두필도 죽여야 했다. 이리하여 남극점 행진에서 스코트는 그토록 믿었던 수송 수단을 완전히 잃었다.

20세기 최대의 전기 작가로 이름난 슈테판 츠바이크가 쓴 『남극점을 둘러싼 싸움』에는 아문센의 자신만만하고 행운에 가득 찬 듯한 남극점 행진 이야기가 나오지 않는다. 그는 처절한 운명에 순종하는 불굴의 인간으로 스코트 탐험대의 악전고투만을 그렸다.

'계획은 잘 짜였고 미리부터 갖가지 재난에 대비했다. 그런데 재난은 오고야 말았다. 이틀 여행하고 동력 썰매가 망가졌다. 조랑말도 기대했던 만큼 강하지 못했으나 동물은 기계보다 쓸모가 있었다. 도중에 뻗으면 죽어서 개의 먹이로 할 수가 있었으니까.'

1911년 11월 1일, 스코트 탐험대는 여러 그룹으로 나뉘어 떠났다. 즉 30명이 20명이 되고 10명이 나중에는 5명으로 줄어 생명 없는 원시 세계의 흰 광야를 헤맸다.

그런데 걱정이 생겼다. 악천후가 계속 되면서 40킬로미터를 예정했던 것이 30킬로밖에 가지 못했다. 게다가 대원들의 건강 상태가 나빠졌다. 설맹이 생기고 손과 발에 동상을 입었다. 제대로 먹지 못한 조랑말들이 점점 힘을 잃자 비아드모아 빙하 앞에서 끝내 뻗었다. 그들은 여기를 '도살장'이라고 불렀다.

스코트 대는 12월 30일, 87도 선에 도달했다. 지난날 세클턴이 도달했던 역사적인 지점에 이른 것이다. 여기서 탐험대는 다섯 명의 특공대를 뽑고 극점으로 향했다. 그리하여 1912년 1월 17일 남극점에 도달했다.

영국 남극 탐험대의 스코트 일행 다섯 명의 비극은 그 뒤에 일어났다. 지금까지 1,480킬러미터의 눈과 얼음과 블리자드의 세계에서 겪은 그들의 간난신고는 아무리 상상을 초월한 것이었더라도 미지의 세계 탐험에 나서는 자들이 당연히 겪는 어려움이며 그 자체가 비극일 수는 없다.

스코트 일행은 남극점을 뒤로 북쪽으로 방향을 돌렸다. 앞으로 그들은 다시 1,480킬로미터를 돌아가야 했다. 이제 그들에게 문제 되는 것은 걸어야 할 거리보다 그들에게 남은 기력이었다. 특히 에반스와 오츠는 더 이상 추위와 싸울 기력이 없었다. 만일 그들이 남극점에 먼저 도달했더라면 사정은 달랐을지 모른다. 그러나 이 경쟁에서 진 그들의 사기는 말이 아니었다. 이제 그들은 죽지 못해 돌아가는 심정이었으리라.

그러나 다섯 명의 특공대는 날로 심해가는 추위와 기아와 피로 속에서도 암석 표본을 채집하고 지질을 조사하는 것을 잊지 않았다. 한 대원은 일기에 '밤새 축축한 침낭 속에서 젖은 옷을 입은 채 자는 둥 마는 둥 했고, 낮에는 얼음 갑옷을 걸치고 썰매를 끌었다.'고 적었다.

남극점을 떠나고 처음에는 하루 30킬로미터를 갔으나 호전할 줄 모르는 악천후로 그들의 행진은 처지기 시작했다. 그러자 연료가 떨어지고 식량이 줄어들었다. 이것은 바로 죽음과 직결되는 일이었다.

그러니 코코아 한 잔과 비스켓 한 조각으로 무슨 힘이 생기겠는가?

대원들의 심정은 말이 아니었으나 불평 한 마디 하는 사람이 없었다. 그런데 2월 17일 에반스가 쓰러졌다. 그가 특히 약했던 것은 아니다. 몸이 남달리 크고 살이 많아 언제나 누구보다 힘을 쓰던 그였다. 동상도 동상이지만 그의 몸에 필요한 에너지 공급이 없었으니 그의 죽음은 더 비참했다. 그러자 3월 8일에는 오츠가 블리자드 속으로 사라졌다. 그는 동료에게 폐가 될 것을 염려했던 것이다. 오츠는 배려심이 남달랐던 해군 장교였다.

이렇게 해서 이 판국에 두 동료를 잃은 대장 스코트의 심정은 비통이라는 말 가지고는 표현할 수가 없었으리라.

> '3월 21일 데포 18킬로미터 앞에 왔다. 바람이 강해서 종일 꼼짝 못했다. 대원 둘이 데포까지 연료를 가지러 가려고 했으나 결국 떠나지 못했다. 그리고 며칠이 지났다. 이제 연료는 완전히 바닥나고 먹을 것도 없었다. 마지막 순간이 다가왔다. 29일이 됐다. 죽는 한이 있어도 데포까지 가야겠다고 했지만 바람이 용납하지 않았다. 그리고 우리 몸은 시시각각으로 쇠약해져 갔다.'

대장 스코트는 이렇게 마지막 일기를 적었다. 그리고 일기 끝을 아래와 같이 맺었다.

> '신이여, 우리 가족을 돌보아 주소서. R. 스코트'

머메리와 『알프스·카프카스 등반기』

Albert Frederick Mummery

 알버트 머메리, 그의 이름을 알고 있으며 동시에 그에게 친밀감을 느끼는 등산가가 오늘날 얼마나 있을까?

 머메리는 우리가 살아온 금세기를 보지 못하고 말았지만, 그 금세기가 머지않아 막을 내리려는 지금, 정확히 말해서 그가 간지 꼭 100년이 되는 오늘날에도 그가 우리와 동시대의 사람처럼 느껴지는 까닭은 무엇일까?

 머메리는 생전에 오직 한 권의 책을 남겼다. 『알프스·카프카스 등반기』(『알프스에서 카프카스로』 수문출판사)가 그것인데, 이 책으로 그는 지금도 살아있고 이 책을 통해서 우리는 그와 함께 산행을 하고 있다. 그의 생애는 결코 긴 것이 아니었고, 따라서 등산가로서의 그의 산력도 오늘날의 기준으로 본다면 그렇게 화려하지는 않다. 그러나 시간적으로나 공간적으로나 극히 제한되었던 19세기라는 시대를 배경으로 그가 알프스에서 멀리 카프카스와 히말라야로 무대를 옮겨가며 높이와 어려움과 미지의 세계를 추구해 나간 그의 정신과 행동에 우리는 그저 놀랄 따름이다.

 그런데 고도와 고난을 끝까지 갈망하고 추구하는 것이 개척적이고 모험적인 등산가의 숙명인지는 몰라도 그는 1895년 표고 8,125미터의 낭가 파르바트에서 끝내 돌아오지 않았다. 그의 영원한 안식처가 된 낭가 파르바트는 당시로서는 인간이 처음 접근하고 도전했던 히말라야 8,000미터 고봉이었고, 오늘날 그 누구도 겪어 본 일이 없는 무서운 신비의 세계였다.

 이러한 머메리의 알피니즘은 결코 우연한 것이 아니었다. 그의 정신과 행동은 알프스의 4,000미터 급 고산들이 모두 정복 되었던 이른바 알프스 등반의 황금시대가 지나자 그가 새로운 등로의 개척을 주장 하면서부터 싹트기 시작했다. 이것이 1880년대의 일이다.

 개척자가 '이단' 시 되는 것은 그가 으레 가는 길이기도 하지만, 머메리 역시 당시의 등산계에 그대로 받아들여지지 않았다. 그러나 이러한 그의 신등정주의는 곧 알피니즘의 대표적 사조가 됐고, 마침내 "머메리즘"이라는 이름은 세계 등산계에 확고부동한 기초를 다지고 오늘에까지 이르렀다. 그가 주창한 신등정주의의 근간은 한 마디로 "의지가 있는 곳에 길이 있다"는 것이었다.

 머메리는 이런 정신에서 출발하여 미답 봉이 자취를 감추고 더 오를 데가 없게 된 알프스에서 아무도 눈을 돌리지 않고 접근하기를 꺼리던 험준한 벽에 홀로 도전했다. 그리하여 그는 하늘을 찌르는 듯 솟은 샤모니 침봉군을 응시하고 그 가운데 샤르모, 그레퐁, 그리고 당 뒤 루깽 등을 모두 초등하는 기록을 남겼다. 이른바 보조 수단을 이용한 인공 등반을 모를 때 이야기다. 1882년 표고 4,010미터의 에귀유 뒤 제앙 북봉을 셀라·마키냐 형제가 사다리와 쇠밀뚝 같은 것을 가지고 비로소 초등했는데, 그때 그들은 정상 부근에서 "보통

등산 역사를 바꾼 사람들

방법으로는 절대로 오르지 못한다."는 글귀가 적힌 종이쪽지를 발견했다. 그것은 바로 2년 전 머메리가 여기를 맨손으로 시등 했을 때 남긴 것이었다.

머메리는 마터호른에 일곱 번이나 올랐지만, 네 주릉으로 된 마터호른 등로 가운데 가장 어렵다는 츠무트 능선은 1879년에 그가 초등한 곳이다. 그토록 그는 등반 능력이 뛰어났었다. 머메리가 오늘날 살아있었다면 자유등반가로 그가 어떤 활동을 벌였을까 궁금하다.

머메리는 1888년 그의 오랜 꿈이던 카프카스까지 발을 뻗고 그 산군의 최고봉급인 표고 5,198미터의 디흐 타우를 등정했다. 요즘 같으면 별 것 아닌 산행이겠지만 당시로서는 감히 생각도 하기 어려운 행차였다. 이때의 산행 기록은 그의 카프카스 등반기에 잘 나와 있는데 오늘의 등산가들이 체험하지 못한 19세기의 원정 모습이 돋보여 귀중하고 이색적인 감회를 안겨준다.

머메리는 왜 카프카스로 갔을까?

그는 디흐 타우 등반기 첫머리에 아래와 같이 적고 있다.

'대체로 충실한 알피니스트는 무조건 가정적인 인간으로 좀처럼 고향인 알프스를 떠나는 일이 없다고 하지만, 나는 때때로 마음에 불안을 느껴 멀리 가지 않을 수 없었다. 이러한 마음의 불안에 쫓겨나는 1888년 7월 초 베징기 빙하 오른쪽 둑에 천막을 치게 됐다.'

이렇게 해서 머메리는 알프스보다 높은 전인미답의 카프카스 산군을 체험하고 돌아와 다시 샤모니 침봉군에서 새로운 루트를 열어 나갔다. 그러나 전위적 등산가로서 그의 마음은 여전히 고도와 험로와 미지의 세계를 쫓았다. 그리하여 그는 기회를 노리다가 1890년에 다시금 카프카스를 찾았지만 이번에는 별다른 성과를 얻지 못하고 돌아왔다.

알버트 머메리는 1855년에 태어나 1895년에 갔으니 그 생애는 짧은 편이었으나, 그 기간에 비해 세계 등산계에 남긴 그의 자취는 크기만 하다. 그의 『알프스·카프카스 등반기』는 윔퍼의 『알프스 등반기』와는 24년이라는 시간적 간격을 두고 있지만, 이 두 권의 책은 공히 19세기의 가장 중요한 산악 문헌이며 오늘에 이르기까지 그 명성이 조금도 퇴색되지 않고 있는 고전이다.

200여 년에 걸친 세계 등산 역사의 흐름 속에 우뚝 솟은 거인이 결코 적지는 않다. 그런데도 유난히 우리가 머메리를 잊지 못하는 것은 그의 현대적 의미가 유난히 크기 때문이리라. 그는 그의 등산론을 이렇게 시작하고 있다.

> '저명한 등산가는 그의 판단이 의례 큰 비중을 지니고 있지만, 그들이 생각할 때 알피니즘의 위험은 더 이상 존재하지 않는다고 잘라 말하고 있다. 그것은 기술과 지식 그리고 수많은 등산교본들이 그 위험을 이미 없애주었기 때문이다.'

머메리의 이러한 말을 오늘날의 알피니스트들은 어떻게 받아들여야 할 것인가 한번 생각해 볼 일이다. 또한 당 뒤 제앙 정상 바로 밑에서 발견된 종이쪽지에 "Absolutely inaccessible by fair means"(보통 방법으로는 절대로 오르지 못한다)라는 그의 글이 그가 간 지 반세기 또는 100년 가까운 세월이 지난 뒤에까지 이어져 헤르만 불과 라인홀트 메스너가 각기 끝내 추구한 것을 생각할 때, 알버트 머메리의 현대적 의미를 더욱 평가하지 않을 수가 없다. 이는 머메리야 말로 시간과 공간을 벗어난 뛰어난 등산가라는 증거다.

『8,000미터의 위와 아래』에 대하여

　많은 등산가와 탐험가들 가운데 기억에 남는 사람이 적지 않다. 그들의 행적과 인간성이 내 마음을 흔들어 놓았다. 물론 그들이 남긴 등반기나 탐험기가 나를 그렇게 만들었다는 이야기다.

　인간의 행적이나 사상은 대체로 그의 생애가 파란 만장했을 때, 그리고 끝내는 그가 그 거친 파도 속에 침몰하고 그것도 아까운 나이에 그렇게 갔을 때 그의 책이 더욱 우리 가슴을 뒤흔든다. 그래서 그를 잊지 못한다.

　지금까지 가까이 한 이러한 등산가나 탐험가로서 헤르만 불과 로아르 아문센이, 그리고 그들이 남긴 『8,000미터 위와 아래』와 『남극점』이 있다. 나 자신 한때 에베레스트에 도전하고 이어서 북극을 탐험했던 남다른 체험이 있어서 그런지 특히 이 두 사람의 등반기와 탐험기에 나는 전례 없이 빠져들었다. 그들이 묘사한 세계 속에 나타난 행동과 정경은 그대로 내 것이나 다름없었다. 물론 엄밀히 따지면 비교도 되지 않겠지만, 적어도 나는 그들이 직면하고 고민하며 헤쳐나간 세계가 어떤 것인지 이해하기 어렵지 않았다.

　헤르만 불의 『8,000미터의 위와 아래』를 읽으며 나는 위대한 등산가의 탄생의 과정을 똑똑히 그리고 충분히 추적하게 됐다. 『8,000미터의 위와 아래』의 그 기나긴 전편은 압축된 생을 산 헤르만 불이라는 등산가의 자서전으로, 단순히 한 어린아이가 태어나서 성인이 되는 평면적인 성장과정이 아니라, 처음부터 끝까지 생의 순간순간을 정열적으로 진지하게 자기 목표를 추구하며 충족된 인생을 살아가는 아주 드물게 보는 한 인간의 생의 기록이다.

시대는 다르지만, 등산이 무엇이며 등산가란 어떤 인간을 말 하는가 새삼 생각하게 하는 책으로 나는 헤르만 불의 등반기가 내 책상머리에 있는 것을 얼마나 다행스럽게 여기는지 모른다.

『8,000미터 위와 아래』는 표제 그대로 낭가 파르바트 등정 문제를 놓고 고소 캠프 위와 아래 베이스캠프에서 벌어진 원정대 내부의 우여곡절과, 무자비한 대자연 한가운데 던져진 채 생과 사의 갈림길에서 불이 악전고투하는 모습을 그린 것을 핵심으로 하고 있다.

헤르만 불이 낭가 파르바트를 오르고 그 뒤 초골리자에서 거대한 눈처마의 붕괴로 희생된 지 반 세기가 가깝다. 히말라야의 고봉들이 오를 데가 없게 되고 험로라는 험로가 거의 답파된 오늘날, 특히 낭가 파르바트의 단독행까지 이루어진 지도 오랜 지금 헤르만 불의 『8,000미터 위와 아래』에 나타난 세계는 퇴색할 대로 퇴색한 시대적 유물로 여기기 쉽다. 그러나 만일 그렇게 보는 사람이 있다면 그것이야말로 천박하고 경솔하기 이를 데 없는 편협한 단견이며 몰상식이 아닐 수 없다.

등반기나 탐험기의 올바른 이해를 위해서는 독자의 감정 이입이 따라야 한다. 그리고 이러한 감정 이입은 시대적 배경에 대한 이해와 자기의 체험이 전제가 돼야 한다고 본다.

나는 헤르만 불의 등산 수업 시대를 읽어나가며, 그로부터 반세기가 훨씬 지난 오늘날 우리 등산가들 사이에 현대 등산의 메카 알프스의 눈과 얼음과 바위의 세계를 체험한 사람이 거의 없다시피한 사실을 생각하고 그와 우리 사이에 가로 놓인 단절과 공백을 실감했다. 오늘날 우리 주위에서 수많은 사람이 히말라야 고산 지대를 오가고 있으면서도 우리는 여전히 헤르만 불이 겪은 세계를 넘지 못하고 있다는 이야기다.

나는 불의 낭가 파르바트 원정 과정을 추적하면서 그가 놓였던 처지와 직면했던 상황이 너무나 생생하게 내 앞에 재연되는 느낌을 받았다. 그가 현지의 고소 포터들과 짧은 원정 기간에 맺었던 인간관계를 그린 대목에서, 지난 1977년 에베레스트 원정 때 우리가 부딪히고 느꼈던 일들을 낱낱이 상기하며 눈물짓기도 했다.

불의 『8,000미터의 위와 아래』에서는 그중에서도 특히 고소 캠프 '…… 위와'에서 벌어진 세 사나이들의 우정 어린 이야기가 돋보인다. 원정의 세계, 고산 지대에서는 리더쉽과 파트너쉽이 중요시되며 이것이 원정의 성패를 좌우한다고까지 한다. 그러나 여기 그려진 우정의 세계는 그런 상호 연관성이나 이해타산은 자취를 감추고, 오직 생사의 갈림길에서 펼쳐진 상상하기 어려운 인간애의 세계다.

낭가 파르바트는 히말라야 8,000미터 봉 가운데 결코 높지 않은 산이다. 그러나 그 이름은 어느 고봉보다 먼저 세계 등산계에 알려졌고 도전을 받았으며, 가장 많은 희생자를 요구했다. 헤르만 불의 『8,000미터의 위와 아래』가 수많은 등반기 가운데 기념탑처럼 우뚝 선 데는 그때까지의 낭가 파르바트 도전의 역사가 그 초석을 이루고 있다. 다시 말해서 1895년 A. F. 머메리가 인간으로 처음 8,000미터 급인 여기에 도전하고 돌아오지 못했으며, 그 뒤 1932년 독일·오스트리아 원정대가 두 번째로 도전하기까지 아무도 낭가 파르바트를 찾은 자가 없었다는 사실과, 이어서 1934년과 37년에 역시 독일·오스트리아 원정대가 도전하여 각각 9명과 16명의 희생자를 냈던 대참사를 비롯하여, 그 뒤에도 다섯 차례나 그들에 의해 도전이 이어졌다는 낭가 파르바트의 숙명적인 역사가 그것이다.

20세기 전반 50년 사이에 세계 등산계에는 커다란 두 가지의 과제가 있었다. 그 하나는 알프스 3대 북벽에 대한 도전이고 다 다른 하나는 히말라야 8,000미터 급을 대상으로 한 싸움이었다. 그리고 특히 그 초점이 1921년에 시작한 영국 원정대의 에베레스트 도전과 1932년의 독일·오스트리아 원정대의 낭가 파르바트 도전이었다. 그런데 에베레스트와 낭가 파르바트는 그로부터 각각 32년과 23년 동안 이 집요한 싸움이 이어진 뒤 1953년 거의 같은 시기에 모두 초등이 성취됐다. 그리고 그 한쪽 주인공이 헤르만 불이며 그의 처절했던 싸움의 기록이 『8,000미터 위와 아래』인 것은 두말 할 것도 없다.

나는 이 책에서 새로운 사실을 알게 됐다. 지금까지 라인홀트 메스너가 만들어 낸 것으로 알았던 'by fair means'라는 등산 정신과 형식이 헤르만 불이 여기서 선언하고 있다는 사실을 발견하고 놀랐다. 불은 1895년에 낭가 파르바트의 역사라는 피라미드의 기초를 놓은 A. F. 머메리에게 제일 먼저 자기가 이룩한 초등을 보고하는 형식으로 아래와 같이 말하고 있다.

'나는 근대적 기술에 의한 보조 수단을 쓰지 않고 당신의 말을 따라 'by fair means' 즉 순수한 수단으로, 자기의 힘으로 낭가 파르바트에 올랐습니다.'

라인홀트 메스너는 1978년 에베레스트를 산소 기구를 쓰지 않고 오르고, 석 달 뒤 낭가 파르바트를 혼자 오르내리는 등반 역사상 처음 있는 일을 해냈다. 그리고 나서 그는 그의 단독 등반기 『알라인강 낭가 파르바트』에서 단독행이란 혼자 베이스캠프를 떠나 정상에 올랐다가 다시 베이스캠프로 돌아오는 것을 말하며, 헤르만 불처럼 고소 캠프부터 혼자 올라가는 것은 단독행이 아니라고 했다.

이러한 메스너의 단독행의 개념 풀이는 옳다. 그러나 히말라야의 8,000미터 급에 대한 도전이 처음 시작했을 옛날 헤르만 불이 해낸 그 큰 업적을, 그로부터 수십 년이 지나면서 등산의 기술과 장비와 정보가 엄청나게 발전한 자기 시대에 와서 그렇게 형식 논리만으로 평하기는 어렵다.

헤르만 불의 단독행은 라인홀트 메스너의 단독행과 다르다. 그때까지의 처절했던 낭가 파르바트의 역사를 떠나서 그 의의와 가치를 따질 수는 없다.

라인홀트 메스너의 세계

Reinhold Messner

1986년 가을 우리나라에서는 2년 뒤에 있을 세계 올림픽 대회의 리허설 격으로 아시안 게임이 열렸고, 한쪽에서는 한국의 젊은이들이 세계에서 두 번째로 높은 히말라야의 K2에 도전하고 있었다.

이 K2 원정은 국내에서는 아시안 게임의 열기에 밀려 아는 사람이 거의 없다시피 했지만 그것이 세계 등산계에 던진 파문은 크기만 했다. 당시 K2에는 역사에 없던 많은 원정대가 모여들어 싸움을 벌였고 그 가운데 13명이 죽는 대참사를 빚었다.

이러한 처절한 싸움터에서 한국의 젊은이들은 아무런 사고 없이 셋이나 표고 8,611미터 정상에 섰으며, 당시의 우리 고소 캠프는 각국 원정대의 전략적 요충지 역할을 했다.

이렇듯 세계 등산계의 이목이 K2에 쏠리고 있을 때, K2에서 멀리 떨어진 히말라야 고산지대에서 그야말로 역사적으로 기록될 사건이 조용히 일고 있었다. 그것은 라인홀트 메스너의 로체 도전이었다.

'로체'는 표고를 떠나 그 난이도로 보아 그다지 두드러진 존재는 아니지만, 라인홀트 메스너에게는, 그리고 세계 등산계로서는 이때의 로체와 메스너의 콤비네이션이 절대적인 의미를 지니고 있었다.

그것은 이 도전이 성공하는 날 세계 등산의 역사에 한 사람이 히말라야 8,000미터 급 14봉을 완등하는 첫 기록을 남기게 되기 때문이었다. 그리고 그 놀라운 사건이 1986년 10월 16일에 드디어 벌어졌다.

그해 가을철에 있었던 일들, 즉 서울에서 열린 아시안 게임과 우리 젊은이들의 K2 도전, 그리고 메스너의 로체 등정을 한 자리에 놓고 볼 때, 이 일련의 움직임에서 우리는 한 민족의 집결된 에너지와 소수 엘리트의 열정 분출 그리고 한 사나이의 전 생애를 건 싸움이라는 그림이 그려진다.

그런데 그 형식과 내용을 묻기 전에 이러한 일들은 왜 일어나며 또 과연 있어야 하는가, 그리고 그 가운데 어느 것이 돋보이는가 생각케 한다.

같은 해 같은 시기에 벌어졌던 위의 세 가지 일들은 물론 그 문화적인 가치를 달리하는 것이지만, 굳이 이야기 한다면 인류 문화사에 영원히 남는 일은 역시 라인홀트 메스너의 세계 최고봉급 완등이라는 사건이다.

인간이 높은 산에 도전하는 것은 위대한 연구나 발명 등으로 인류 문화에 공헌하는 일과 다르다. 그런 의미에서 메스너의 등산 기록은 많은 학자와 발명가와 탐험가의 업적에 비할 것이 못될는지 모른다.

그러나 과학 기술이 고도로 발전하여 인간이 스스로 개발한 문명의 위력에 눌려 자기 상실의 길로 접어들고 있는 이때, 준엄한 대자연 속에서 스스로의 존재를 확인하는 일은 높이에 도전하는 등산이라는 행위다. 그리고 이러한 자기 확인 작업의 길을 스스로 열고 달려간 선두 주자가 바로 라인홀트 메스너였다.

당시 서독의 등산 전문지 「베르그슈타이거」의 12월호에는 메스너의 로체 등정을 이렇게 보도했다. "1986년 10월 16일은 등산 역사에서 매우 뜻있는 날이 됐다. 이날 라인홀트 메스너가 표고 8,500미터의 로체 정상에 섰다. 그는 바로 몇 주 전에 산친구 한스 카멀란드와 같이 마칼루에 올랐는데, 이제 로체 등정으로 지구상의 최고봉을 둘러싼 경쟁이 끝났으며, 메스너는 세계에서 제일 높은 8,000미터 급 14봉을 모두 오른 첫 번째 사나이가 됐다."

일반인에게는 생소하지만 세계 등산계에는 '히말라야 경주'라는 말이 나돌고 있다. 원래 등산에서는 경주하는 일이 없다. 등산도 야외 스포츠의 하나인 것이 사실이지만 일반적인 개념의 스포츠와는 다른 세계를 이루고 있다. 다시 말해서 경기장과 경기 규칙은 물론 심판과 관객이 없는 것이 등산이다. 뿐만 아니라 명예와 보수와 기록을 떠나 생명을 걸고 말없이 혼자 하는 것이 등산이다.

이러한 특징을 가진 등산계에 '히말라야 경주'라는 말이 생긴 것은 라인홀트 메스너가 한창 히말라야 고산 지대를 독주하던 때였다. 그가 표고 8,000미터 봉에 처음 도전한 것이 1970년 낭가 파르바트(8,125m)였으니, 1986년 로체 도전으로 최고봉급 14봉을 완등 할 때까지 16년이 걸렸다. 이것은 다른 각도에서 보면 메스너가 거의 해마다 히말라야 고산에 도전했다는 이야기가 된다.

메스너는 웬만한 학자나 작가보다도 많은 책을 썼는데 그의 초기 작품에 『모험으로의 출발』이 있다. 그야말로 메스너가 한창 젊은 나이에 주로 알프스에서 시작하여 히말라야의 고산 지대를 이리저리 돌아다니던 이야기지만, 이 글 속에 그가 장차 히말라야 8,000미터 급을 모두 올라 세계 등산계를 제패하겠다는 말은 보이지 않았다.

따라서 메스너 자신은 '히말라야 경주'를 처음부터 생각하지 않았던 것 같다. 그러나 등산가로서 히말라야에 눈을 던지지 않는 자가 어디 있겠는가. 그들 가운데 가장 일찍 나타났다가 비운에 간 머메리는 너무 유명하지만, 금세기 중엽 위대한 히말라야 시대를 수놓은 거인들의 수는 일일이 셀 수가 없다. 그러나 이들마저도 히말라야 경주와는 처음부터 무관했다.

그런데 가장 히말라야 경주에 알맞은 사나이가 오직 한사람 있었다. 폴란드 출신의 예지 쿠쿠츠카 인데, 그는 1979년에 메스너를 바싹 붙어 달리기 시작하고, 끝내 9년 뒤에 8,000미터 급을 완등하고 세계 2인자가 되었다. 그러한 쿠쿠츠카는 이듬해 무섭기로 이름난 로체 남벽의 배리에이션 루트를 오르다 자일이 끊어져 삶을 마감했다.

여기서 메스너와 쿠쿠츠카 두 거인을 비교하는 일은 조심스럽고 경솔하다고 본다. 그러나 본인들이 의식했든 안했든 그들이 목표로 세우고 달리던 모습은 분명 '히말라야 경주'라는 인상을 주고도 남았다. 물론 이들 외에도 그 뒤를 따르고 있는 등산가들이 없지 않았지만 그들을 보고 '경주'하고 있다는 사람은 없었다. 그러니 진정한 의미의 '경주'는 여기서 끝났고 다시는 없게 됐다.

이제 쿠쿠츠카는 가고 메스너 혼자 남았지만 사실 쿠쿠츠카는 무서운 존재였다. 메스너가 16년 걸린 것을 그는 9년에 마무리 지으면서도 그 내용과 형식을 보면 메스너와 달랐던 점이 여러 가지로 돋보인다. 그렇다면 메스너에게는 행운이 붙어 다닌다고 볼 수 있는가?

1972년 마나슬루 베이스캠프에서 적어놓은 그의 산중 일기 속에 이런 글이 있다. '불확실한 것은 반드시 확실하게 해두어야 한다 ― 할 수 있는지 없는지 알아봐야 한다― 나는 무턱대고 덤비는 사나이가 아니며 위험한 루트를 그저 좋아하지 않는다.'

오늘날 메스너는 세계에서 가장 강한 등산가의 자리를 굳히고 있는데, 이러한 저명도에 비해 그의 신원을 자세히 아는 사람은 적다. 그는 독일어권에 살고 있으면서 많은 책을 독일어로 썼지만 사실 그의 국적은 이탈리아며 생활권은 오스트리아에 속해 있다.

등산이 '알피니즘'이라는 이름으로 표현 되듯이 알프스를 둘러싼 나라들이 대체로 등산이 활발하며 뛰어난 등산가들이 많다. 1944년 알프스 산록 티롤 지방에서 태어난 메스너가 산에 끌려 알프스를 오르게 된 것은 당연한 이야기리라. 그러나 인생에는 저마다 어떤 계기가 있고 그것으로 인생이 전환하는 경우가 많은데 메스너에게도 그런 전환기가 있었다.

그가 등산계에 돋보이기 시작한 것은 1970년 낭가 파르바트 원정이었지만, 이 무렵 그는 이탈리아의 한 대학에서 공학을 공부하고 있었다. 만일 그가 자기 전공을 떠나지 않고 틈틈이 가까운 알프스를 오르내리기만 하였더라면 그도 흔한 현대인으로 살고 있을 것이다. 그런데 그가 대학을 떠난 것은 공부에 소질이 없거나 취미를 잃어서가 아니었다. 그의 뛰어난 등산가 기질이 높이 평가되어 남들이 그를 그대로 두지 않았으며, 한편 자기로서도 몸 안에서 분출하는 모험에 대한 의욕을 스스로 억제할 수가 없었던 것으로 보인다.

라인홀트 메스너는 몸매가 작은 편이 아니다. 그렇다고 그다지 크지도 않다. 실은 그토록 무서운 힘이 어디서 나오는지 의심할 정도로 날씬한 몸매의 사나이다. 그러나 메스너에게는 남모르는 정진의 길이 있었다. 그것은 구도자처럼 자기에게 엄했다.

오늘날 사람들은 메스너를 히말라야 14봉을 처음으로 완등한 일에 눈을 돌리고 그의 생애에서 가장 큰 전기를 잊기 쉽다. 그것은 14봉을 모두 오른 16년 동안의 노력보다는 그 가운데 들어있는 어느 한 해로 압축된다.

1978년 그는 세계의 최고봉인 에베레스트를 무산소로 오르고 3개월 뒤에 낭가 파르바트를 혼자 올라갔다. 말하자면 한 등산가가 200년의 등산 역사에 한꺼번에 세 가지 놀라운 성취를 기록했다. 그리하여 반세기 동안 논쟁의 초점이었던 에베레스트 무산소 등정 문제를 그가 처음으로 풀었다.

개척자의 길은 언제나 외롭고 어렵다. 흔히 '콜럼부스의 달걀'이라고 하지만 그런 일이란 아무나 하는 것은 아니다. 21세기로 들어선 요즘 유독 등산의 세계에서도 일찍이 상상하지 못했던 일들이 속출하고 있어 사람들을 놀라게 한다. 지구 위에 오를 곳이 없어진 오늘날 등산가들은 굳이 불가능하다는 일에 달려들었다. 그만큼 갈 데가 없어졌으며 보람 있는 일이 줄어들었다는 이야기리라. 다시 말해서 인간만이 가지고 있는 성취동기를 만족시키는 길이 과학기술 문명이 극에 달하면서 좀체 찾기 어려워진 것이다.

지금 사람들은 일하기보다 노는 일에 신경을 쓰기 시작했다. 매스레저 시대가 도래한 것이다. 그런데 진정한 휴식은 참다운 노동 다음에 **오는** 법이디. 그렇다면 노동의 의미가 상실된 오늘날의 휴식의 의미를 어디서 어떻게 찾을 것인가?

등산 역사를 바꾼 사람들

라인홀트 메스너가 걸어간 길, 그것의 현대적 그리고 문화사적 의미를 찾는다면 그가 선진 문명사회에서 안주의 길을 찾지 않고 그 누구도 생각하지 못하는 불가능의 세계로 뛰어들었다는 점이다.

그 일로 그에게 명예가 주어진 것은 뒤의 일이며, 그는 세계의 이목을 의식하지 않고 독자의 세계를 달렸다.

메스너는 히말라야에서 내려온 뒤 1989년에서 90년에 걸친 3개월 동안 남극대륙 2,800킬로미터를 횡단하는 여력을 보여 다시 한 번 세상을 놀라게 했지만, 그러한 세기의 철인 메스너도 그린랜드 횡단에서는 고배를 마시고 물러섰다. 마이너스 60도의 혹한 앞에 그도 굴하고 말았다. 그러나 이것을 라인홀트 메스너의 패배라고 누가 말하겠는가. 그는 두려움 없이 자기의 한계까지 가본 것이다.

16년 걸린 드라마

인생을 한 막의 극이라고 말한 사람은 셰익스피어로 기억한다.

인생이 무엇이냐고 물을 때 답할 말이 많겠지만 이 정도로 요약하기도 쉽지 않을 것 같다.

연극은 각본에 따라 연출된다. 그러니 사람은 저마다 각본을 쓰고 스스로 연출하는 셈이다.

극장에서 상연하는 극은 창작이고 쇼다. 그런데 인생이라는 극은 모두가 논픽션이며 늘 흥행하는 것이 아니다. 전자는 일부러 꾸민 놀음이고 무엇보다도 흥미거리여야 하는데, 후자는 언제나 사활의 문제로 이어지고 진지하며 심각하다.

『나는 살아서 돌아왔다』라는 이름의 책이 있다. 셰익스피어의 말에 따르면 인생극의 시나리오인 샘인데, 라인홀트 메스너라는 등산가가 쓴 그의 산행 기록이다. 말을 바꾸면 하나의 등반기와 원정기 같은 것이다.

등산가의 체험을 담은 이러한 책은 일반 독서층에게는 생소하겠지만, 세계 등산계에는 널리 알려진 책들이 적지 않다. 그 가운데서도 에드워드 윔퍼의 『알프스 등반기』나 모리스 에르조그의 『최초의

8,000미터 안나푸르나』 또는 존 헌트의 『에베레스트 등정』이나 헤르만 불의 『8,000미터의 위와 아래』 그리고 하인리히 하러의 『하얀 거미』 등이 세계 산악 명저 가운데서도 명저요, 고전 가운데 고전으로 꼽힌다.

그 저자들은 한결같이 위대한 등산가였을 뿐만 아니라 모두 뛰어난 문장가이기도 했다. 그러니까 그들은 저마다 이처럼 불멸의 등반기를 남길 수가 있었다. 만일 등산의 세계에 그와 같은 사람들이 없었고 그들이 책을 남기지 않았더라면 등산계는 그야말로 삭막했으리라. 만년설에 덮인 알프스의 고산 지대에서 막을 올린 '알피니즘'이라는 이름의 등산이 그 후 200여년의 역사를 기록하며 숱한 고난과 희생이 이어져 오늘에 이르렀으니 여기에 드라마가 없을 수 없고 그 기록이 남지 않을 리가 없다. 등산에 관한 고전이나 명저가 오늘날 많이 있는 까닭이다.

등반기는 높은 산 하나를 오르고 엮어지는 것이 보통이다. 산은 높을수록 오르기 어렵고 시일이 걸리며 많은 돈이 든다. 뿐만 아니라 사람의 활동 능력에는 한계가 있는 법이니 비록 한권의 등반기라 할지라도 그것이 나오기까지의 과정은 한 등산가의 집약된 생애로 보아도 좋다.

그런데 『나는 살아서 돌아왔다』의 경우는 다르다. 이 책은 등반기로서 그야말로 색다른 존재다. 저자 라인홀트 메스너가 16년 동안 세계 최고봉급 열 넷을 모두 오르고 내놓은 책이니까.

지구 위 5 대륙에는 저마다 높은 산들이 있지만 고도 7,000미터가 넘는 산은 오직 중앙아시아에 몰려 있다. 이른바 세계의 지붕이라는 히말라야인데 이 가운데서도 가장 높이 솟은 8,000미터 급 열 넷을 가리켜 등산계에서는 히말라야 자이언트라 한다. 여기서 8,848미터의 높이로 군림하는 에베레스트를 우리도 1977년에 고상돈 대원이 올라서 이제 모르는 사람이 없다.

그러나 이 최고봉을 위시한 그 14봉에 대한 도전의 역사를 아는 사람이 몇이나 될까 싶다. 등산은 학교 교육의 대상이 아니고 특히 이러한 고산 등반은 일상 생활권을 떠나 멀리 있기 때문이리라.

히말라야 도전은 모두가 장대한 드라마다. 수직으로는 지구의 끝, 수평으로는 오지 중의 오지, 만년 빙설에 덮인 고도와 저기압, 혹한과 강풍과 눈사태의 세계에는 언제나 고산병과 동상이 위협하고 도전자는 절망과 고독이라는 한계 상황에 부딪친다.

이러한 히말라야에 사람이 도전한 것은 19세기 말이었다. 그러나 이 최고봉들이 정복되기는 그로부터 반세기가 지나서다. 1950년에서 1964년까지 15년에 걸쳐 수많은 원정대가 수많은 도전을 벌이면서 비로소 그 비경, 미지의 세계가 열렸다. 이러한 데를 1970년에 라인홀트 메스너가 낭가 파르바트에 새로운 길로 오르면서 16년 사이에 이 히말라야 자이언트를 완등하는 첫 기록을 세웠다.

그런데 메스너의 이름은 이것으로 알려진 것은 아니다. 일반 독자가 대강 읽어서는 느끼지 못하는 중요한 대목이 이 책의 핵심을 이루고 있는데, 이 일로 메스너는 세상에서 가장 강한 등산가라는 위치를 차지하게 된다.

이 사건은 당시 세계 등산계에 엄청난 흥분을 가져왔으며, 히말라야 등반 50년의 숙제를 그가 한꺼번에 풀었다. 다시 말해서 세계 최고봉을 인공적 산소의 도움 없이 오르고 또 다른 8,000미터 급(낭가 파르바트)을 혼자서 오르내렸다는 것이다. 이른바 무산소 · 연속 · 단독 등반을 해냈다. 그전까지는 이 하나 하나가 사실상 등반가로서 해내기 어려운 과제로 되어 있었는데, 그것을 1978년 한 계절에 한 등산가가 해냈으니 세계가 놀란 것도 당연하다.

라인홀트 메스너는 1944년 생으로 34세 때 히말라야에 도전하여 50이 되던 해 그 싸움을 끝냈다. 그가 어떤 환경에서 자랐고 어떤 동기로 산과 만났는지 이 책에는 자세히 나와 있지 않다. 영국의 로널드 펙스라는 사람이 장장 300면에 달하는 메스너의 평전을 썼으니 그는 하나의 등산가라기보다 20세기에 나타난 새로운 인간형으로 보아도 좋으리라.

메스너는 오스트리아 문화권에 속하는 티롤 지방 출신으로 이탈리아의 공학도였으나 등반가로서의 소질이 돋보여 끝내는 낭가 파르바트 원정에 초청된 것이 그의 인생의 갈림길이 되었다. 주어진 운명을 그대로 따라간 것이 아니라 기회를 잡는 결단이 오늘의 그를 가져왔다고 해야 할 것이다.

『나는 살아서 돌아왔다』라는 이 책은 등반기로서는 약하다. 투툼한 14권이 될 내용을 한 데 몰아넣었으니까. 그러나 이 책의 특색은 장대한 열 네 편의 드라마가 파노라마 보듯이 펼쳐지는 데 있다. 풍부한 자료와 뛰어난 편집이 이러한 파노라마 전개를 가능하게 했다. 저자는 등정 순위로 기록하면서 그때그때 그 산의 등반 약사를 앞세우는가 하면, 자기의 산행의 농축된 극적 순간을 다른 사람으로 증언하게 하는 배려를 잊지 않았다.

『나는 살아서 돌아왔다』는 문집인 동시에 사진집이기도 하다. 언제나 결정적인 순간을 놓치지 않은 그의 카메라 솜씨 또한 뛰어난 문장력과 더불어 일반 등산가에서는 쉽사리 찾아보기 어렵다.

세기 말 문명의 난숙기를 살고 있는 인간에게 고민거리가 있다면 불투명한 미래에 대한 불안이리라. 진정 우리에게 미래는 없는 것일까? 1970년 낭가 파르바트 첫 원정에서 '지옥'을 체험하고 1978년 다시 갔을 때 '천국'을 발견했다는 라인홀트 메스너의 이 책을 읽을 때 우리는 오늘을 살아가는 자기 모습을 돌아보고 삶에 대한 색다른 의미를 찾으리라 믿는다.

예지 쿠쿠츠카라는 등산가

Yerzy Kukuczka

예지 쿠쿠츠카가 1989년 10월 24일 죽었다.

등산가가 산에서 조난하는 일은 오랜 등산 역사 가운데 결코 드물지 않다. 그런데 쿠쿠츠카의 죽음이 그토록 돋보이고 그를 아는 사람들의 가슴을 아프게 하는 까닭은 무엇일까?

쿠쿠츠카는 무섭기로 이름난 로체 남벽을 오르다가 자일이 끊어지면서 떨어졌다. 이때의 등반이 성공하면 그로서는 세계 최고봉급 고산을 열일곱 번 오르게 되어 있었다. 그리고 이 기록은 그 유명한 메스너가 16년 동안에 열여덟 번 오른 데 대해 10년 사이에 이룩하는 셈이 된다.

예지 쿠쿠츠카의 이름이 등산계에 오르기 시작한 것은 1970년대가 끝날 무렵이었지만, 그때 그는 히말라야 8,000미터 급의 하나인 로체를 산소의 도움 없이 올라서 세상을 놀라게 했다. 오늘날 높은 산을 산소 없이 오르는 일은 그리 대단하게 여기지 않는다. 그러나 그가 이렇게 오른 1979년은 세계 등산계에 오랫동안 숙제로 남아있던 에베레스트 무산소 등정을 라인홀트 메스너와 페터 하벨러가 극적으로 이룩한 바로 이듬해다. 그러니 쿠쿠츠카의 로체 등정은 메스너에 버금가는 사건이었으며, 새로 주목받는 이 등산가에게 남달리 예리한 눈초리를 던진 사람은 다름 아닌 메스너 그 사람이었다.

거기에는 그럴 만한 이유가 있었다. 라인홀트 메스너가 1970년에 낭가 파르바트의 미답벽을 오르내림으로써 세계 최고봉급 14봉에 대한 그의 전산 등정 계획이 실천 단계에 들어갔다면, 쿠쿠츠카에게는 1979년의 로체 등정이 그와 같은 출발점이었으리라.

그런데 메스너가 히말라야의 고봉을 하나하나 오르고 있었을 때 등산계에서는 아직 '히말라야 경주'라는 말이 없었다. 상대가 없는 경주는 있을 수 없기 때문이다. 따라서 메스너는 그때까지 독주를 별로 의식하거나 경계한 것 같지 않다. 물론 히말라야에는 해마다 뛰어난 야심적인 알피니스트들이 모여들었다. 그러나 그 누구도 메스너와 경주하려고 생각하는 것 같지 않았고, 그들의 기록 역시 메스너의 그늘에 치여 제대로 빛을 내지 못했다.

이렇듯 70년대의 히말라야는 라인홀트 메스너의 독무대나 다름없었다. 그 10년 사이에 메스너는 8,000미터 급을 여섯 번이나 올랐고 1980년에는 에베레스트를 북쪽에서 역시 산소 없이 혼자 올라 세계 최강의 알피니스트로서의 자리를 완전히 굳혔다. 예지 쿠쿠츠카가 나타난 것은 바로 그 무렵이었다.

등산은 원래 개인의 세계요 개인의 능력의 한계 속에서 이루어지는 세계다. 그렇지만 등산가는 그가 속해 있는 국가와 사회라는 생활환경 속에서 비로소 그 힘을 기르고 자기의 능력을 나타낸다. 이것은 알피니즘의 발생과 그 발전 과정을 볼 때 쉽게 알 수 있다. 위대한 등산가란 등산 역사에 큰 자취를 남긴 사람을 말하는데, 그런 인물치고 후진국이나 약소국에서 태어나서 그 자리까지 올라선 경우를 보기 힘들다. 비록 개인은 가난하고 뚜렷한 일터가 없었다 하더라도 대개의 경우 그들이 속해 있는 사회는 정신적으로나 물질적으로나 풍요로운 곳이었고 그러한 배경이 그 사람을 길러내는 토양 역할을 했다.

이런 속에서 성장한 등산가가 한 둘이 아니며, 알피니즘 초창기에 활약한 영국의 등산가들은 물론, 후기에 와서 헤르만 불이나 리카르도 카신 같은 인물 모두 그 좋은 예다. 그런데 메스너와 쿠쿠츠카는 너무 대조적이다. 다시 말해서 메스너가 서구의 전통적인 선진문화권에서 그리고 알피니즘 메카에서 자랐을 뿐만 아니라 넉넉한 사회의 후원으로 그 전성기를 보냈다면, 쿠쿠츠카는 동유럽 폴란드의 낙후하고 폐쇄적이며 알피니즘과 동떨어진 세계의 등산가였다. 그러한 쿠쿠츠카가 메스너를 9년 뒤에 따라붙고 이른바 '히말라야 경주'를 마쳤다. 이에 메스너는 "당신은 제2인자가 아니다. 당신은 정말 위대하다."고 쿠쿠츠카를 높이 찬양했다.

등산에는 경주가 없다. 남과 기량을 겨루지 않는 점에서, 홀로 고독한 길을 가는 점에서, 그 성취를 자랑하거나 보상을 바라지 않는 점에서 일반 스포츠와 다르다. 그리고 여기서는 성취보다 과정이 중요하며 그 과정에서 스스로 자기의 존재를 확인한다.

1979년에 나타나서 89년에 그의 생애를 마치기까지 히말라야를 편력한 쿠쿠츠카의 발자취는 그야말로 이채롭다. 메스너가 16년 걸려 18봉을 올랐지만, 쿠쿠츠카는 9년 동안 17봉을 오르고 있었으니 그는 해마다 8,000미터 급 두 봉 가까이 올랐다는 이야기다. 이토록 짧은 기간에 그것을 해낸 등산가는 쿠쿠츠카가 처음이지만, 그는 선진 등산국에서 흔히 보는 국가나 사회의 충분한 재정적 도움도 매스컴을 통한 화려한 성원도 없었으니 등산가로서의 쿠쿠츠카는 하나의 풀기 어려운 수수께끼와도 같다.

히말라야에는 계절이 없다. 표고 8,000미터 고소는 언제나 빙설에 덮여있는 혹한의 세계다. 그래서 히말라야 등반은 오랫동안 프레 몬순과 포스트 몬순이라는 다소 등반 활동에 지장을 덜 줄 것으로 보이는 시기로 제한돼 있다. 그러다가 등산의 기술과 장비가 발달하고 정보가 풍부해지자 80년대 들어와서 비로소 겨울철에도 등반을 할 수가 있게 된다.

그런데 오늘날 세계 최강의 등산가로 알려진 라인홀트 메스너의 빛나는 등반기록을 살펴보면 어찌된 일인지 계절적으로 그러한 겨울철 활동이 한 번도 없었다. 이에 반해 쿠쿠츠카는 그야말로 엄동기에 주로 활동했으며, 그것도 한결같이 남들이 가지 않는 새로운 루트를 뚫고 나아갔다.

뛰어난 등산가들 가운데는 특이한 성격을 가진 인물들이 있다. 그렇다고 괴팍하다는 뜻이 아니고 가혹하리만큼 자기에게 충실하며 자기의 내면의 세계를 지켜나가는 것이 그들의 특색이다.

쿠쿠츠카는 등반하다가 길이 막히면 동료들에게 전진할 것인가 후퇴할 것인가 으레 묻고는 혼자 전진을 택했다. 그는 산에서 언제나 사정없는 외고집장이었다. 쿠쿠츠카와 같이 가면 결국 쿠쿠츠카 혼자 돌아온다는 소리가 한때 폴란드 등산계에 나돌았다.

그는 오늘날 등산에서 '알파인 스타일'은 존재하지 않는다는 말을 남겼다. 그의 말을 빌면 히말라야에는 어디를 가나 앞서간 사람들이 흔적이 있기 마련이며, 그들이 오르지 못한 곳을 피해서 가기란 어렵다고 했다. 그는 남이 남긴 자일이나 하켄 따위를 이용하지 않아도 그것으로 이미 그 루트는 처녀성을 잃은 것이라 했다.

알피니즘의 세계가 열린 지 200여 년이 돼는 오늘날, 그 최고봉 에베레스트 정상을 하루에 35명이 오르는 데까지 왔다. 이에 비해 1953년에 인간으로 처음 여기를 밟은 힐라리는 "멀고 모험이 있는 곳이 어디에 남아있는가?"고 한탄했다.

그러나 그렇다고 알피니즘이 사라진 것은 아니다. 에베레스트에 오르기 쉬워졌다거나 그 신비성을 잃은 것도 아니다. 자연은 예나 지금이나 다름없는데 사람이 그것을 모르고 있으며, 그것을 알기에는 사람의 능력에 한계가 있을 따름이다. 세계 등산의 역사에 돋보였던 인물들은 모두가 그러한 인간의 능력을 넘어보려고 애쓴 사람들이었다. 그리고 그 선두에 라인홀트 메스너와 예지 쿠쿠츠카가 우뚝 서있다.

1948년에 태어나서 1989년에 간 쿠쿠츠카의 인생은 "긴 세월을 평범하게 살며 얻는 것보다 더 많은 것을 높은 데서는 한 달 사이에 체험한다."고 한 그의 말 속에 그대로 나타나 있다.

쿠쿠츠카의 죽음에 대해 월터 보나티가 다시는 유레크(쿠쿠츠카의 애칭)의 꿈을 기대할 수 없으며, 그가 어떻게 자기의 꿈을 실현하는지 보지 못하게 됐다고 애도했다. 고독한 세계에서 고독한 싸움을 벌이는 알피니스트에게는 정신적 지주가 필요하다. 이제 예지 쿠쿠츠카는 그러한 정신적 지주의 상징으로 우리 곁에 남았다.

가스통 레뷔파와 『눈과 바위』

Gaston Rébuffat

    가스통 레뷔파는 1921년 프랑스 남단 지중해 해변에 자리 잡은 큰 도시 막세이유에서 태어나고 몽블랑과 침봉군이 솟은 샤모니를 제 2의 고향으로 삼고 살다가 1985년 파리에서 죽었다.

    레뷔파는 인간이 처음으로 8,000미터 고산에 오른 1950년 히말라야 안나푸르나 원정에 참가했다. 모리스 에르조그가 이끈 이 역사적 원정에서 레뷔파가 리오넬 테레이와 같이 헤쳐나간 엄청난 시련은 에르조그가 쓴 원정기 『최초의 8,000미터 안나푸르나』에 그대로 나타나 있다.

    당시 그는 테레이와 더불어 제 5캠프에 올라가 다음에 오를 기회를 기다렸으나, 1차 공격조인 대장 에르조그와 라슈날이 등정에 성공한 뒤 손과 발에 심한 동상을 입고 구사일생으로 돌아왔으니, 그들이 빨리 하산 하도록 하지 않을 수가 없었다.

    레뷔파의 인생은 히말라야보다 알프스와 밀착하고 있다. 그가 초기 히말라야 탐험사에 남긴 업적은 결코 작지 않으나, 클라이머로서의 그의 생애는 알프스의 만년 빙설 체계에서 더욱 빛난다.

    레뷔파는 행동의 인간으로 많은 초등과 재등을 이룩했다. 그는 이러한 자기의 행위를 소쉬르와 머메리의 개척 정신을 이어나가는 것으로 여겼다. 이러한 그의 행동의 궤적은 1,000번이 넘는 어려운 산행과 숱한 초등 기록에 나타나 있다. 특히 그는 알프스의 3대 북벽을 비롯하여 드뤼, 피츠 바딜레, 그로세 친네, 그랑드 픽 드 라 메이쥬 등의 거벽을 가이드로 오른 첫 인간이다.

레뷔파는 언제나 같은 모습으로 우리 뇌리에 박혀있다. 후리후리한 키, 길쭉한 얼굴에 숱이 많은 검은 머리, 유난히 돋보이는 턱, 언제나 걸치고 있는 흑백 줄무늬 스웨터와 흰 스타킹 그리고 묵직한 검은 등산화…… 이러한 외모로 로프를 사려 든 채 픽 드 록(Pic de Roc)의 쟝다름에 우뚝 선 그는, 귀도 레이 말대로 '알피니스트 아크로바티꼬'의 세계에 군림한 왕자답다.

레뷔파가 당대에 뛰어난 클라이머가 된 데는 그럴 만한 까닭이 있었다. 그는 어려서부터 남다른 굳은 의지와 불타는 정열이 있었다. 그는 "살려면 커다란 희망을 품어야 한다. 15세 때 나는 지금처럼 키가 컸지만 몸이 삐쭉 마르고 약했다. 철봉에 매달려 턱걸이 한번 제대로 못할 정도였다. 그러면서도 나는 알피니스트가 되고 싶었고, 특히 가이드가 돼야겠다는 생각에 견딜 수가 없었다"고 말한다.

그는 1954년에 『별과 눈보라』를 내놓았는데, 이 첫 작품은 당시 좌절과 실망에서 벗어나려는 전후의 젊은 세대에게 커다란 용기를 불어넣었다. 그는 이 책을 통하여 준엄한 알프스의 대자연과 싸운 자기의 생생한 체험을 알렸다. 그러나 여기서 그는 산사나이의 힘과 재주를 과시하는 데 그치지 않고, 산에서 얻은 우정과 강한 생의 의식을 낱낱이 보여주었다.

세계 등산계에는 뛰어난 알피니스트와 가이드가 적지 않다. 그런데 레뷔파는 그들 가운데서도 자기의 세계를 지키며 개척해 나간 보기 드문 사람이었다. 그것은 그가 생전에 남긴 수많은 책과 그것을 바탕으로 엮은 산악영화에 잘 나타나 있다. 이러한 그의 활동의 자취는 오늘의 젊은 등산인들에게 그다지 알려져 있지 않다.

그의 많은 저술 가운데 특히 돋보이는 것으로는 『별과 눈보라』, 『만년설의 왕국』, 『눈과 바위』, 『하늘과 땅 사이』 그리고 『아름다운 마터호른』 등을 들 수 있다. 그런데 이들 저서는 흔히 보는 산행 기록과 달리 눈얼음과 바람의 세계인 알프스의 대자연을 읊은 시이자 산문이다.

그중에서도 『눈과 바위』는 독특한 자리를 차지하고 있다. 그저 들춰보면 한낱 암벽과 빙설벽을 오르는 기술과 장비 이야기 같다. 그러나 이 책을 등반 입문서로 본다면 그런 독자는 불행할 따름이다. 물론 『눈과 바위』에는 시대적 배경이 짙다. 한 세대 전에 나온 책이니 장비도 기술도 새로운 것이 없을뿐더러 낙후한 느낌마저 줄 것이다. 그런데 세심한 독자라면 무심코 넘어갈 수 없는 대목 대목에 눈이 가리라.

'나는 그가 오르는 것을 근심스러운 눈초리로 지켜보았다. 그러나 물랭이 바위 모서리를 돌아서 보이지 않았다. 이제 나는 혼자 남았다. 그때 밧줄이 무엇인지 알았다. 나는 밧줄을 단단히 잡았다. 밧줄이 암벽을 타고 조금씩 올라가는 것을 보고 밧줄에 큰 뜻이 있는 것을 느꼈다. 나는 이러한 연결의 아름다움을 알 것

같았다.'

 등반하다가 흔히 부딪치는 장면이다. 그런데 그 분위기를 이처럼 완벽에 가까울 정도로 묘사한 클라이머와 등반 입문서는 찾아보기 어렵다.
 지난 10여 년 사이에 히말라야는 우리에게 가까워졌다. 그러나 알프스는 여전히 멀다. 우리는 알프스를 거치지 않고 바로 히말라야로 갔던 것이다. 그런데 오늘날 히말라야의 과제는 알파인 스타일의 등반으로 압축되고 있다. 이 알프스 식의 등산이란 구체적으로 어떤 것일까?
 등산이 18세기 후엽 알프스에서 시작하여 20세기를 맞으며 그 무대를 히말라야로 옮겼다. 그러나 알프스에는 알프스대로 그 독자적 세계가 꾸준히 이어져 갔다. 가스통 레뷔파는 이를테면 그러한 알프스의 세계를 지키며 이어간 인맥 한 가운데 우뚝 선 거인이며, 『눈과 바위』는 그 세계로 들어가는 하나의 길잡이다.
 가스통 레뷔파는 가고 지금 세대는 그의 업적을 잊었다. 그런데 근년에 독일산악연맹(DAV)에서 산악 고전 총서의 출간을 추진하며 레뷔파의 책을 그 속에 담는 것을 잊지 않았다. 이것은 알피니스트 레뷔파와 그가 남긴 자취가 불멸하다는 것을 말한다.
 레뷔파는 보기 드문 등산가요, 그가 남긴 『눈과 바위』는 또한 보기 드문 등산 입문서다.

3

나는 산과 같이
살아왔다

스위스 일기 1

수천의 사람이 보려고 하고
수백의 사람이 오르려 하나
마터호른은 많은 생명을 요구한다.

— 1975. 8. 15 슈바이처

1975년 7월 하순의 제네바는 한국의 초가을처럼 서늘하고 맑았다. 서울을 떠나 파리, 로마, 카이로 등지를 거쳐 오느라 피곤했지만 세계의 공원이라는 스위스의 특색 있는 풍토에 접하면서 피로가 풀리는 듯했다.

코앙트랑 국제공항을 나서니 대학 동문인 박근 스위스 대사가 베른에서 먼 길을 달려오고, 재무부에서 파견된 제네바 주재관 권태원 씨가 기다리고 있었다. 우리는 그들의 차를 나눠 타고 시내로 들어갔다.

공항에서 제네바 도심까지는 6킬로미터밖에 안 됐다. 숙소를 레망호 가까운 론 강변에 잡았는데, 오늘과 내일은 공휴일이어서 아무 일도 할 수 없으니 어떻게 하겠느냐는 박근 대사의 이야기를 듣는 동안 차는 벌써 시내로 들어서고 있었다. 마치 오래 살던 고향에 돌아온 느낌이었다.

요트가 백조처럼 떠있는 잔잔한 호수…… 이 낯익은 한 폭의 그림을 창밖으로 찾을 때 제네바는 처음 오는 곳 같지 않았다.

호텔에 도착하니 또 다른 친구가 기다리고 있었다. 한국 보이스카우트 사무총장 임춘갑 씨인데, 오슬로에서 열리는 국제 잼보리 대회에 나가는 길이라고 한다. 그도 역시 대학 동문으로 이런 곳에서 셋이 만날 줄은 미처 몰랐다.

나는 국회의 동료 의원들과 넷이서 유럽의 금융계를 돌아보는 길이었다. 그런데 스위스 체류는 주말의 2박 3일뿐이다. 박 대사는 오늘은 그대로 쉬고 내일 골프나 치자고 했다. 그러나 나는 오래 전부터 알프스가 보고 싶었다. 샤모니의 침봉군과 몽블랑 그리고 마터호른이 그리웠다. 이밖에 융프라우와 아이거도 마음에 있었지만 거기까지 발을 뻗치기에는 시간이 모자랐다.

박근 대사가 놀란 얼굴을 했다. 몽블랑, 융프라우는 알겠는데 마터호른이 어디에 있느냐는 것이다. 그는 등산과 거리가 먼 생활을 하니까 세계적으로 이름난 이 산에 가본 일이 없을 수도 있겠지만, 스위스에 몇 해 있으면서 마터호른을 모르다니 이번에는 이쪽에서 놀랐다. 우리는 모두 웃었다. 옆에서 이번 여행의 단장 격인 최재구 의원이 그러니까 정말 단장은 김 의원이라고 해서 우리는 또 한바탕 웃었다. 짐은 길가에 팽개친 채였다.

스위스에 와서 가볼 만한 곳이라면 대체로 세 군데라고나 할까. 아이거, 융프라우가 있는 베르너 오버란트 지역과 마터호른과 몬테 로자가 있는 발리스 알프스 그리고 몽블랑 산군인데, 이러한 지방에는 각기 그린델발트, 체르마트, 샤모니 등 등산 기지로 이름난 아름다운 산간 마을이 있다.

이런 이야기를 하며 오늘은 샤모니에 가서 몽블랑을 보고 마터호른은 멀리 떨어져 있으니 내일 일찍 가겠다고 대사에게 말했다. 정 그렇게 가고 싶다면…… 하고 박 대사가 자기 차를 내주며 시간이 늦어서 샤모니의 로프웨이 운행 시간에 맞을는지 모르고 몽블랑이 구름에 덮여 보이지 않는 날도 많다고 말했다.

박 대사와 임 총장은 제네바에 남았다. 우리는 짐을 호텔 로비에 던진 채 바로 샤모니로 떠났다. 이 여름에 스웨터를 가진 사람이 없으니 벗어 들고 있는 상의를 잊지 말고 가져가도록 했다. 제네바는 기온이 높아도, 4,000미터 가까운 알프스 지방은 10여도나 낮아진다.

여행에서 첫인상은 중요하다. 유럽의 거리에서는 카페 테라스에 앉아 커피라도 마시며 오가는 사람들을 쳐다보는 것이 나그네답다. 제네바에서는 뭐니 뭐니 해도 몽블랑교에서 레망호 건너 멀리 하늘에 떠 있는 눈 덮인 알프스에 눈을 돌릴 일이다. 그런데 이런 마음의 여유도 없이 우리는 샤모니로 떠났다.

샤모니는 제네바에서 90킬로미터 정도 떨어진 프랑스 알프스의 마을, 승용차로 한 시간 남짓한 거리에 있다. 나는 재무부에서 나온 주재관의 신세를 지기로 했다. 인구 30만 정도의 도시인데다 바캉스 철이라서 그런지 거리가 조용하다. 예쁘게 조화를 이룬 건물들 사이에 커다란 샬레가 보였다. 그림에서 흔히 보는 알프스 특유의 산장 바로 그것이다. 창가의 빨간 제라늄이 어쩌면 그렇게 어울릴까. 나는 카메라에 손이 갔으나 그러기에는 늦었다.

거리를 벗어나자 국경이었다. 스위스에서 프랑스로 넘어가는 셈이다. 차들이 통관을 기다리고 있었는데 그 절차는 간단했다. 젊은 이들이 팻말을 들거나 손짓을 하며 히치하이크를 바라고 있었다.

프랑스에 들어서며 계곡이 나타나고 산길로 변했다. 울창한 전나무 숲과 눈부신 목초장이 여기저기 보였다. 아름다운 농가가 드문드문 서 있다. 레스토랑 같은 것도 이따금씩 눈에 띄었다. 뚱뚱한 노파가 줄에 널고 있는 세탁물이 유난히도 희게 보였다.

주재관의 운전 솜씨는 아주 거칠었다. 카메라에 사계 심도가 있듯이 차에는 제동거리가 있는데 그는 그 한계까지 차를 몰았다. 천천히 가자고 하자 이 차는 새 차고 독일의 이름난 베엠베니까 괜찮다고 했다. 언제 면허를 땄는가 물었더니 1년 됐다고 했다. 나는 슬그머니 겁이 났다.

잠시 후 설선이 나타났다. 눈에 덮인 알프스의 연봉이 파란 하늘을 배경으로 뚜렷한 윤곽을 그리고 있었다. 목적지 샤모니가 멀지 않은 듯 했다. 차는 이탈리아와 이어지는 몽블랑 터널 앞을 지나가고 있었다. 터널은 프랑스와 이탈리아 두 나라가 천만 달러씩 내어 5년 공사 끝에 1965년 완공됐다고 한다. 이 터널이 바로 에귀유 뒤 미디 밑으로 나 있다는 사실을 그때에는 미처 몰랐다. 터널 앞을 지나면서 산길이 고개를 숙이고 멀리 밑으로 마을이 보였다.

시야가 트이며 집들이 나타났다. 온통 눈을 쓴 산 덩어리와 하늘을 찌르는 침봉들이 푸르다 못해 시커먼 전나무 숲 너머로 바라보였다. 한여름의 태양이 눈부셨다.

샤모니는 인구 육칠천밖에 안 되는 작은 마을이지만 시즌에는 5만으로 불어난다고 한다. 이곳에는 프랑스 국립스키등산학교와 가이드 조합 그리고 프랑스 산악회가 있으며, 1950년 안나푸르나 초등으로 이름난 모리스 에르조그가 시장으로 있다. 18세기 후엽에 드 소쉬르의 제창으로 알프스의 최고봉 몽블랑이 초등되면서 열리기 시작한 알피니즘의 요람지다.

샤모니에는 또한 윔퍼를 비롯하여 등산의 역사에 발자취를 남긴 사람들의 무덤이 있는데, 이러한 데를 돌아볼 사이도 없이 박근 대사의 말대로 로프 웨이 운행이 궁금했다.

터미널은 예상한 대로 관광 인파로 붐볐다. 샤모니는 표고 1,050미터라는 푯말이 터미널 앞 광장에 서 있다. 로프 웨이가 표고 3,842미터나 되는 에귀유 뒤 미디 꼭대기까지 올라간다. 시간은 25분 정도, 도중에 프랑 데 제기유라는 중간역이 있는데 여기서 승강기를 갈아탄다.

우리는 터미널 앞에 있는 카페 테라스에서 차례를 기다렸다. 오른쪽 하늘에 몽블랑이 솟고 위에서 흘러내리는 보송 빙하가 석양에 눈부셨다.

드디어 우리 차례가 왔다. 승강기 박스는 설악동 권금성을 오르내리는 것보다 훨씬 컸는데 70명이 정원이라고 적혀있었다. 이런 것이 기둥 하나 없는 케이블에 매달려 하늘 높이 올라가니 믿어지지 않았다. 이런 규모의 로프 웨이는 이 세계에서 여기뿐이라고 한다. 일행 가운데 몸이 부한 친구들이 저마다 높이 올라가는 것을 꺼리고 있었다.

주위를 둘러보니 동양 사람은 우리뿐이고 반바지 차림의 어른, 어린애의 손목을 잡은 부인도 있지만 늙은이는 눈에 띄지 않았다. 고도가 높아지면서 전나무 숲이 사라지고 돌밭이 나타났다. 급사면에 등산로가 갈지자로 나 있었다. 중간 역에 오르는 느낌은 설악산 권금성에 오르는 것과 별로 다를 것이 없었는데, 박스를 갈아타려고 중간 역에 내리니 여기는 공기가 달랐다.

눈앞에 이름 그대로 바늘같이 뾰족한 에귀유 뒤 미디가 솟아 있었다. 가스통 레뷔파의 '빙·설·암'의 세계인 것이다. 우리가 탄 박스는 이 수직 벽에 마치 도전이나 하듯 벽에 붙어 위로 위로 올라갔다. 하늘에서 무서운 힘이 우리를 무턱대고 끌어 올리는 느낌이었다. 순간 안에 있는 사람들이 모두 숨을 죽였다.

정상에 도착하자 굳었던 얼굴과 얼굴에 긴장이 풀렸다. 동굴을 지나가니 전망대가 나왔다. 여기서 엘리베이터를 타고 한층 높이 올라간다.

에귀유 뒤 미디의 정상이라고 해야 필경은 이렇게 관광객이 오는 곳이지만 그래도 내 마음은 흡족했다. 알프스의 최고봉 몽블랑이 바로 눈앞에 보이고 사방으로 프랑스 알프스의 웅대한 파노라마가 펼쳐지니까.

나는 만년설에 둘러싸인 이 허공의 세계에서 잠시나마 태고의 정적과 마주서고 싶었다. 그러나 이것은 헛된 욕심이었다. 사람들이 저마다 자신을 찍어달라고 야단들이다.

나는 몽블랑으로 카메라를 돌렸다. 몽블랑은 웅대하다기보다 우아한 모습으로 남쪽 하늘에 군림하고 있었다. 맑은 날씨가 얼마나 고마운지 몰랐다. 전망대는 바늘 위에 올라앉은 거나 다름없었고 사방이 그대로 끝이 안 보이는 낭떠러지였다. 난간에 몸을 기대기가 무서울 정도다.

나는 여기서 몽블랑으로 가려면 어떤 루트가 있으며 시간은 얼마나 걸리겠는 가 생각해보았다. 몽블랑이 이처럼 눈앞에 있지만 따지고 보면 1,000미터가 더 높으니 그 스케일이 실감 나지 않았다.

전망대 한 구석에 방위판과 망원경이 있었다. 나는 방위판에서 세계 3대 북벽의 하나로 이름난 그랑드 조라스를 찾았다. 메르 드 글라스 너머로 그랑드 조라스가 있었다. 그리고 레뷔파의 아크로바틱을 연상케 하는 침봉군도 주로 그 쪽으로 보였다.

에귀유 뒤 미디에서 발레 블랑쉬와 제앙 빙하 위를 케이블카로 30분 정도 가면 이탈리아 국경이 나오며, 맑은 날씨에는 멀리 발리스 알프스의 마터호른과 몬테 로자가 보인다고 한다. 광대한 설원에 검은 점이 두개 나타났다. 한 쌍의 알피니스트에 틀림없었다.

한 노인이 다가오더니 내 카메라를 보고 "라이카! 라이카!" 하며 소리를 지른다. 이 독일 늙은이의 입에서 술 냄새가 났다. 프랑스 사람으로 보이는 일행 서넛이 우리더러 같이 사진찍자고 성가시게 굴었다. 농촌에서 온 것이 분명한 그들에게서도 역시 취기가 느껴졌다.

전망대를 내려오니 양지 바른 구석에 클라이머들이 모여 앉아 식사 준비를 하고 있었다. 살레와 아이젠과 가스 스토브에 정이 갔다. 살레와냐고 물었더니 한 젊은이가 고개를 들었다. 알피니스트란 언제 어디서 봐도 호감이 간다.

어느덧 해가 기울고 찬 기운이 돌았다. 그저럼 붐비던 사람들이 보이지 않는다. 따끈한 커피 생각이 났다. 동굴 안의 휴게소는 비좁고

산만했다. 이때 동료중의 하나가 갑자기 머리가 아프다며 바닥에 주저앉았다. 드디어 왔구나 하고 나는 생각했다. 그는 고통을 못 참고 소리 질렀다. 내려가면 괜찮으니 먼저 가라고 하고 나는 혼자 커피를 마셨다.

아마도 다시 오기 어려울 에귀유 뒤 미디를 뒤로 했을 때 초겨울 같은 음산한 추위가 온몸에 스며들었다. 나는 상의라도 가져오길 잘했다고 중얼거렸다.

스위스 일기 2

―――

 론 강변에서 스위스의 첫 아침을 맞이했다. 이른 시간이 아닌데 식당에는 아무도 보이지 않는다. 나는 밖으로 나갔다.

 상점 문은 닫혀 있었으나 쇼윈도에는 불이 켜 있었다. 여기서는 휴일에도 상점의 진열장을 열어 놓고 있다. 언제나 지나가는 사람들에게 자기네 물건을 선보이려는 것일까, 아니면 밤거리를 밝히기 위해서인가? 그래서 유럽 도시는 밤에도 어둡지 않은가 보다.

 오늘도 날씨가 맑았다. 레망호를 스쳐오는 아침 공기가 이를 데 없이 상쾌하다. 나는 강가에서 담배에 불을 붙이고 처음 가볼 체르마트와 마터호른을 머릿속에 그렸다. 바캉스 철에다 휴일이어서 그런지 거리에는 오가는 사람이 없다. 나는 론 강변을 따라 한 블록 돌고 호텔로 돌아왔다.

 그제야 일행이 식당으로 내려왔다. 어제 다녀온 샤모니와 오늘 가는 마터호른 이야기가 화제에 올랐다. 에귀유 뒤 미디에서 고소 증세를 일으켰던 친구가 뒤늦게 내려오더니 마터호른도 높으냐고 묻는다. 샤모니에서는 높은 데까지 올라갔지만 마터호른은 오를 수가 없으며 여기서 거리가 멀 뿐이라고 알려주었다. 사실 제네바에서 마터호른이 있는 체르마트까지는 서울에서 부산 가는 거리다. 이 말에 그는 안 가겠다고 했다. 그는 처음부터 이런 일에 흥미가 없었던 것 같다.

박근 대사와 권태원 주재관이 나타났다. 그런데 주위에는 체르마트에 가본 사람이 없었다. 제네바에서 체르마트로 가는 교통편은 얼마든지 있지만 승용차로 가는 것이 제일 편한 것을 나는 알고 있었다. 유럽 여행은 로드맵 한 장 가지면 어디나 갈 수 있다. 비스프라는 마을에서 등산열차도 있고 자동차도로도 잘 나 있었다.

그래서 우리는 먼저 지도를 구하기로 했다. 대사 차의 기사가 지도를 사왔다. 이 지도에서 비스프를 찾아내자 모두 기뻐했다. 문제가 해결된 거나 다름없었다. 제네바에서 동북 방향으로 레망호를 끼고 가노라면 로잔, 몽트루를 지나 비스프에 이른다. 몽트루가 중간 지점에 있었다.

마터호른 가는 데에는 우리 일행에서 한 사람이 빠지고 보이스카우트의 임춘갑 총장이 끼었다. 체르마트를 모른다는 박근 대사는 뒤에 남은 동료 의원과 같이 골프를 치겠다고 했다. 이래저래 아홉 시가 됐다.

두 대의 차가 오늘은 샤모니와 반대 방향으로 도심지를 뚫고 나갔다. 내 눈을 놀라게 했던 예쁜 샬레는 보이지 않았다. 톨게이트가 나타났다. 고속도로였다. 고속도로는 세계 어느 나라나 비슷하다. 다만 스위스에서는 가도 가도 눈앞에 펼쳐지는 풍경이 아름답다. 이탈리아의 오토스트라다 델 솔로라고 하는 이른바 태양도로는 독일의 아우토반과 같이 세계에 이름난 고속도로지만, 이 길을 달려 로마에서 나폴리로 갈 때 나는 한 마디로 실망했다. 물론 도로의 우수성은 그 공법에 있고 차 운행에 안전도를 높여주면 되겠지만 가도 가도 변화가 없으니 무료하기 짝이 없었다.

파리 리용을 가려거든 우회하라는 표지가 보였다. 며칠 전에 들렀던 파리 생각이 났다. 리용이라는 이름도 낯이 익다. 파리에서 퐁텐블로로 가는 길에 줄곧 나타났던 이름으로 언젠가는 가보고 싶은 프랑스 3대 도시의 하나다. 나는 이러한 표지판에서 유럽 공동체를 느꼈다. 나라들이 서로 국경을 같이 하고 살고 있다는 것이 이런 데 잘 나타나 있다. 파리와 로마에는 차가 많았는데 스위스에 오니 거리가 조용했다.

샤모니로 갈 때에는 대체로 산길이었으나 체르마트로 가는 길은 비스프까지 평탄했다. 그런데 나는 이 길이 무서웠다. 권 주재관이 자랑하는 베엠베가 속력을 내기 때문에 줄곧 긴장할 수밖에 없었다.

제네바에서 약 60킬로미터 지점에 로잔이 있다. 레망 호반에 자리 잡은 아름다운 소도시다. 원래 유럽에는 큰 도시가 많지 않으며 이런 작은 도시들이 대부분이다. 오른편으로 이따금 호수가 반짝이고 그 건너에 멀리 산들이 보이는데 필경 프랑스 알프스이리라. 길가의 잔디밭이 잘 손질되어 있었고 간혹 작은 마을이 스쳤으나 거의 사람 구경을 할 수가 없었다.

우리는 로잔을 바이패스 했다. 다음이 몽트루일 게다. 주유소와 레스토랑이 나타났다. 기름도 넣을 겸 잠시 쉬어가기로 했다. 레스토랑의 분위기가 마음에 들었다. 오래된 건물 같은데 벽에 걸린 선등의 장식이며 앞뜰의 화단이 어쩌면 그렇게 아름다울까. 카페 테라스

나는 산과 같이 살아왔다

에서 쉬고 있는 사람들이 수군거렸다.

  차를 타고 먼 길을 달리노라면 잠자는 사람이 많다. 그러나 나는 그들의 단잠을 일부러 깨웠다. 그대로 스치기엔 너무나 눈을 끄는 것들이 많았다. 깊은 계곡에 높은 다리가 걸려있는가 하면 때때로 레망호의 넓은 수면에 요트들이 백조의 무리처럼 떠 있었다.

  몽트루를 지날 무렵 나는 바이런의 시로 유명해진 시옹 성을 생각했다. 고성은 13세기 것으로 이 부근 어디에 있을 터인데 보이지 않았다. 그러자 넓던 레망호가 좁아졌다. 론 강의 상류에 나온 것이다. 강 건너 높은 산들이 손에 잡힐 듯했다. 산마루까지 삭도가 올라갔다. 그 위에는 무엇이 있을까 상상의 날개를 펴본다.

  처음 가는 길이어서 은근히 걱정했는데 도중에 지도를 볼 필요가 없을 정도로 길이 잘 나있었다. 드디어 네거리가 나타났다. 우리는 차를 세웠다. 오른쪽 계곡으로 길이 보였고 사람들이 내려오고 있었다. 제네바를 떠나며 비스프부터는 내가 안내하겠다고 큰 소리쳤으니 나는 차에서 내렸다. 나는 서툰 독일어로 그들에게 체르마트로 가는 길을 물었다. 그들이 어느 나라 사람인지 모르지만 이 지방은 독일어권에 들어 있었기 때문이다. 한 사람이 영어로 대답하며 계곡을 가리켰다.

  짐작했던 대로 계곡이 마터호른으로 가는 입구였다. 지도를 보니 이 계곡이 '마터 탈'이고 강은 '마터 비스프'였다. 독일어에서 탈은 계곡을 뜻한다. 이 계곡을 따라 등산열차가 오르내렸다. 우리는 제네바를 떠나서 비로소 산길에 들어섰다. 사람들이 모두 긴 잠에서 깨어났다.

　이제부터 나에게는 한 가지 기대가 있었다. 여기를 오르노라면 언젠가는 마터호른이 보이리라는 것이었다. 토니 히벨러의 글에 마터호른과 갑자기 마주쳤을 때의 감격을 묘사한 대목이 있다. 나도 세계적인 명산과 히벨러처럼 만나고 싶었다.

　산길은 문자 그대로 구절양장 끊어질 줄 몰랐다. 차가 한 모퉁이를 돌아가려는 찰나였다. 오른쪽으로 멀리 하늘 높이 색다른 봉우리가 보였다. "마터호른이다!" 나는 자기도 모르게 소리쳤다. 그것은 우리가 흔히 생각하는 산과는 너무나 달랐다. 날카로운 오벨리스크가 맑은 하늘을 찌르는 듯했다. 그러나 오벨리스크는 순식간에 보이지 않았다.

　그러자 계곡이 끝나고 평지가 나타났다. 마을이 보이며 울긋불긋한 텐트촌이 눈에 들어왔다. 테슈라는 곳이다. 사람들은 차를 여기서 버리고 등산열차를 타게 된다. 환경 보호를 위해 가솔린 등을 연료로 하는 차량들이 들어가지 못한다. 역 앞에 있는 넓은 주차장에는 빈 데가 없을 정도로 차로 가득했다.

　개찰구에 짙은 곤색 제복을 입은 나이들은 역원이 서 있었다. 나는 그에게 체르마트까지 얼마나 걸리느냐고 이번에도 독일어로 물었다. "드라이시히 미누텐"이라고 했다. 30분 걸린다는 이야기였다. 열차를 기다리는 동안 근처에 있는 매점을 기웃거렸다. 나무로 만든 샬레 모형이 마음에 들었으나 값도 비싸고 짐이 되어 그만두고, 고산 화초 엔치안이 그려진 작은 재떨이와 마터호른의 릴리프가 들어 있는 배지를 샀다.

열차가 왔다. 내리는 사람보다는 오르는 사람이 많았다. 열차의 빛깔은 빨갛고 딱딱한 나무 의자였는데 이것이 오히려 알프스라는 분위기에 잘 어울리는 것 같았다. 계곡을 따라 오르는 차의 속도는 느렸다. 활짝 열어젖힌 차창으로 고산의 냉기가 흘러들었다. 뿌연 물이 바위를 깎으며 흐르고 쭉 뻗은 전나무 숲이 지나가고 또 지나갔다. 그러자 체르마트에 도착했다. 간소한 역에 내리니 남쪽 하늘 높이 마터호른이 우뚝 서 있었다. 드디어 발리스 알프스의 문턱에 온 것이다. 젊은 알피니스트들이 관광객 무리에 끼어서 지나갔다.

산마을 체르마트의 역사는 에드워드 윔퍼의 마터호른 초등부터 시작한다. 1865년의 일이다. 그 무렵 윔퍼가 묵었다는 호텔 몬테 로자가 지금도 그대로 남아있으며 역사적인 산악박물관도 있다. 그러나 체르마트에서도 이런 데를 돌아볼 시간이 없었다.

역을 나서니 마차들이 손님을 기다리고 있었다. 자동차가 테슈에서 묶이고 여기서는 마차가 유일한 교통수단이다. 우리는 마터호른으로 가는 로프웨이가 어디 있는지 몰라 우선 마차에 올랐다. 물론 호기심도 있었다.

인구가 1,500명 정도라는 체르마트는 샤모니보다 작아보였다. 그러나 거리의 생김새와 분위기는 이쪽이 훨씬 마음에 든다. 1킬로미터 남짓한 큰길은 비좁았지만 길가에 늘어선 검은 목조 건물이 풍기는 정취는 여기 아니면 맛보기 어려우리라. 이 샬레들은 레스토랑, 호텔 아니면 등산장비점이다. 건물 2층, 3층 벽에 'Haus zu vermieten'이라는 글귀가 여기저기 붙어 있었다. 임대하는 간이 숙박 시설인 셈이다. 체르마트에 여러 날 머물 경우 이런 데 묵으면 얼마나 좋을까 싶었다.

마차를 타고 기분도 내기 전에 우리는 벌써 내려야 했다. 굳이 마차까지 타야 할 거리가 아니었다. 마을이 끝나고 다리를 건너면 바로 로프 웨이가 있는 빈켈마텐이었다. 여기서는 마터호른이 한결 크게 보였다. 권 주재관이 어디까지 표를 사야 하는가 묻는다. 하기야 그도 여기는 처음이다. 매표소 건물에 들어서니 방향이 두 곳으로 나 있었다. 거리가 짧고 마터호른을 가까이 볼 수 있으리라 생각하고 슈바르츠제로 정했다. 표고 2,582미터라고 하니 샤모니의 에귀유 뒤 미디보다는 낮은 곳이다.

슈바르츠제에 이르는 사면은 비교적 완만했다. 계속 목초 지대가 내려다 보였는데 초원에는 등산로가 몇 갈래로 나 있었다. 10여 분이 걸렸을까 벌써 목적지에 도달했다. 언덕 위에 레스토랑 겸 호텔 건물이 있고 그 앞의 넓은 테라스가 관광객으로 붐볐다. 바로 눈앞에 마터호른이 그 고고한 모습을 완전히 드러내고 있었다. 4,478미터의 오벨리스크, 결코 알프스에서 가장 높은 봉우리가 아니면서 이 산이 그렇게도 유명한 까닭은 무엇일까. 그것은 특이한 생김새에 있다기보다는 오히려 그 오벨리스크를 감싸고 있는 넓은 허공 때문이리라.

1865년에 벌어진 윔퍼의 영광과 비극, 히벨러가 처음 쳐다보고 느꼈던 그 감격에 공감이나 하듯 나는 묵묵히 서 있었다. 발밑으로 작은 수면이 보였다. 검은 호수라는 뜻의 슈바르츠제였다. 마터호른 쪽으로 오솔길이 나 있다. 그 길을 따라 시선을 던지면 멀리 느높은 언덕에 건물이 보이는데 그것은 회른리 휘테에 틀림없다. 산장에서

나는 산과 같이 살아왔다 277

이어지는 능선이 스위스 쪽에서 오르는 유명한 회른리 그라트다. 이 산릉 4,000미터 부근에 솔베이 휘테가 있을 터인데 여기서는 보이지 않았다.

마터호른은 여기서 보는 것이 가장 아름답다. 옛날 윔퍼는 마터호른 시등을 일곱 번이나 하고 드디어 이 회른리 그라트로 올라갔다. 이 산릉은 오늘날 마터호른에 오르는 가장 쉬운 루트로 되어 있으며, 다리에 자신이 있고 어느 정도 바위를 탈 줄 아는 사람이면 누구나 오를 수 있다.

일반 등산가는 회른리 휘테를 떠나 솔베이 휘테에서 휴식하고 새벽 세 시경 헤드램프를 달고 정상을 공격한다. 이때 회른리에서 솔베이까지 세 시간 안에 오르지 못하면 마터호른에 오를 생각을 말아야 한다고도 한다. 그러나 마터호른 등반은 북벽으로 오르는 것을 말하는데 그 유명한 북벽 루트는 여기서 잘 보이지 않았다.

나는 레스토랑 매점에서 그림엽서를 사서 서울로 부쳤다. 그리고 혼자 슈바르츠제로 내려갔다. 건너편에 카펠레가 보이고 그 주위에 사람들이 쉬고 있었다. 윔퍼의 『알프스 등반기』에도 나오는 작은 성당이다. 나는 수면을 들여다보았다. 호수에 비친 마터호른의 그림자를 보고 싶었다. 그러나 그러기에는 마터호른이 너무 높았다.

에베레스트를 생각한다

에베레스트에 다녀온 지도 벌써 만 7년이 되어간다. 1977년 가을 에베레스트 원정에 참가했던 우리 대원들은 해마다 한두 번 모여서 옛 정을 나눈다. 처음에는 매달 한 번씩 모이자고 굳게 약속했지만 시간이 흐르며 그대로 지키기 어려워졌다. 젊은이들이 저마다 가정을 이루고 직장을 가지게 되었으니 그럴 수밖에 없었다.

우리는 모이면 으레 옛날이야기로 돌아간다. 좋았던 일보다 힘들고 괴로웠던 이야기의 꽃이 핀다. 그러다가도 신나던 분위기가 갑자기 조용해지는 순간이 있다. 고상돈이 화제에 오를 때가 그렇다. 그는 1979년 북미 최고봉 매킨리(6,191m)의 정상을 밟고 내려오다 사고를 당했다. 그때 그의 나이 서른이었다.

나는 그의 비보를 전해 듣는 순간 통곡했던 그날 또한 잊을 수가 없다.

에베레스트는 지금 어떻게 됐을까? 이러한 생각이 언제나 우리 머리를 떠나지 않는다. 금세기 초엽 일본 산악계의 큰 별이었던 오시마 료키치가 "베르그슈타이거는 누구나 산에 자기 하이마트를 가지고 있다."고 했는데, 우리에게 에베레스트는 이제 그러한 마음의 고향이었다. 우리는 1987년이 오면 이 고향을 찾아가자고 했다. 우리는 그날을 위해 여비를 저축하자고 모일 때마다 서로 다짐했다. 이러한 이야기에 모두 표정이 달라진다. 그저 밝아진다는 이야기가 아니라 저마다 먼 곳을 바라본다는 이야기다.

에베레스트가 눈앞에 나타난다. 8,848미터의 그 높이. 만년설을 쓰고 태고의 정적에 싸인 고고한 모습. 거기에 가려고 우리는 7년을 기다렸다. 전국에서 젊은이들이 삼사십 때로는 사오십 명씩 모여서 지리산 칠선계곡에서, 설악산 공룡능선에서 눈과 바람과 추위와 싸웠다. 산은 높지 않아도 한겨울에는 무서운 곳으로 변한다. 1976년 2월 16일, 설악골에서 훈련하다 세 명이 눈사태로 죽었을 때 우리는 모두 울었다. 이렇게 하고도 우리는 에베레스트에 가야만 했는가?

에베레스트는 정말 멀고도 험했다. 카트만두에서 산 밑까지 걸어서 한 달, 아열대의 밀림 속을 비를 맞으며 걷고 또 걸었다. 도중에 가을을 보내고 베이스캠프에 다다랐을 때에는 어느새 눈과 얼음의 세계로 바뀌었다. 해발 5,400미터 이곳은 에베레스트 산록이라지만 여기서도 에베레스트는 보이지 않았다. 그런데 이제부터 본격적인 등산이 시작된다. 아이스폴 지대에 사다리를 놓아가며 6,100미터 높이까지 길을 뚫는 데 닷새, 거기서 6,500미터 고소로 깊은 눈 속을 또 닷새…. 기압은 낮고 공기 중에 산소가 적어지며 숨이 가빴다. 가솔린이 제대로 타지 않는 이상한 히말라야 고산에 캠프 다섯을 건설하며 에베레스트 정상에 오르는 데 또 한 달이 지나갔다.

에베레스트의 날씨는 변덕스럽기만 했다. 눈의 복사열로 그토록 뜨겁고 자외선이 강해서 살이 까맣게 타고 입술이 갈라졌다. 구름이 하늘을 덮는가 하면 눈을 뿌리고 어느새 해가 나면 견디기 어려울 정도로 뜨거워졌다. 이를 악물고 여기까지 올라왔으니 누구나 그런 일에 기가 죽지 않았다. 결국 우리는 자연과 그리고 자기하고 싸울 때까지 싸울 수밖에 없었다.

그리하여 1977년 9월 15일은 우리 생애에 가장 기억할 만한 날이 됐다. 그러나 우리들 원정 대원 한 사람 한 사람의 머리에는 9월 9일이 더욱 강하게 새겨졌으리라. 첫 공격에 나선 박상렬이 에베레스트 정상을 눈앞에 두고 산소 부족으로 쓰러진 날이다. 그런데 박은 그날 밤을 8,700미터 죽음의 지대에서 결국 견디어 내고 살아서 돌아왔다. 그는 최고봉의 정상은 밟지 못했지만 세계에서도 한두 사람이 겪은 이 경이적인 생을 체험했다.

1978년 나는 몇몇 에베레스트 친구와 같이 북극 탐험에 나섰다. 우리의 목표였던 그린란드 아이스캡 지대의 북위 80도까지 끝없이 펼쳐진 대 설원을 800킬로미터나 달렸다. 육분의에 의한 특수한 항법을 몰랐다면 우리는 필경 지구의 미아가 되었으리라. 그러나 뭐니뭐니 해도 북극에서 가장 무서웠던 것은 시속 50킬로미터로 불어 닥친 블리자드와 영하 37도의 추위였다. 만일 이 상상하기 어려운 강풍이 맞바람이었더라면 그날 우리는 한 치도 전진 못했을 것이다.

북극 탐험에서 부대장을 맡았던 김영한은 1982년에 에베레스트 서쪽에 있는 고줌바캉(7,806m)에 초등정했다. 그리고 김병준은 1984년 에베레스트 남쪽 바룬체(7,066m)에 원정대를 이끌고 갔다. 이들 에베레스트 친구는 벌써 적지 않은 나이가 되었지만 히말라야에 대한 꿈을 버리지 않고, 일상생활에 매몰되기 쉬운 자기 주위의 젊은 이들을 일깨워 히말라야 오지에 스스로 도전했다.

  20세기 중엽만 해도 지구상에는 자연이 태초의 모습을 그대로 간직하고 있었다. 그래서 남극 대륙과 북극권에 대한 도전이 모험의 대상이 되는 한편 사람들의 눈은 세계의 지붕 히말라야 고봉으로 쏠렸다. 여기는 인간이 감히 접근할 수 없는 '성지'였다. 그러나 등산가들에게는 여기가 바로 그들의 뼈를 묻어도 아깝지 않은 곳으로 보였으리라.

  몇 세기 전에 모험가들은 항해술, 항공술, 통신 방법도 모르면서 미지의 세계로 뛰어들었으며, 금세기 등산가들은 문명사회를 버리고 반문명 속에 자기를 던졌다. 그리하여 2차 대전에서 오는 실의와 구속에서 풀려난 당시의 젊은이들이 자유를 찾아 인적이 미치지 않은 히말라야 비경으로 갔다. 1950년부터 64년까지 지구상에서 가장 높은 8,000미터 급들이 그들에게 다시 생기를 불어넣어 주었다.

  이제 히말라야에서는 기네스 북에 오를 만한 과제를 찾기 어렵게 됐다. 그런데도 세계 곳곳에 있는 고산군에 모여드는 젊은이들의 수는 늘어가고 있다. 새삼 난센의 말을 되풀이하지 않아도 사람은 고난과 역경 속에서 자라며 이 과정에서 인생을 확인한다. 이래서 우리는 생활에서 보람을 찾는다. 에베레스트는 우리에게 그런 세계였다.

북극의 여름

북극에도 여름이 있을까.

거대한 빙산과 백곰이 연상되는 북극에도 여름이 있을까.

1978년 8월의 이야기다. 내가 탐험대를 이끌고 북위 76도선을 넘어서 그린란드의 서북 해안에 도착했을 때 계절로 치면 북극은 한여름이었다. 덴마크의 서울 코펜하겐에서 보잉 707편으로 다섯 시간 걸려서 도착한 튤레 공항에는 입국절차도 세관 검사도 없었다. 창고 같은 건물에 쓴 '지구의 꼭대기'라는 글이 인상적이었다.

우리는 7킬로미터 떨어진 둔다스라의 바닷가로 이동했다. 눈에 보이는 세계는 황량하기만 했다. 목조 건물이 몇 채 있었지만 사람은 보이지 않았고 주위에는 한 그루의 나무도 없다. 처음 보는 들꽃이 돌밭에서 찬바람에 떨었다. 멀리 고지대는 눈이 덮이고 바다에는 크고 작은 빙산이 떠 있었다.

우리는 천막을 치고 짐을 정돈했다. 한쪽에서는 저녁 준비에 바빴다. 시간이 꽤나 된 듯 싶었는데 해가 중천에 떠 있다. 시계를 보니 밤을 가리키고 있지 않은가. 우리는 서로 웃었다. 북극의 여름은 종일 해가 지지 않는다는 것을 까맣게 잊고 있었다. 온도계를 보니 3도였다.

얼마 전 일이 생각났다. 그때 서울의 더위는 살인이라도 날 것 같았다. 라디오 인터뷰에서 출국 소감을 물어왔을 때, 나는 시원한 데로 떠나게 되어 국민에게 미안하다고 말했다. 1977년 에베레스트 산록에 도착했을 때도 8월 초순이었으니, 이태 여름을 서울의 무더위를 벗어나 눈과 얼음 속에서 지낸 셈이다.

북극에서 우리는 북위 80도선까지 가보려고 했다. 해안에서 빙하를 따라 오르면 만년설로 덮인 아이스캡 지대다. 눈과 얼음의 극지의 고지대이다. 우리가 가려는 곳은 해발 1,500미터의 내륙인데, 행동 거리는 왕복 800킬로미터이며 여기에는 개썰매가 필수 장비다.

둔다스라 바닷가에서 이틀을 묵은 후, 120킬로미터 떨어진 카낙이라는 에스키모 마을로 갔다. 헬리콥터로 한 시간 가까이 북상하니 밑에 마을이 나타났다. 에스키모 애들이 헬리포트로 달려오는 모습이 손에 잡힐 듯이 보였다. 청바지·부츠·선글라스·머플러… 세상 어디서나 보는 젊은이들의 차림이었다.

마을에서 떨어진 곳에 물이 흘러 막영지로 정했다. 그러자 에스키모 어른들도 찾아 왔다. 전혀 바깥세상을 모르는 그들에게 우리는 마치 우주인처럼 보였을 게다. 생김새는 우리와 같은데 말이 통하지 않았다. 우리는 서로 웃었다. 이럴 때 웃음은 소중한 도구로서 상대방에게 호감을 주고 안심시키는 역할을 한다.

카낙은 탐험대의 전략기지다. 여기서 에스키모와 사귀지 못하면 아무 일도 할 수 없다. 우리는 그들에게 우선 개썰매를 빌려야 했는데 말이 통하지 않아서 걱정이었다. 그러던 어느 날 백인을 만났다. 덴마크에서 온 교사였다. 그는 에스키모를 가르치기 위해 에스키모

여자와 결혼하고 부인을 본국에 유학시켰다며 그가 탐험대의 고충을 알고 돕겠다고 나섰다. 그래서 우리는 서로 영어로, 자기 부부는 덴마크 말로, 그리고 부인이 에스키모와 이야기하면 되지 않겠느냐고 했다.

우리는 멀리 서울과 미국에서 배로 온 짐을 정리하며 스웨덴에서 부쳐온 스노모빌을 조립하는 등 출동 준비에 바빴다. 에스키모들도 개의 건강을 살피고 썰매를 손질했다. 그들은 이밖에 고래 고기를 많이 마련했다. 이 고기는 그들의 식량이자 개의 먹이였다. 에스키모의 식생활은 특이했다. 농사를 지을 수 없는 이곳에서 그들은 고래나 바다 표범을 잡아서 날것으로 먹는데, 양념도 하지 않으니 이해하기 어렵다.

카낙에 머물면서 에스키모의 생활을 들여다보니 히말라야 산 속에서 사는 사람들이 생각났다. 이들은 복잡한 문화인의 생활을 모르고 살고 있었다. 갈 데도 없고 오락도 모른다. 배우지 않았으니 읽을 것도 없다. 그래서 술과 담배와 섹스가 그들의 유일한 낙인 듯했다. 애들이 글을 배우려 하지 않는다는 덴마크 교사의 말을 알 것 같다. 꿈과 미래가 없는 곳에 교육이 무슨 소용이 있겠는가. 그러나 그들은 건강하고 명랑하며 정다웠다. 적어도 문명사회의 현대인처럼 병들지 않았다.

북극의 여름은 하루하루 지내는 사이 마음에 들었다. 해가 지지 않으니 시간에 쫓기지 않았고, 시원하고 모기나 벌레가 없어 좋았다. 밖은 대낮 같아도 잘 때가 되면 에스키모 마을은 죽은 듯이 조용해진다. 여기저기서 개들이 일제히 하늘로 주둥이를 쳐들고 이상한 울음을 터뜨려 놀라곤 했는데 어느새 그 소리도 귀에 익었다.

8월 27일 탐험대는 에스키모 11명, 썰매 11대, 개 150마리와 함께 몇 척의 배에 나누어 타고 목적지로 떠났다. 밤 아홉시였다. 마을 사람들이 모두 나와서 손을 흔들었다. 그 사이에 정이 들었다는 이야기다. 카낙이 멀어지면서 바다 바람이 거세게 불었다. 방한복으로 무장했어도 소용이 없었다. 배가 빙산 옆을 지날 때 등에서 진땀이 났다. 바람을 피해 배 밑창으로 들어갔다. 에스키모가 홍차를 끓이는 동안 나는 물끄러미 그들의 석유스토브의 시퍼런 불길을 바라보고 있었다. 파도가 배를 가지고 놀았다. 나는 어두운 구석에서 잠이 들었다.

새벽 세 시가 되어 앙상한 해안에 닿았다. 짙은 안개가 바다를 덮고 있었다. 우리는 에스키모의 후속부대를 기다렸다가 이틀 후에 빙하를 찾아 떠났다. 쌍안경으로 빙하가 보였는데 지도에는 빙하까지 3일 걸리는 늪지대로 나와 있었다. 짐을 싣고 400킬로그램이나 되는 썰매가 늪지대를 달릴 때 우리는 모두 입을 벌렸다. 에스키모는 개를 사정없이 몰았다. 비가 내렸다. 발목까지 빠지는 속에 찬비를 맞으니 차라리 강추위가 나아보였다. 빙하가 가까워지며 비가 눈으로 바뀌었다.

넓은 돌밭이 나타났다. 이것은 빙하의 말단을 뜻한다. 에베레스트의 쿰부 빙하가 이렇다. 에스키모들은 썰매의 짐을 모조리 풀었다. 앞으로 가까운 돌밭을 넘어가야 했다. 에스키모는 히말라야 인부와 달리 짐을 나르지 않는다. 그 대신 그들은 개썰매를 끌고 돌밭을 가느라 고생했다.

돌밭을 넘어서니 빙하가 눈앞에 나타났다. 빙하는 마치 파도 채 얼어붙은 바다처럼 보였다. 길이는 16킬로미터 정도, 여기를 거슬러 올라가면 해발 1,500미터의 설원이다. 저녁 여섯 시에 비탈진 얼음 바다를 오르기 시작했다. 무거운 썰매가 이런 데를 올라가리라고는 미처 생각하지 못했다. 그날 밤은 빙하 한가운데 천막을 쳤다.

다음날 에스키모들이 백곰 털 바지와 순록 가죽 자켓, 그리고 해표 가죽 장화 등으로 방한 차림을 했다. 앞으로 추위가 심해지는 것을 그들은 알고 있었다.

빙하를 벗어나 아이스캡에 이르자 세계가 달라졌다. 사방이 끝없는 망망대해다. 썰매는 시속 6킬로미터로 달렸다. 에스키모가 '하쿠 하쿠' '아치아치' 하면서 개들을 몰았다. 나는 지도와 나침반을 대조하며 썰매의 방향을 조절했지만 과연 제 길로 가고 있는지 자신이 없었다. 1,000미터마다 빨간 표지가 달린 대나무를 세웠으나 광활한 설원에서는 눈에 띄지도 않았다. 몸이 꽁꽁 얼고 눈보라가 사정없이 얼굴을 때렸다.

설원은 죽음의 세계다. 눈과 얼음과 바람 외에는 아무것도 없다. 이 불모지를 아침부터 거의 자정까지 달리는 것이 일과처럼 되어 있었다. 날씨가 좋을 때 북위 80도까지 갔다 돌아와야 하는데 그러려면 강행군을 해야 했다. 하루 주행 거리 평균 50킬로미터, 두 시간마다 10여분 씩 쉬었다. 개의 발에서는 피가 났다. 이런 행진이 며칠 계속되자 에스키모의 얼굴에 불안한 기색이 보였다. 해변에서만 살던 그들로서는 끝이 안 보이는 내륙 지대가 무서운 모양이었다.

북극의 여름은 짧았다. 설원을 달리는 사이에 날로 기온이 내려가고 해가 눈에 띄게 기울었다. 9월 5일, 북이 79도선에 전진 기지를 세우자 기온이 영하 37도로 뚝 떨어졌다. 밤새 눈보라가 몰아치고 발동기가 얼었다. 나는 물을 끓여 수통에 넣고 이것으로 몸을 녹였다.

방한복을 입은 채 침낭 속에 들어가 뜨거운 수통을 껴안고 잠을 재촉했다. 공기를 베는 바람 소리, 눈과 얼음이 천막을 때리는 소리에 나는 잠을 이루지 못했다. 그러한 고생이 계속되는 가운데 우리는 북위 80도선에 다다랐다.

800킬로미터에 달하는 북극 탐험의 길은 파도 높은 해로와 늪지대를 뚫고 비와 바람과 눈과 추위와 싸우며 망망대해의 아이스캡 지대를 한 달 가까이 달리는 길이었다. 이렇게 해서 무사히 카낙으로 돌아왔으니 이것으로 우리의 여정은 끝난 줄 알았다. 그런데 이때 블리자드가 다시 휘몰아쳤다. 여름인 줄 알았던 북극에 어느새 겨울이 쫓아온 것이다.

그린란드의 여름은 이름뿐이었다. 백야를 노래하던 에스키모 마을에서도 밤이 깊어가서 등불을 밝혀야 했다.

설악의 별

10년 전의 설악은 아직 처녀지나 다름없었다. 정초에 그곳을 다녀오다가 속초의 객사에서 어느 산악회 간부의 회고담을 듣고 그 느낌을 더욱 깊이 했다.

산은 누구에게나 열려 있다고 하지만 설악과 지리 그리고 한라는 역시 아무나 그리고 아무 때나 갈 수 있는 곳은 아니다. 이와 같은 산악 지대는 아직 태고의 모습을 그대로 간직하고 있는 곳이 많다.

그런데 설악도 많이 변했다. 몰려드는 유산 인파로 곳곳에 길이 생기고 웬만큼 걷는 사람이면 열 시간 안팎으로 내·외설악을 횡단하거나 종주 한다. 한 예로 내설악 쪽에 있는 백담사 근처에서 아침 일찍 떠나면, 오세암을 지나 마등령을 넘고 해질 무렵에는 외설악 비선대로 내려간다. 한편 설악동에서 케이블카로 권금성에 올라 화채봉 능선을 따라 대청봉을 넘어 오색 약수터로 가기도 한다.

이렇게 달라진 설악이기는 하지만 깊은 눈으로 덮인 엄동의 설악을 찾는 사람은 거의 없다. 경험을 쌓은 사람이 아니면 높은 산의 겨울철 등행은 어렵기 때문이다.

가을의 백담 산장은 사람들로 붐벼서 그 앞뜰에 텐트를 친 적도 있었는데, 이번 산행에는 산장도 오세암도 텅 비어 있었고 내설악 전체가 아주 조용했다. 오세암에서 일박 하던 날 밤하늘의 별들이 머리 위로 금방 쏟아질 듯했다. 마등령 오르는 길에 간간히 들려오던 딱따구리가 나무 쪼는 소리-슈토름의 말을 빌리면 Urtone, 즉 태고의 음율. 눈 위에 새겨진 산짐승들의 발자국, 바위에 매달린 고드름과 여기저기 쓰러져 있는 고사목들… 이 모두가 티 없고 꾸밈없으며 요구하지 않는 조용한 대화의 대상이었다.

마등령에서 정남 방향으로 톱날같이 생긴 공룡능선이 뻗어 있다. 바로 이 능선으로 내설악과 외설악이 갈라지는데, 설악의 절묘에는 이 공룡능선이 크게 한 몫을 한다. 동해에서 밀려오는 안개나 구름이 이 능선 허리에 걸리면 설악동과 천불동 계곡을 모두 덮고 화채봉과 대청봉 그리고 공룡능선의 일부가 구름 위로 섬처럼 떠오른다. 그것은 한 폭의 산수화다.

공룡능선과 대청을 잇는 고개에 희운각 대피소가 있다.

열다섯 살도 안 되어 보이는 어린 형제가 여기를 지키며 이따금 멀리 설악동에 내려가서 물건을 해다가 산에 오는 사람들에게 팔고 있었다. 어린애들은 일찍이 부모를 여의고 지금은 아저씨뻘 되는 사람을 따라 이 대피소에 와 있었다.

그런데 며칠 전 어른이 서울 가고 없는 사이에 누군가 들어와서 물건 해다 놓은 것을 몽땅 털어갔다고 한다. 아저씨가 돌아오면 야단맞게 되었다고 겁내면서도 형제가 저마다 이런 이야기 저런 이야기를 돌돌 재미있게 쏟아놓는 바람에 희운각의 밤이 깊은 줄을 몰랐다.

모르겐로트가 대청을 물들이고 있는 것을 바라보며, '77년 에베레스트 원정을 위해 훈련대가 베이스캠프를 치고 있던 1275 고지로 다시 오르는 길에 문득 생각난 것은, 오세암에서 본 밤하늘의 별과 희운각에 있었던 인해(人害)가 이 깊은 대자연 설악에 공존하고 있다는 이해하기 어려운 현대 사회의 논리였다.

봉정암의 샘물

해마다 여름이 오면 봉정암의 샘물이 생각난다. 내설악 깊숙이 산허리에 자리 잡은 오래된 암자에서 솟아 나오는 그 얼음같이 찬 물의 이야기다.

먼지에 덮이고 공기가 탁하며 소음에 짜증스러운 도시를 빠져나가 강원도 용대리에서 버스를 내려 백담사 골짜기로 들어서면 첫눈에 들어오는 것이 있다. 맑다 못해 물감을 풀어 놓은 듯이 파란 골짜기의 물이다. 산이 깊을수록 물이 맑은 법이지만 언제 지나가도 여기 물의 인상은 새롭기만 하다.

우리나라는 예로부터 산자수명한 곳으로 물이 좋다. 그러던 우리가 어느새 물맛을 걱정하게 되었다. 몇 해 전까지도 사람들은 상수도나 자가 수도로 살아왔는데 요새는 음료수에 대한 대책을 따로 세우는 가정이 늘고 있다. 서울 변두리에서 산에 올라가 석간수나 옹달샘의 물을 긷는 일이 성행하고 있다. 어른 아이 할 것 없이 크고 작은 플라스틱 통을 들고 이른 아침부터 저녁 늦도록 산길을 오르내리는 모습은 근래에 생긴 하나의 풍속도다.

유럽에서는 어느 도시에 가도 식당에서 물을 주지 않는다. 목마른

자는 병에 든 음료수를 사야 한다. '에비앙'이라고 하는 이른바 미네럴 워터인데, 처음 유럽을 찾는 사람은 대개 이 일에 당황한다. 프랑스 정부에서는 수돗물을 마셔도 괜찮다고 선전하지만 오랜 습관에 젖은 국민은 좀처럼 믿지 않고 에비앙이나 맥주를 마신다. 히말라야의 물이 뿌옇고 마시면 배탈이 난다지만 유럽도 토질 관계로 물이 좋지 않은 모양이다.

백담사에서 봉정암까지는 반나절 길. 이 조용하고 아름다운 수렴동과 가야동 계곡을 모르는 사람은 인생을 헛살아 온 셈이다. 다만 마지막에 가파른 비탈길을 오르는 일이 많은 사람에게 적지 않은 땀을 흘리게 한다. 그러나 끝내 봉정암 산장에 여장을 풀 때, 손을 담글 수 없으리만큼 찬 그곳의 샘물이 노고의 대가를 천 배 만 배 갚아 주리라.

죽음을 두 번 이긴 사나이

―――

 1976년 2월 16일, 내설악과 외설악을 가르는 공룡능선에서 큰 눈사태가 일어났다. 1275 고지와 범봉 사이에 깊은 골짜기가 삽시간에 평지로 바뀌었다. 이때 산더미 같은 눈에 밀려 한 청년이 밖으로 튀어나왔다. 정신이 들어 주위를 살피니 편편한 눈 위로 손이 나오고 또 한 곳에는 발이 보였다. 그가 재빨리 손과 발의 주인들을 끌어낸 것은 물론이다.

 이날 우리는 세계에서 가장 높은 에베레스트의 원정을 앞두고 설악산에서 훈련하고 있었다. 비선대에서 천불동 계곡을 따라 가노라면 오른쪽으로 설악골이 나온다. 여기가 훈련대의 베이스 캠프였다. 히말라야와 같은 고산지대에서는 이른바 극지법이라는 등반 방식으로 조금씩 고도를 높여간다. 그래서 우리도 그 기본 전술에 따라 설악골로부터 시작하여 공룡능선으로 캠프를 전진시키고 있었다.

 겨울철 설악은 언제나 눈이 깊고 공룡능선의 급사면에는 커다란 얼음폭포가 생긴다. 표고가 낮은 우리나라 산에서는 설악의 추위와 눈과 빙폭이 히말라야를 겨냥하는 자들에게 크나큰 매력이다.

 훈련대는 6인 1조로 된 다섯 조와 지휘본부로 구성되어 있었다. 훈련이 시작되면서 기다렸던 눈이 오기 시작했다. 우리는 모두 좋아했다. 다음날부터 눈송이가 굵어지며 베이스캠프 주변에 갑자기 설화가 만발했다. 훈련 상황을 취재하러 온 KBS의 카메라맨들이 설경에 도취되어 어쩔 줄을 몰랐다.

그런데 하루 이틀 지나는 사이에 눈이 폭설로 바뀌었다. 삼일 째부터 근심이 일기 시작했다. 시야가 흐려지고 베이스캠프와 전진 캠프 사이에 통신마저 끊겼다. 이날 캠프를 전진시켜야 할 선두조가 눈 속을 헤매다가 설악골로 되돌아왔다. 이제는 훈련을 멈추고 날씨가 좋아지길 기다리는 수밖에 없다는 생각이 들었다.

그러나 전진 캠프에 나가있는 대원들은 계획에 따라 움직였다. 그리하여 1275 고지 밑에서 하룻밤을 보낸 A조가 폭설로 고립된 캠프지를 탈출했다. 그런데 그들이 잦은 바위골을 빠져 나가려는 순간 표층 눈사태가 일어나 대원 여섯이 묻혔다. 그때 한 청년의 침착하고 민첩한 행동으로 두 동료가 극적으로 살아났다. 나머지 세 대원의 시체를 찾은 것은 그로부터 사흘이 지난 뒤였다.

청년의 고향에는 노모가 있었다. 설악의 눈사태에서 있었던 일을 아는 어머니가 아들을 놓아줄 리가 없었다. 청년은 결국 히말라야 가는 일을 포기했다. 그 후 그는 우리의 에베레스트 등정 소식을 듣고 얼마나 울었는지 모른다.

그러자 그의 가슴에 맺혔던 한이 풀릴 날이 왔다. 1979년 5월 29일, 그는 고상돈과 함께 북미의 최고봉 매킨리 정상에 섰다. 그에게는 에베레스트에 오른 거나 다름없는 감격의 순간이었으리라.

나는 산과 같이 살아왔다

북극권에 가까운 매킨리의 여름은 '화이트 아웃' 현상으로 클라이머를 괴롭혔다. 방향을 분간하기가 어려웠지만 그들은 산을 내려가야만 했다. 짐을 모두 마지막 캠프에 두고 올라왔기 때문에 비박장비가 없었다. 정상에 섰던 세 사람은 지칠대로 지친 몸을 끌고 발밑을 더듬었다. 그때 누군가가 휘청거렸다. 순간 한 동의 자일에 같이 몸을 맨 그들은 깎아지른 설벽으로 한꺼번에 굴러 떨어졌다.

그가 눈을 뜬 곳은 앵커리지의 어느 병실이었다. 지난날 설악에서 그는 두 사람을 살렸지만 이번에는 둘이 죽고 자기 혼자 남았다. 모진 목숨이라는 말로 설명이 족한지 모를 일이다.

그 후 그는 서울대학병원에서 1년간 누워 있다가 고향인 제주도로 내려갔다. 김포공항을 나갈 때, 할 말을 못 찾고 머뭇거리는 나를 보고 그가 억지로 웃어보였다. "회장님, 걱정 마세요. 이것만 있으면 무엇이나 할 수 있으니까요."

그는 한쪽 손을 내밀었다. 손에는 잘 놀지 않는 엄지손가락과 가운데 손가락이 있었다. 매킨리 1,000미터 설벽에서 떨어지며 목숨은 건졌으나 손가락과 발가락을 거의 다 잃은 것이다.

나는 기구한 운명의 사나이 박훈규의 손을 잡은 채 할 말을 모르고 입술을 깨물었다. (1980)

바인타 브락에 지다

 지난 4월호 리더스 다이제스트에 「등산은 목숨을 걸 만한가」라는 글이 실려 있었다. 필자는 어려운 등반 중에 옆에 있던 친구가 갑자기 허공으로 사라져 없어지는 참사와 슬픔을 여러 번 겪으면서도 끝내 산을 떠나지 못하고 있다.

 무엇이 그를 이렇게 만드는가. 이 글에 대한 관심과 반응은 일반 독자보다는 산사나이들이 더 보였던 것 같다. 필자의 문제가 등산을 즐기는 우리 모두의 문제인 때문이리라. 산악인의 죽음은 등산의 역사와 같이 시작됐으며 그 어느 것은 등정 자체보다 값진 것으로 기록되었다. 말로리의 죽음이 그 대표적인 사건이다.

 1924년 영국이 에베레스트에 제 3차 원정대를 보내려던 무렵 한 신문기자가 말로리에게 "산에 왜 가는가"고 묻자 그는 "산이 거기 있으니까"라고 대답한 것은 유명한 이야기다. 말로리는 어빈과 같이 에베레스트 정상을 눈앞에 둔 8,500미터 능선에서 소식을 끊었다.

 그들의 죽음에 대한 의문은 그로부터 반세기가 지난 오늘날까지 풀리지 않은 채 수수께끼로 남아 있다. 그러나 영국이 이러한 희생 뒤에도 계속해서 끈질긴 활동을 벌이고 드디어 1953년에 에베레스트 정상에 선 것은 그들의 목표가 세계 최고봉이었기 때문이다.

이번에 바인타 브락과 한국 클라이머들의 관계는 카라코룸 고산 지대가 우리에게는 미지의 세계고 그 속에 있는 바인타 브락 II봉이 난공불락의 처녀성을 지키고 있다는 데서 시작됐다. 지난 1979년과 80년에 세계 3대 북벽으로 알려진 유럽 알프스의 아이거, 마터호른, 그랑드 조라스 등을 등정 하는 데 성공한 악우회의 젊은 클라이머들이 카라코룸의 바인타 브락에 눈을 돌린 것은 당연한 일이다.

악우회는 처음부터 이번 원정의 어려움을 알고 있었다. 바인타 브락은 단순한 처녀봉이 아니라 이미 1975년과 79년에 일본과 영국 등 반대의 접근을 완강히 거부했던 곳이다.

등산의 세계는 대체로 깎아선 암벽과 톱날 같은 능선, 눈과 얼음, 고도와 허공을 특징으로 하고 있으며, 고도가 높아질수록 기압이 낮고 산소가 적어지며 여기에 강풍과 혹한이 겹쳐 등산 조건이 더욱 어려워진다. 이러한 가혹한 환경 속에서 장시간 행동하는 등산가들의 육체적 정신적 노력은 자연 한계점에 부딪친다. 이번에 바인타 브락 정상을 공격하려고 나섰던 젊은이들도 필경은 이러한 한계 상황에 놓이고 말았으리라. 그들의 행동을 추구할 때 그들이 얼마나 절박한 곤경에 빠졌던가를 알 것 같다.

오늘날 등반의 기술은 고도화하고 장비도 크게 개선되었으며 이러한 기술과 장비를 마음대로 쓸 수 있는 유능한 클라이머들의 수가 날로 늘어가고 있다. 그러나 일단 빅 클라이밍을 추진하려면 구성원의 자격 요건으로서는 이밖에도 책임감이니 협동심이니 동지애니 하는 정신적 요소가 등반 기술과 체력에 못지않게 중요시 된다. 극한 상황에서 최종적인 힘의 거점은 기술에 있지 않고 인간애에 있다. 이정대의 죽음은 바로 이 사실을 말해주고 있다.

많은 사람이 그들의 생애를 산에서 보냈다. 그러면서 어떤 이는 정상에 섰고 어떤 이는 비운에 갔다. 산에서 입은 상해로 일생을 불구의 몸으로 지낸 사람도 적지 않다.

산과의 만남이 사람에게 미치는 결과는 이처럼 다양하다. 명예와 비극과 실의는 알피니즘의 세계를 점철하고 있다. 그러나 산악인은 안이하고 무기력한 문명사회에서 잠시나마 탈출을 시도하고 황량한 고산에서 묵묵히 자기 행동을 계속한다.

등산은 무상의 행위라는 특징을 가지고 있으면서도 한편으로는 탐구욕과 정복욕에서 오는 행위다. 그러기에 등산은 결과만을 중요시하지 않고 과정 또한 높이 평가되고 있다. 오늘날 세계 등반사에 이름을 남긴 사람들을 보면 그들이 모두 산과 맺은 관계에 따라 평가되고 있음을 안다.

1865년, 창공을 찌르듯이 솟아 있는 알프스의 오벨리스크로 이름난 마터호른을 초등하고 내려오다 자일이 끊어져 일행 일곱 가운데 넷이 추락사 하게 되어 영광과 비극의 사나이로 이름난 영국의 에드워드 윔퍼, 19세의 약관에 단독으로 알프스 고봉에 많은 초등 기록을 남기고 1899년 바이스호른 설벽에서 사라진 독일의 게오르그 빈클러, 험준한 등로를 개척해야 한다고 역설하며 신등정주의를 제창하여 현대 알피니즘의 길을 연 알버트 프레드릭 머메리, 선구자로서의 머메리의 명성은 1895년 낭가 파르바트에서 돌아오지 않게 되자 더욱 높아졌다.

이들은 모두 전세기에 활약한 알피니스트들이지만 금세기에서는 먼저 1950년 안나푸르나를 등정하여 인간으로서 처음으로 8,000미터의 한계를 넘어서서 이름난 프랑스의 모리스 에르조그가 있다. 그러나 1786년 유럽 알프스의 최고봉인 몽블랑 등정으로 시작된 등산의 세계에서 커다란 발자취를 남긴 거인이 어찌 여기서 그치랴.

우리는 등산가이면서 산악문학의 정점에 선 프랑스의 에밀 자벨을 뺄 수 없고, 난공불락으로 알려진 마터호른 북벽을 올라간 뮌헨의 슈미트 형제의 탁월한 능력에 놀라며, 16명의 생명을 일시에 삼킨 독일의 운명의 산 낭가 파르바트를 단독 속공으로 등정한 헤르만 불의 강철같은 의지에 경의를 표한다. 이러한 200년 등반사의 결산은 에드먼드 힐라리의 에베레스트 등정이리라.

우리는 이들 등산계의 거인들에게 주어진 명성이 한결같이 뛰어난 기술과 강인한 체력 그리고 불굴의 투지에 연유하고 있음을 안다. '어느 가이드의 죽음'이라는 프랑스 산악 영화가 있었다. 탈출이 어려워지자 손님 파트너를 살리려고 자기의 생명줄인 자일을 끊은 알프스의 가이드……

그는 준엄할 정도로 자기 직업에 충실했다. 그런데 바인타 브락의 비보는 픽션이 아니다. 그것은 관념의 유희가 모든 참된 생의 의욕과 행동위에 군림하고 천박한 사상과 행동이 판치고 있는 오늘의 우리 생활에서 상상하기조차 어려운 한 사나이의 인간애가 드러난 사건이었다.

나는 내가 경외하는 세계 산악인의 명단 안에 바인타 브락에 진 한국의 산악인 이정대의 이름을 기록할 것이다. (1981)

죽은 자를 욕하지 말라

죽은 자는 말이 없다지만 죽은 자를 두 번 죽이지 않는 것이 우리의 마음씨다.

지난 인수봉 조난 사고를 취재 보도한 일부 매스컴의 태도는 그 상황을 아는 사람의 마음을 한없이 아프게 했다. 등반 중에 죽어간 이들에게도 위기를 피하지 못했던 책임이 있다면 있을 것이다. 그러나 그들이 직면했던 처절한 상황을 자세히 알고 이해하는 사람이 과연 몇이나 될까. 하물며 그들이 어떻게 싸우다 죽어갔는지 아는 사람은 더욱 적으리라.

마지막에 극적으로 구출된 어느 젊은이는 죽은 동료의 도움으로 살아났다고 했는데 그 내용은 차마 밝힐 수가 없을 정도다. 조난 현장에 오르는 도중 '산을 모르니 어떻게 취재하나…' 혼자 중얼대며 스쳐간 어느 젊은 기자가 인상적이다. 산을 모르지만 취재에 나서지 않을 수 없었던 조직속의 청년을 나는 동정한다. 그는 솔직했다. 그러나 그토록 흥분하고 앞을 다투며 보도전을 벌였던 매스컴의 보도 결과를 보고 실망을 금할 길이 없었다.

사건을 너무 피상적으로 분석, 평가한 데 문제가 있다. 사회는 매스컴의 보도를 그대로 믿을 테니 죽어간 생명이 불쌍할 따름이다. 조난자들은 보도된 대로 과연 등산에 무지하고 경솔한 젊은이들이었을까.

1971년 11월에도 역시 일기의 급변으로 일곱 명의 젊은이들이 인수봉에서 목숨을 잃었다. 그때 어느 신문에선가 사건을 보도하면서 '피톤'을 '픽톤'이라고 큰 활자로 써가며 마치 전문가의 안목을 가진 듯 준열히 죽은자들의 '경솔'을 꾸짖었던 일을 기억한다.

그런데 이번에는 어떤가? 조난자들이 '아이젠'을 신지 않았다고 비난한 신문이 있었다. 나는 그 기자에게 '아이젠'을 본 일이 있느냐고 되묻고 싶다.

사고 내고 잘했다고 할 수는 없다. 그러나 사고 때마다 원인은 정확히 밝혀져야 하고 대책도 강구되어야 한다고 누구나 말하지만, 그러한 요구가 어디까지나 정당하다고 보아야 할는지 모르겠다.

이번 조난자들의 장비를 보면 거의 완벽했다. 본격적인 등산화와 보조구들(잼너트, 하니스 등)을 갖추고 있었다. 그리고 조난 장소가 모두 루트의 상단부 아니면 하강 길이었던 것으로 볼 때, 희생된 사람들의 등반 경험에는 큰 하자가 없었던 것을 알 수 있다.

휴일 인수봉은 수백 명의 클라이머로 붐비는 것이 보통이다. 그러니 이번 부활절 주일엔 얼마나 많은 사람이 몰렸을까 가히 짐작이 간다. 그러한 상황에서 일기의 돌변을 뚫고 거의 모든 사람이 하산하고, 이들 20여 명만이 끝까지 악전고투했다는 것은 무엇을 의미하는가. 이 조난이 있은 뒤 미국의 「클라이밍」지와 서독의 「베르그슈타이거」지에 인수봉이 크게 보도됐지만, 인수봉은 우리 젊은이들의 소중한 인생 도장이다.

  우리는 이곳에서 쌓은 경험을 에베레스트와 마나슬루, 안나푸르나에 펼칠 수 있었고, 이곳에서 얻은 기량으로 유럽 알프스의 3대 북벽과 북남미의 최고봉에 도전했다. 그 영광이 한국 청년들에게 주어지기까지 그들은 인수봉에서 얼마나 많은 피와 땀을 흘렸는지 모른다. 그 영광은 따뜻한 안방에서 텔레비전에 정신을 팔고 있을 때 결코 주어지지 않는다. (1983)

무엇 때문에 손을 대나

스위스에 가면 세계의 공원이라는 말을 실감한다. 이러한 스위스의 아름다움은 어디서 왔을까. 그것은 바로 그 나라의 '천연자연'에 있다고 본다. 다시 말해서 스위스 사람들은 그들의 자연을 있는 그대로 보존해 왔다는 이야기다.

스위스에는 사시사철 흰 눈을 쓰고 있는 웅대한 알프스의 연봉과, 그 밑을 감싸고 있는 쭉쭉 뻗은 전나무 숲, 그리고 넓고 푸른 목초장들이 있다. 여기에 그들이 손댄 것이 있다면 산록에 조성한 목초장 정도인데, 그들은 자연에 '샬레'를 짓고 창가를 언제나 빨간 제라늄으로 장식한다. 그래서 스위스는 더욱 아름답게 보인다.

우리나라를 생각한다. 알프스같이 높은 산은 없어도 '산자수명'이라는 말이 우리나라만큼 들어맞는 곳도 이 세상에는 드물다. 분명한 네 계절, 철을 따라 피어나는 야생화의 군락-개나리, 진달래, 철쭉에 이어 고원지대를 덮는 원추리 꽃밭과 도라지, 결코 요염하지 않으며 소박하기만한 이 꽃들은 부드러운 우리나라 산세에 잘 어울린다.

여기에 하늘은 어떤가. 서양 사람들 글에는 이탈리아의 하늘에 매료된 이야기가 자주 나온다. 지중해를 끼고 있는 이탈리아 풍토가 우리나라와 비슷하다고 하지만 그 하늘이 유난히 파란 것은 사실이다. 그러나 서양 사람들이 이탈리아의 하늘을 그토록 예찬하는 것은 한국을 보기 전의 이야기다.

유럽은 현대문명의 발상지요, 잘 사는 나라 선진국으로 누구나 동경하는 곳이다. 그러나 그들의 자연은 대체로 가혹하다. 음산한 긴 겨울이 그것을 잘 말해주고 있다. 이렇게 생활환경이 거칠다 보니 생존을 위한 그들의 노력이 필요했고, 그 결과가 선진문명을 나은 것이 아닐까. 자연을 스승으로 보는 지혜가 여기에 있음직하다.

눈을 돌려 서울 시내에서 우이동과 의정부 방향으로 가다 보면 가까이 북한산과 도봉산이 나타난다. 그런데 어디서 본 듯한 그림이다. 세계의 관광지로 이름난 오스트리아의 인스브룩의 중심가 마리아테레지아 거리에서 카르벤델 산군의 연봉을 바라보는 느낌이다. 그것은 또한 이탈리아의 돌로미테 암봉군이나 샤모니의 침봉군 일부를 서울에 옮겨다 놓은 듯 하다면 과장일까.

도대체 지구 위 어느 나라의 수도가 근교에 이와 같은 자연을 가지고 있단 말인가? 뉴욕은 센트럴 파크를, 런던은 하이드를 만들었고 파리는 불로뉴의 원시림을 거대한 자연공원으로 남겼다. 그들에게는 도시 가까이 산이 없었기 때문에 그렇게라도 해야 했다. 그런데 프랑스의 경우를 보면, 도시의 설계와 조경을 오스만이라는 한 사람의 아이디어와 그의 추진력으로 이룩하여 오늘의 파리가 탄생했다고 하니, 지금으로부터 100년 전 그 옛날에 벌써 그러한 혜안과 식견을 가지고 있었다는 이야기다.

파리에서 차로 한두 시간 거리에 퐁텡블로 숲이 있고, 그 속에 작은 바위산들이 널려 있어 프랑스의 젊은이들이 여기서 클라이밍 연습을 한다. 그러나 그 자연 조건이 어찌 우리 북한산이나 도봉산의 바위터와 견줄 수 있겠는가.

요즈음 등산 인구가 엄청나게 늘었다. 그래도 산길을 가노라면 꿩과 산비둘기가 발밑에서 푸드득 날아가서 사람을 놀라게 한다. 군데군데 수줍은 듯이 피어있는 도라지와 원추리 꽃, 옹달샘과 석간수의 물소리가 산의 고요함을 더해준다. 이러한 우리 주변의 자연이 날로 잊혀져가고 있는 인생의 감격과 환희를 다시 일깨워준다.

20여 년 전에 일본에서 이러한 논쟁이 벌어졌다. 고산 지대로 이름난 일본 알프스에 케이블카를 놓는 문제였는데, 산은 산사나이들의 독점물이 아니므로 그 아름다움을 만인에게 개방하자는 주장과, 어려움을 극복하고 정상에 설 때 얻는 성취감이 인간에게 감격과 자신을 안겨주므로 손을 대서는 안 된다는 주장이 맞섰다.

금세기 전반기에는 에베레스트 무산소 등정에 대한 찬반 논쟁이 끈질기게 벌어졌다. 찬성파는 인간 능력의 한계를 넘는 곳에는 문명의 힘을 빌려야 한다는 것이고, 반대파는 바로 그 한계에 도전하는 데 에베레스트를 오르는 뜻이 있다고 했다. 인천에 사는 젊은이가 목발을 짚고 성한 사람들을 안내해서 설악산을 넘은 일이 있다.

자연은 언제나 자유의 세계며 산은 자유의 심볼이다. 괴테가 산마루에 자유가 있다고 한 것도 그런 뜻이리라. 그러니 인간은 능력껏 산을 대하면 된다. 약자는 약자대로 강자는 강자대로 산에 오르고 바위를 타고 정상에 서라. 거기에 나름대로의 용기와 모험이 필요하며 거기서 감격을 얻으리라. 이 모든 가능성이 그대로 공존하는 세계가 바로 대자연이다. 그러니 여기에 인간이 더 무엇을 손대겠다는 것인가.

 '자연보호'라는 말이 우리 사회에 상투어로 된 지도 오래다. 그런데 이 말이 가지는 정확한 뜻은 무엇일까. 아무리 생각해도 그것은 잘못 알고 잘못 쓰고 있는 것만 같다. 우리나라에서 '자연보호'라는 구호가 거의 산에 쓰레기를 버리지 말라는 뜻으로 쓰고 있으니 말이다. 물론 산에 쓰레기를 버려 좋을 리가 없다. 그러나 쓰레기가 아니라 그리고 쓰레기만이 산과 자연을 직접 파괴하는 것은 아니다. 이보다 더 위험한 것은 산불과 풍수해와 공기오염에서 오는 파괴다. 그래서 독일에서는 자연보호를 이야기할 때 반드시 환경보호 문제를 다룬다.

 '자연보호'라는 개념에는 자연미를 그대로 유지한다는 소극적인 의미보다는 자연을 자연대로 보존한다는 적극적인 뜻이 앞선다. 그러기 위해서는 자연이 파괴되지 않도록 하는 일이 가장 중요하다. 자연은 인간의 힘으로 만들 수 없기 때문에 있는 그대로 두는 길이 자연보호의 핵심이다.

 스위스 발리스 알프스의 관문인 체르마트라는 산촌에는 자동차가 못 들어간다. 차의 배기 가스가 알프스의 맑은 공기를 오염시키고 산의 나무를 죽인다는 것이다. 미국의 국립공원에서는 담배꽁초를 함부로 버리지 못한다. 독일이나 오스트리아에는 알프스 산간 지대에 이른바 '반데룽' 코스가 잘 정리되어 사람들이 이 산장에서 저 산장으로 며칠이고 걸어갈 수가 있는데, 도중에 막영이나 취사를 하지 못하며 나무 열매나 버섯, 고사리 따위도 뜯지 못한다.

한편 지구의 꼭대기 북극권에 있는 그린란드는 우리나라의 20배가 넘는 큰 섬이자 대륙인데 인구는 5만에 불과하다. 그런데 덴마크 행정부는 여기에서 살고 있는 에스키모들의 집 변기에 비닐봉지를 깔고 오물을 모았다가 쓰레기장에서 태운다. 그 한없이 넓고 넓은 북극해에 실오라기 같은 소변도 들여보내서는 안 된다는 무서운 자연보호 의식이 그들 관리의 머리에 박혀 있는 모양이다.

그런데 우리는 쓰레기 수거용 시설을 산 속에 마구 만들고 화장실을 설치하는데 그 수거는 어떻게 하는지 모르겠다. 그리고 산불을 막는다고 계절 따라 산에 못 들어가게 하며, 걷기 힘든 곳이라 생각했는지 돈 들여 계단을 놓고 꼭대기에 전망대를 만들고 케이블카로 연결한다. 길목에 군데군데 서 있는 자연보호 구역 말뚝과 나뭇가지에 주렁주렁 매달린 구호의 남발… 도대체 이런 나라는 세상에 우리밖에 없을 것 같다.

오래 전에 어떤 대 기업인이 찾아와서 설악산에 케이블카를 놓도록 해달하고 하던 일이 생각난다. 그분의 주장은 유럽의 알프스에도 케이블카가 있는데 설악산에 못할 것이 없지 않겠는가 하는 것이었다. 알프스는 높이와 넓이가 있으니 그러한 시설을 수용할 수 있으나 우리 설악 정도에는 그런 시설이 필요 없다는 식견을 가진 사람이 많지 않다.

자연이 인간에게 중요한 의미를 갖는 것은 그것이 자연이라는 점에서다. 즉 탈문명의 세계인 데 뜻이 있다. 그런데 인간은 자연을 자기생활에 더욱 편리하게 만들 생각으로 이것 저것 손을 댄다. 이러한 자연에 대한 왜곡된 의식에서 오늘과 같이 빗나가고 소극적인 자연보호 운동이 벌어졌다고 본다.

  물론 문제의 심각성은 여기에만 있지 않다. 국민의 의식 수준과 문화 수준이 낮은 데 근본적인 원인이 있다. 이러한 말에 이의가 있다거나 반감을 느끼는 사람은 더도 말고 설악과 지리 같은 심산유곡을 찾아가 보라. 이렇게 멀고 험한 구석까지 인간 공해가 얼마나 심한지 실감하게 될 터이니까. 설악의 희운각 대피소 주변과 서북 주릉 위의 막영지며 지리산 천왕봉 밑 샘터와 장터목 그리고 선비샘 언저리는 한 마디로 악취와 똥파리 때문에 그 옆을 지나갈 수가 없다.

  오늘날 우리의 자연을 보면 환멸을 느낄 따름이다. 태고의 선율과 정적을 그리워하고 논할 자격이 분명 우리에게는 없다.

우리는 산에 오르고 있는가

―――

『라운드 캉첸중가』라는 책이 있다. 1899년 더글라스 W. 프레쉬휠드가 히말라야에 들어가서 캉첸중가를 돌아보고 쓴 것으로 1902년에 나왔다.

산에 관한 책은 예나 지금이나 독자가 많지 않다. 그래서 한번 나오면 다시 찍는 일이 적으니 훗날 구하려면 손에 들어오지 않는다.

『라운드 캉첸중가』에 대해 이런 이야기가 있다.

일본의 한 젊은이가 장기 산행을 가려고 차를 기다리는 동안 근처에 있는 고서점에 들어갔다가 이 책에 눈에 띄어 그는 당장 비싼 값에 손에 넣고 집으로 돌아왔다. 책 한권에 노자를 몽땅 털어 넣었던 것이다.

프레쉬휠드의 이 책은 요새 젊은이들이 즐겨 읽는 등산 기술서적이나 등반기가 아니다. 『라운드 캉첸중가』라는 이름이 비치듯이 히말라야의 깊숙한 비경을 탐험 여행한 기록이다. 그런데 하나의 시대물로 퇴색되어 버린 이런 책이 가끔 생각나며 읽고 싶어지는 까닭은 무엇일까. 산행을 집어치우고 가지고 있던 여비를 몽땅 털어서 한권의 책을 사는 등산가의 마음을 알 것 같다.

1899년이라면 머메리가 구르카 병사 둘을 데리고 낭가 파르바트에 갔다가 실종된 지 몇해 뒤가 된다. 머메리가 낭가 파르바트로 간 것은 역사적으로 보면 인간이 8,000미터 급에 달려든 첫 도전이다. 이 무렵은 등산의 황금기였던 알프스 시대가 한물 가고 등산가들은 멀리 새로운 세계를 찾아서 안데스와 로키, 히말라야로 그들의 활동무대를 옮기기 시작한 때였다. 그러니 그 무렵의 히말라야는 아직 비경이었고 이에 관한 지도도 없었다.

모리스 에르조그의 원정대가 인도 측량국에서 나온 지도를 믿고 안나푸르나에 도전했다가 길을 못 찾고 고생한 것이 1950년의 일이고 보면, 프레쉬휠드의 캉첸중가 일주 여행은 오늘날 우리가 생각할 수 없는 어려움의 연속이었으리라.

언제나 선구자와 개척자는 외롭고 고달프기 마련이지만, 고산준령에 도전하는 등산 활동에서 이러한 요소가 빠진다면 벌써 그것은 등산이 지니는 큰 가치를 저버리는 셈이다.

인류 역사에 등산이 나타난 지 올해로 200돌이 된다. 널리 알려져 있듯이 1786년의 몽블랑 초등으로 시작한 스포츠 등산은 이 200년 사이에 엄청난 발전을 거듭하여 지구상의 이렇다 할 고봉엔 사람이 오르지 않은 곳이 없게 됐다. 간단히 말해서 건강하고 돈 있고 시간 있으면 누구나 가고 싶은 데로 떠날 수 있는 것이다. 그런데 이렇게 등산이 손쉽게 된 것을 우리는 기뻐해야 할지 슬퍼해야 할지 모르겠다.

에베레스트 초등을 해낸 영국 원정대는 32년에 걸쳐 열 번이나 도전한 끝에 성공을 했고, 우리의 경우도 입산허가를 신청하고 나서

두 번의 현지 정찰을 거치는 등 7년 만에 정상에 섰다. 그러던 에베레스트가 근년에 와서는 우리나라의 해외 원정에서 연중행사처럼 되어 버렸다.

여기에는 사정이 없지 않다. 입산허가를 얻기가 쉬워졌고, 유능한 젊은이들이 많아졌다는 이야기다. 그러니 돈만 있으면 언제라도 떠날 수 있는 것이다. 이제 사람들은 히말라야에 가는 것을 별 것 아닌 일로 생각한다. 한 해에도 몇 개 팀이 나가니, 언제 누가 나가고 누가 돌아왔는지 알아보기도 바쁘다. 3년 전엔가 에베레스트에 다섯 등반대가 몰리고 지난 여름엔 K2에 아홉 개 팀이 모여들어 법석을 떨었다니 이제 등산도 갈 때까지 간 느낌이다. 멀리서 우러러 보던 산의 신비함과 숭고함은 어느새 사라지고 말았다.

일본의 1차 마나슬루 원정대를 이끌었던 교또대학의 구와바라 교수가 이런 말을 했다. "서양의 산책으로 재미있는 것은 모두 19세기 것이라고 할 수 있다. 미지의 세계의 발견이었으니까." 앞에서 말한 『라운드 캉첸중가』가 높이 평가되고 있는 것도 그저 구하기 어렵기 때문이 아니라 비경의 히말라야를 체험한 기록이기 때문이다.

그런데 오늘날 히말라야를 미지의 세계로 아는 사람은 거의 없으며, 히말라야를 다녀왔다고 탐험기를 쓰려는 사람도 없다. 이렇게 보면 오늘의 등산가는 많은 정보와 우수한 장비 그리고 고도의 기술을 가지고도 옛날 사람들이 맛본 경이를 모르고 산에 갔다 온다고 할 수 있다.

알랑 드 샤테리우스는 "등산은 길이 끝나는 데서 시작한다"고 말했지만 초기의 등산가들 앞에는 처음부터 길이 없었다. 물론 지도도 없었으니 그야말로 미지의 세계를 간 것이다.

  그런데 지금 우리는 책과 사진과 지도를 통해서 등산에 필요한 모든 준비를 갖춘다. 물동량에서 등산 운행 일정까지 책상머리에서 세우고, 소요자금의 정확한 액수까지 산출한다. 그리고 마치 갔던 길을 다시 가듯 길을 떠난다. 그러니 이러한 산행에서 감동이니 감격을 찾는 것부터가 잘못인지도 모른다. 그렇다면 이제 우리가 등산에서 얻을 것은 자기 체력의 한계를 알아보는 데 그친다는 말일까.

  지금 왕성해진 해외 원정을 보면, 한 단위 산악회가 전통을 살려 우정과 유대를 토대로 나아가기보다는 여기저기서 사람을 불러 모아 손발을 맞추어 볼 새도 없이 떠나는 일이 흔하다. 그런데 그러한 원정대일수록 뒷말이 많고 결국 얻기는커녕 잃고 돌아온다.

  등산의 핵심이 등정에 있지 않고 그 과정에 있다는 것을 사람들은 모른다. 등산이라는 행위는 오르고 내리고 하는 일이 대부분이며 정상에서는 사람과 시간은 전체에 비하면 별 것 아니다. 만일 등산가가 산행의 과정을 소중히 여기지 않는다면 그는 등산에서 가장 중요한 것을 잃는 셈이다.

  리오넬 테레이는 쟈누의 그 어려운 등반에서도 '환상적인 아름다움'에 넋을 잃었다고 했으며, 보나티는 드뤼 서남릉을 5박 6일 동안 혼자 오르며 상상을 넘어서는 어려움을 보람으로 여기고 만끽했다고 한다.

  우리는 그 누구를 막론하고 다 알고 있는 산을 다 알고 있는 방법으로 갔다 온다. 남이 다녀온 뒤를 따라 우리도 그대로 갔다 오니 그럴 수밖에 없다. 귀도 레이는 산마다 등반의 역사를 가지고 있으며, 초등반과 뒤따르는 등반과는 원화와 복사품만 큼 차이가 있다고 말했다. 이것은 물론 겉으로 본 등산의 형식 이야기 같지만, 이 형식을 아무 생각 없이 따르기만 한다면 등산가의 운명은 서글프기만 하다. 소중한 시간과 돈을 쏟아가며 경우에 따라서는 그 정도의 일에 생명까지 바치니 말이다.

에밀 자벨은 그가 남긴 한 권의 책 『한 등산가의 회상』 첫머리에 아래와 같이 썼다.

> '내가 소 치는 목동들 사이에 끼어 난로 앞에 앉아 있노라면 토프휄의 매력있는 글이 머리에 떠오른다. 낡은 산장이나 비바람에 뿌리가 뽑힌 오래된 전나무를 보면 카람이 생각난다. 그리고 빙하 가까이 모레인 지대에서는 드 소쉬르가 눈앞에 떠오르고, 높은 봉우리와 마주 서면 틴달과 바이렌만을 우러러 보게 된다.'

에밀 자벨은 알프스를 너무 사랑한 나머지 36년이라는 짧은 생애를 오로지 산에 쏟았다. 비록 웜퍼나 머메리 같은 위대한 업적을 남긴 일은 없으나, 그의 등산정신은 남들이 흉내 내기에는 너무나 심오하고 고귀했다. 등산가들이 산에 오르기 바쁘고 이름 내기에 허덕거리는 세상이 됐지만, 그럴수록 알프스의 황금기를 외면하고 조용히 그러면서도 정열이 꺾이지 않고 산을 사랑했던 에밀 자벨이 그리워진다.

올 겨울에도 히말라야와 알프스에서 우리 젊은이들이 대자연과 처절한 싸움을 벌인다. 에베레스트와 다울라기리 그리고 알프스의 3대 북벽이 그들의 무대다.

히말라야의 거봉에 소수 정예로 붙는다든가, 알프스의 그 북벽들을 연속해서 해보겠다는 것에 이번 등반대들의 특색이 있다. 물론 이 모든 계획이 우리가 처음 하는 것은 아니고 그 결과는 두고 봐야 하겠지만, 1980년대에 들어와서 우리 산악계의 실력과 기백이 놀라울 정도로 달라졌음은 이것으로도 증명이 된다.

서독의 등산지 「베르그슈타이거」(86년 7월호)가 집계한 지난해 동계 히말라야 등반 일람표를 보면, 총 16개의 등반대 가운데 한국대가 일곱이고 그중 셋이 동계 초등을 해냈다고 기록되어 있다. 이 일곱 안에는 에베레스트를 3면에서 공격한 우리 팀 셋이 들어 있는데, 카트만두에서 받은 보고 내용을 그대로 전재한 이 기사에는 한국 에베레스트 등반대 중에서 동남릉대가 비교적 소규모로 8,500미터 고소까지 진출한 데 비해 나머지 서남벽과 서릉을 노린 두 팀은 초전에서 물러섰다고 보도했다. 우리가 에베레스트 루트 중에서 서남벽과 서릉을 시도하기는 이번이 처음이니 만큼 어려움이 따를 것으로 보았고, 여기를 노렸던 팀들이 그 준비 과정에서 자금난과 대원 구성 문제로 고생한 것을 알고 있다. 그러나 이럴 때 우리에게 중요한 것은 그 산을 보는 눈이요, 그 산을 오르려는 태도다.

1960년대 초반부터 일기 시작한 해외 고산군에 대한 우리 산악인들의 기운은 4반세기가 지나면서 숱한 비극과 영광을 가져왔다. 마나슬루의 김호섭 형제와 매킨리의 고상돈, 아콩가구아의 김용환 그리고 바인타 부락의 이정대 등 아까운 희생자들이 나왔고, 에베레스트, K2 등을 포함하여 8,000미터 급 거봉 다섯과 7,000미터 급 유명 봉을 많이 올라갔다. 여기서 이름을 남긴 남녀 클라이머들을 일일이 기억할 수가 없을 정도다.

  그러는 동안 우리의 산행 기술과 운행 방식도 크게 달라져 적은 인원이 각자의 호주머니를 털어 고생을 찾아가는 일도 많아졌다. 가고는 싶은데 돈이 없다 보니 이렇게 될 수밖에 없으리라.

  그러나 해외원정만이 산행은 아니다. 최근에 나온 대학산악연맹의 회보를 받아보고 한여름 복더위에 설악 서북 주릉의 그 길고 지루한 산길을 며칠씩 걸려 종주한 젊은이들의 대열이 끊어지지 않고 이어졌다는 것을 알았다.

  이 대열은 언젠가 다시 히말라야와 안데스와 알프스로 이어지겠지만, 끝내 우리가 기를 것은 체력 기술에 못지않은 등산 정신이라고 나는 생각한다.

(1986)

지리산 100리길

 나는 노고단을 사랑한다. 1,500미터 고지대의 원추리 꽃밭, 그리고 함태식 씨가 있는 곳. 그래서 나는 노고단을 잊지 못한다.

 해발 1,915미터 지리산 동쪽 끝 천왕봉에서 멀리 서쪽 끝 노고단까지 100리가 넘는 능선길이 내 가슴에 새겨진 것은 10년 전의 일이다. 그때 나는 에베레스트 원정을 위한 훈련으로 적설기 지리산 등반에 나섰다.

 남원에서 마천을 거쳐 천왕봉에 이르는 길은 칠선계곡을 거슬러 오른다. 엄동기의 계곡은 크고 작은 폭포와 많은 늪이 꽁꽁 얼어붙고 눈에 덮여 있었다. 골짜기의 길이는 장장 14킬로미터, 평지라면 모르되 적설기의 칠선계곡은 오르기에 만만치 않았으나 매력이 있었다.

 가본 일도 없는 히말라야의 자연을 상상하고 1차 훈련지로 이 골짜기를 고른 데는 그런 대로 까닭이 있었다. 에베레스트와 지리산의 비교는 당초부터 이야기가 안 되지만 우리에게 주어진 자연이라고는 이런 것뿐이다.

 1977년 9월 하순, 에베레스트에서 내려와 카트만두에 머물고 있을 때의 일이 잊혀 지지 않는다. 많은 외국 사람들이 우리가 묵고 있는 게스트 하우스를 찾아왔다. 그리고 그들은 한국의 산이 얼마나 높으냐고 물었다. 2,000미터가 되지 않는다고 말했더니 그러면 전지훈련을 했느냐고 물었다. 외국 사람들은 높은 산이 없는 한국에서 다른 데 가본 경험도 없이 세계의 지붕에 도전하고 성공한 일이 좀처럼 이해하기 어렵다는 얼굴을 했다. 당시 나의 대답이 그들의 의아심을 어느 정도 풀어주었는지 알 수 없으나, 나는 "한국의 산은 낮아도 자연은 준엄하다"고 말하며, 바람이 강하고 추위가 매서우며 눈이 많다는 이야기를 해 주었다.

이것은 사실이었다. 우리는 에베레스트와 북극에서 겪은 것에 못지않은 바람과 추위와 눈을 설악에서 그리고 동대산과 노인봉을 잇는 진고개에서 겪었다. 나는 특히 진고개를 에베레스트의 사우스콜이라고 말한 일이 있다. 엄동 적설기에 그곳을 지나간 사람은 알겠지만, 진고개 산장 지붕에는 기와가 없고 창에도 유리가 없다. 그곳 촌로들의 이야기로는 모두 바람에 날렸다는 것이다.

지리산에서 지새운 밤과 밤은 길기만 했다.

당시의 허술했던 슬리핑백으로서는 그 무서운 추위를 막을 길이 없었다. 설악의 공룡능선에서는 길이 100미터나 되는 빙폭이 생기고 픽스 자일이 하룻밤 사이에 얼어붙었다. 이러한 시련 속에서 오래도록 잊혀 지지 않는 것은 설악의 폭설이었다.

1976년, 잦은 바위골에서 일어난 눈사태는 우리 훈련대의 최수남, 송준송, 전재운 세 젊은이의 목숨을 삽시간에 앗아갔다. 히말라야 로체샤르 원정에서 혼자 표고 8,000미터 플라토까지 올라갔던 무서운 저력의 사나이 최수남.

그가 1974년 칠선계곡에서 밤이 깊도록 고사목을 태우며 후배들과 도란도란 이야기하던 모습이 눈에 선하다. 하늘의 별마저 얼어붙은 지리산 계곡, 활활 타오르던 모닥불, 대지에 뿌리를 내린 듯이 불가에 앉아서 움직이지 않던 최수남의 실루엣이 언제나 나의 지리산의 영상과 겹친다. 그래서 나는 지리산을 잊지 못하는지 모른다.

눈과 얼음뿐인 계곡을 벗어나 천왕봉에 섰을 때 주위에는 바위가 앙상하게 드러나 있었다. 거센 바람에 눈이 모두 날리고 없었다. 서쪽으로 멀리 반야봉이 보이고 그 앞이 노고단이었다. 누군가 옆에서 100리 길이라고 말했다. 그러나 보기에는 하루에 갈 것 같았다 평균 고도 1,700미터 지리산의 맑은 공기가 노고단을 가깝게 보여주는지도 모른다. '저곳에 가야지!' 나는 혼자 중얼거렸다. 이렇게 해서 지리산 종주의 꿈은 마음속에 싹텄다.

그리고 어느새 10년, 해마다 나의 생활은 지리산에서 멀어져 갔다. 때가 오면 세석평전에서 철쭉제가 열렸고, 뱀사골에는 산장이 섰다. 정초면 노고단에서 연하장이 날아왔다. 그러나 피아골을 거쳐 노고단에 갔을 때 원추리 꽃밭이 아름다웠던 기억이 아득할 뿐, 좀처럼 구례 화엄사 계곡을 오를 기회도 오지 않았다.

최근 일본에서 들려온 소식이 있다. 후까다라는 사람이 저술한 『일본 100 명산』을 따라 20여 년에 걸쳐 100봉을 완등했다는 이야기다. 교또대학의 교수였던 이마니시 씨의 1,000봉 등산 기록도 유명하다. 언제였던 가 부산 대륙 산악회의 성산 씨가 지리산 200회의 등정 기념 페넌트를 보내왔는데, 한 산에 대한 집념도 이 정도면 높이 평가할 일이 아닐까. 성산 씨와 견준다면 나의 산행 기록은 아예 문제가 안 된다. 결국 나는 지리산에 가는 사람이 있으면 노고단 산장에 들르라고 권하는 것으로 나의 지리산행을 대신해 왔다.

1984년 갑자년 나는 회갑을 맞았다. 오늘날까지 나이를 의식한 적이 없었지만 어느덧 이렇게 세월이 흘렀다. 10월 18일, 그전 같으면 가족과 친지가 모여서 큰 잔치를 벌이겠지만 나로서는 그렇게 하고 싶은 생각이 없었다. 에베레스트에 갔던 산 친구들이 모인 자리에서 날을 잡아 등산이나 하자고 했다. 그러나 모두 바쁜지 소식이 없었다.

회갑이 별 것은 아니지만, 동양에서는 인생의 한 사이클로 보니 이 날을 기해 무엇인가 기억에 남는 일을 하고 싶은 것이 인정이다. 학자에게 회갑기념 논문집이 있는 것도 그런 까닭이리라.

집에 롤지로 크게 뽑은 마터호른 사진이 걸려 있다. 1975년 스위스 체르마트를 찾았을 때 슈바르츠제에서 찍은 사진이다. 회갑을 맞은 어느 외국인이 마터호른 등반으로 자기의 노익장을 보였다는 이야기가 생각났다. 나는 혼자 조용히 지리산을 다녀오고 싶었다.

그러던 어느 날 연구소에서 같이 일하는 K가 눈치를 채고 자기도 가겠다고 나선다. 그는 구례에서 노고단으로 올라 산장에서 만나면 어떻겠느냐고 했다. 10월 18일 노고단 산장에서 둘이서 회갑연을 갖자는 이야기다. 천왕봉에서 내려오고 구례에서 올라가 1,500미터 고소 노고단에서 만나는 것도 재미있어 보였다. 나는 그의 제안을 받아들였다.

그런데 이렇게 하는 데에는 몇 가지 문제가 있었다. 등산 경험이 없는 K가 화엄사에서 노고단까지 10킬로미터의 산길을 오르려면 우선 짐이 가벼워야 하지만 10월 하순 1,500미터 고소의 밤 추위를 그는 모른다. 한편 나는 노고단에서 만나는 날에 맞추어 산행 계획을 세워야 했다.

지리산의 종주라야 대단할 것은 없으나 산행 거리와 시간은 검토할 필요가 있다. 지리산은 경상, 전라 남북도에 걸쳐 있고 주능선의 길이만 해도 45킬로미터나 되어 종주하는데 4박 5일을 잡는 것이 보통이다. 그러나 초겨울 산중에서 때 아닌 추위나 눈을 만나면 이야기가 다르다. 어떠한 산행 계획에서도 만일의 경우를 고려해서 시간과 준비물에 여유를 두는 법이다. 이렇게 될 때 언제나 배낭이 무거워진다.

결국 배낭의 무게가 20킬로그램 정도 나갔다. 짐이 자기 몸무게의 3분의 1을 넘지 않아야 하는 것이 상식이고 보면 60킬로그램이 나가는 나로서 이 배낭의 무게는 긴 산행에 짐이 되었지만 어쩔 수가 없었다. 지리산 능선에는 곳곳에 산장이 있고 샘물이 솟는다. 그러나 비박첼트와 수통 물 정도는 가져가야 한다는 것이 내 생각이다.

지리산의 개념도를 펴놓고 산행 일정을 다시 생각했다. 혼자 갈 때는 남의 사정을 고려하지 않아도 되니 계획을 세우기가 좋다. 그래서 무리하지 않고 여유 있게 이런 결론을 얻었다. 중산리 법계사를 거쳐 천황봉에 오른 뒤 첫 날은 세석에서 캠프하고, 다음날은 연하천, 3일째 노고단으로 간다는 것이다.

이렇게 짜놓아도 역시 마음에 안 들었다. 하루 길이 짧은 듯싶었다. 그러나 산장과 물이 있는 곳에서 쉬엄쉬엄 가기로 했다. 계획은 원래 잠정적인 것이다. 나는 대체로 이런 계획 밑에 떠나기로 했다.

10월 14일, 나는 23시 30분 침대차로 서울을 떠났다. 내일의 산행을 위해서는 전날 밤에 잠을 자야 한다. 그래서 침대차에 올랐다. 이 특급은 이튿날 8시15분 제 시간에 진주에 도착했다. 날씨가 좋았다. 우선 터미널로 가서 중산리행 버스편을 알아보니 9시35분 차가 있었다. 스토브 기름이 모자랄 것 같아 장비점을 찾아갔다. 짐이 또 늘었다. 가리모 대형 배낭이 과일 한 개도 넣지 못하고 꽉 찼다.

터미널에 외국 젊은이가 서 있었다. 그는 티셔츠 반바지 운동화라는 가벼운 차림이었다. 키가 작은 노랑머리가 나를 보고 웃는 것 같았다. 어디서 왔느냐고 물었더니 프랑크푸르트라고 한다. 그리고 그도 천왕봉에 오르는 길이었다. 이 몇 마디로 우리는 벌써 친구가 되었다. 우리는 버스에 올라 나란히 앉았다. 시간이 이른지 버스는 텅텅 비어 있었다. 차가 떠나려고 할 때, 대학생으로 보이는 건장한 청년이 큼직한 로우 배낭을 메고 올라왔다.

독일 청년은 소셜 워크를 공부하는 26세의 대학생으로 이름이 위르겐 위톡. 천왕봉, 한라산, 설악산을 차례로 오를 생각인데, 한라산에서는 미국 청년과 만나기로 되어 있다고 했다.

창밖으로 지리산의 능선이 보일 듯 말 듯 하더니 11시에 중산리에 도착했다. 나는 진주로 나가는 막차 시간을 그에게 알려주고 법계사로 떠났다. 로우 배낭의 청년도 뒤에 온다. 우리는 오랜 친구처럼 다정하게 이야기하며 넓고 순한 산길을 올라갔다. 얼마 후 두류동 매점이 나타났다. 수통에 물을 넣고 있노라니 뒤에 오던 청년도 배낭을 내려놓았다. 그도 혼자 노고단까지 가는 길이었다. 그는 나더러 잘 걷는다고 하며 짐이 무거워 보이니 바꿔지자고 한다. 고마운 이야기나 소에게는 멍에가 무겁지 않은 법이라며 나는 웃었다. 청년은 서울 Y대학교 대학원에 다니는 C였다. 이 순박한 젊은이는 학교에서 독일어 공부를 해두었더라면 좋았겠다며 독일어를 몇 마디 했다. 노랑머리가 알아들었는지 웃었다.

지도에는 중산리에서 법계사까지 8킬로미터, 법계사와 천왕봉 사이가 4킬로미터, 각각 한 시간 반 거리로 적혀 있다. 길이 갈수록 험해진다는 뜻이다. 넓던 길이 순두류에 가서 끊어지고 숲속의 오솔길로 이어진다. 단풍이 아름다웠다. 독일 친구가 말끝마다 감탄했다. 지나가는 사람도 없고 쓰레기도 보이지 않았다. 공산불견인(空山不見人)이라는 한시가 생각났다.

14시 법계사 도착. 이렇게 가다가는 독일 청년의 하산이 걱정스러웠다. 법계사에서 독일 친구를 먼저 보내고 C와 나는 간단히 점심을 먹기로 했다. 법계사를 지나면서 수림대가 암석지대로 바뀌고 단풍도 사라졌다. 천왕샘 못미처에서 위르겐과 만났다. 독일에서 조깅클럽에 들어있다는 그는 짐도 없었지만 확실히 몸이 가벼웠다. 우리는 서울에서 다시 만나기로 하고 헤어졌다.

돌사태가 난 비탈길을 지나 정상에 오르니 17시 20분이었다. 편의상 토멘 고도계를 1915에 맞췄다. 해가 약한 빛을 던지고 바람이 세차게 불었다. 정상의 표지가 바뀐 것이 눈에 띄었다. 여기에 선지 10년이 된다.

밝은 서쪽 하늘을 배경으로 반야봉의 실루엣이 아름다웠다. 세석까지 9킬로미터를 이제 가기에는 너무 늦었다. 천왕봉 바로 밑에 텐트가 보였는데 나 혼자라면 비박첼트로 되지만 도중에 만난 C 때문에 오늘은 장터목까지 가야할 것 같았다. 통천문을 뚫고 나가 고사목 지대를 지날 무렵 주위가 어두워지고 찬바람이 몸에 스며들었다.

 높이 1,700미터 고소에 위치한 장터목산장에는 어려 보이는 청년이 있었다. 관리인 최 씨 아들 동윤 군(25세)이었다. 과묵하고 성실한 그의 첫인상이 좋았다. 산장에는 사람들이 있었으나 조용했다. 우리는 헤드램프 밑에서 저녁을 해먹고 일찍이 침낭에 들어갔다.

 16일 새벽 5시 기상, C가 라면을 끓이겠다고 한다. 배가 부르면 걷기 힘들뿐더러 아침은 가벼운 것이 나도 좋았다. 이 시간에 산장문을 열고 들어서는 사람이 있었다. 무거워 보이는 배낭을 내려놓고 윈드자켓을 벗을 때 보니 최 군이었다. 새벽부터 어디 다녀오느냐고 물으니 제석봉에 갔었다고 한다. 나는 그가 1,700미터 고소에서 젊음을 허송하지 않고 있는 것이 내 일처럼 기뻤다. 그는 히말라야에 가는 것이 꿈이라고 했다.

 C와 나는 7시 20분에 장터목을 떠났다. 아침 공기가 차서 처음에는 윈드자켓 차림으로 걸었으나 얼마 안 가서 벗어버렸다. 세석까지 6킬로미터 길이니 연하천까지 가려면 22킬로미터가 된다. 그런데 배낭의 무게는 조금도 줄지 않았다. C는 역시 젊은이답게 잘 걸었고 언제나 앞에 섰다. 지난날 설악산 십이탕에서 젊은이들의 뒤를 따라가다 이튿날부터 힘이 나서 선두에 섰던 일이 생각났다.

 8시 40분 세석 도착. C가 샘터에서 쉬고 있었다. 넓은 막영지 여기저기에서 사람들이 텐트를 걷고 있었다. 나는 수통에 물을 담고 산장 안을 잠깐 들여다보고 나서 다시 능선으로 올라붙었다. 영신봉과

덕평봉을 지날 무렵 평지가 나타났다. 선비샘이다. 그런데 샘은 더 러웠고 그 주위가 온통 쓰레기로 덮여있었다. 설악산의 마등령과 희운각이 이 꼴이더니 지리산 1,500미터 능선까지 이럴 줄은 몰랐다.

샘터의 쓰레기를 치우고 있노라니 약초꾼으로 보이는 촌로들이 올라왔다. 연휴 때에는 이 정도가 아니라고 아예 입맛을 다신다. 그러자 C가 뒤따라 왔다. 어느새 내가 앞장섰던 것이다. 그는 등산화가 시원치 않아 걷지 못하겠다고 혼자 중얼거렸다. 서둘 것이 없으니 천천히 오라며 나는 먼저 떠났다.

선비샘에서 벽소령을 지나 연하천까지는 10킬로미터 남짓한데, 연하천에서 원래 하루 묵을 생각이었다. 그러나 장터목을 떠나서부터 컨디션이 갈수록 좋으니 이대로 면 굳이 연하천에서 묵을 필요가 없었다.

나도 모르게 힘이 솟았다. 10시 55분에 벽소령을 지나면서 뒤를 돌아보니 C가 따라오는 것 같지 않았다. 그런데 연하천에서 점심을 하기로 했으니 그대로 걸었다. 앞에 삼각고지로 보이는 봉우리가 나타났다. 고도계가 1,570을 가리켰다.

11시 10분에 샘터와 산장이 있는 데에 왔다. 샘은 맑고 물이 많았으며 산장도 자리가 좋았다. 앞뜰이 넓고 주위가 숲으로 둘려있으니 이만한 곳도 쉽지 않다. 다만 산장 옆에 있는 출입금지구역 이라는 푯말이 눈에 거슬렸다.

12시가 거의 되어서 C가 나타났다. 그는 배낭을 내려놓자 찬 물에 발을 담갔다. 발가락이 몹시 아픈가 보다. 우리는 어세 지녁과 오늘 아침을 소홀히 했기 때문에 점심에 신경을 썼다. 그러자 산장지기가

나는 산과 같이 살아왔다 325

나와서 마당을 쓸며 먼지를 냈다. C가 식사중이니 조금 있다가 쓸도록 부탁했지만 산지기는 들은 척도 하지 않았다.

나는 14시 20분에 연하천을 떠났다. C가 먼저 가란다. 배가 부르니 오르막길에서 숨이 가빴다. 명성봉을 내려오다 길바닥 돌에 '총각샘'이라는 흰 페인트칠이 눈에 띄었다. 연하천에서 넣은 물이 수통에 그대로 있기에 나는 총각샘에 들르지 않았다. 15시 45분에 토끼봉 넓은 터에 나왔다. 이정표 앞에서 사진을 찍고 싶었으나 셔터를 누를 사람이 없어 C를 기다리기로 했다. 얼마 후에 C가 따라왔다. 그는 물이 있으면 좀 달라고 한다. 오다가 총각샘에 들를 생각으로 연하천에서 물을 준비하지 않았는데, 도중에 총각샘을 보지 못했다고 한다. 조그마한 일이지만 준비성은 특히 산행에서 중요하다. 그런데 다음 샘터는 10킬로미터 떨어진 임걸령이니 수통물이 걱정됐다.

C가 임걸령에서 저녁을 먹자고 했다. 시간으로 봐서 그렇게 될 것 같았지만 나는 생각이 달랐다. 그때그때 눈앞의 목표를 쫓다보니 어느새 노고단이 가까웠다. 임걸령에서 4킬로미터만 더 가면 100리 길이 끝나니 마음이 설렜다.

천왕봉에서 바라보던 반야봉이 이제 눈앞에 있다. 노고단 쪽에서 오는 사람들이 연하천이 얼마나 되는가 묻는다. 연하천까지 가기에는 시간이 늦었다고 알려주고 있노라니 C가 왔다. 그는 어지간히 목이 타는 모양이었다. 사람들이 수통을 주며 곧 뱀사골 산장이니 다 마시라고 한다. 임걸령에 샘물이 좋다고 C에게 용기를 주는 사람도 있었다.

17시 40분이 되어 나는 임걸령에 도착했다. 주위가 벌써 어둑어둑해지고 바람이 몹시 차다.

  노고단이 저녁노을에 시커멓게 물들고 있었다. 빨리 저곳을 넘어야겠는데 C가 나타나지 않는다. 내가 보이지 않으면 그대로 뒤따라 오리라고 생각하고 배낭을 메려고 할 때 나무 사이로 C가 나타났다. 나는 물 있는 데를 가르쳐주고 그대로 떠났다.

  봉우리의 허리를 끼고 길이 나 있었다. 초원이 끝나자 숲이 이어졌는데 그 사이로 길이 보였다. 주위가 아주 어두워졌다. 임걸령을 떠나면서 헤드램프를 준비해야겠다는 생각이 들었다. 그러나 가는 데까지 가기로 했다. 그러자 나는 돌부리에 채어 앞으로 넘어지며 배낭에서 물이 쏟아졌다. 데트라 수통 마개가 열린 것 같았다. 이제 헤드램프를 꺼내야지… 혼자 중얼거렸다. 비로소 눈앞이 밝아졌.

  임걸령에서 10리밖에 안 된다는 데 가도 가도 숲이 끊이지 않는다. 노고단은 숲이 없는 고원이니 우선 이 숲을 벗어나야 한다. 시계를 보니 일곱 시가 가깝고 고도계가 1,500미터를 가리켰다.

  땅만 보며 걷다가 주위가 밝아오는 듯해서 고개를 들었다. 갑자기 별 하늘이 보였다. 어둠 속에서 숲을 벗어난 것을 모르고 있었다. 그러자 풀 한포기 없는 데로 나왔다. 노고단이었다. 18시 55분이었다.

  밤하늘에 별이 깔리고 어디서 사람 말소리가 들렸다. 캠프장에서 나는 소리였다. 산장의 함태식 씨 얼굴이 떠올랐다. 빨리 내려가야지… 함 선생이 깜짝 놀랄 거다…… 장터목에서 왔다면 믿지 않을 테지……. 이렇게 생각하며 돌길을 내려갔다.

  천막들이 환하게 비치고 도란도란 말소리가 들렸다. 그런데, 산장에 불이 없었다. 아직 초저녁인데 웬일일까 하고 철문을 열고 들어서며 "함 선생!" 하고 소리쳤다. 대답이 없다. 나는 다시 불렀다.

그래도 여전히 조용했다. 이번에는 매점의 문을 두드렸다. 안에서 여자 말소리가 들렸다. 서울에서 온 아무개라고 하니 문이 열렸다. 함 선생은 서울 UIAA 총회에 올라가고 자기는 딸이란다. 그녀는 나를 잘 안다며 방으로 안내했다. 첫 방에는 젊은이들 한 패가 있었고 그 안에 방이 또 있었다. 한 시간 가량 지나서 C가 산장 안으로 들어왔다.

밤이 깊었는데 옆방에서 떠들어서 잠을 잘 수가 없었다. 네다섯 여학생들이 춥다며 불을 피우고 둘러 앉아 있었다. 침구가 없느냐고 물었더니 산장에 있는 줄 알고 가져오지 않았다는 이야기다. 나는 다시 침낭 속으로 기어들어갔다.

17일 새벽이 밝았다. K가 18일 구례에서 올라오기로 되어 있으니 종일 지낼 일이 걱정이었다. 산장에 나붙은 글을 읽어 본다. '매점에서 술과 담배를 팔지 않으며, 산장에서는 화투놀이를 금한다'고 되어 있다. 산장 앞에서부터는 라디오나 카세트를 끄라고도 씌어 있다. 한마디로 함태식 씨의 산지기 정신이다.

산장의 아가씨가 커피를 대접하겠다고 한다. 나는 깨끗한 매점 안에 들어가서 그녀가 커피 끓이는 것을 보고 있었다. 각종 원두커피와 그라인더 그리고 여과기구 등, 1,500미터 고지의 커피라고 할 수 없을 정도로 그 준비와 과정에 빈틈이 없었다.

설악산의 권금성 산장이 생각났다. 그곳의 유창서와 이곳의 함태식, 어쩌면 그토록 학벌과 턱수염과 산지기 정신이 닮았을까. 권금성 산장에서는 최근까지 커피밖에 팔지 않았으며 노고단의 커피 역시 다른 데서는 찾아볼 수 없는 특제품이다.

이야기를 하다 보니 함태식 씨 딸이라던 마산 출신 김연옥 양이었다. 함태식 씨가 모든 것을 믿고 맡길 정도로 그녀는 산을 알고 성품이 착실했다. 나는 김양에게 노고단에 대한 재미있는 이야기를 들었다. 국립공원에서 캠프장의 설계를 잘못했다고 한다. 겨울이면 샘이 얼어 캠프장이 빙하를 이루며, 변소 입구가 눈 더미로 막히는가 하면, 여기저기 만들어 놓은 취사대는 사용하는 사람이 없다는 것이다.

산장 앞에 커다란 안내판이 서 있다. 거기에 나와 있는 이정표에 '장목터'가 두 군데 있었다. 분명 '장터목'의 잘못이다. 이 이야기를 김양에게 했더니, 국립공원에서는 그것을 고치려면 작업이 간단치 않아 그대로 두었다고 하더라는 이야기였다. 김연옥 양과 대화가 주인 없는 산장의 허전함을 채워주었다.

10월 18일이 밝았다. 내가 외로워보였던지 김양이 문수대까지 가 보라고 했다. 오후 늦게 K가 올라왔다. 그는 화엄사에서 여섯 시간 걸려 1,500미터 고소에 올라섰다. 그에게는 작년 대청봉에 이어 노고단이 두 번째의 고산인 셈이다. 그는 12킬로그램 배낭이 무거웠다며 샴페인 한 병을 꺼냈다. 우리는 청초한 산아가씨가 만든 조촐한 음식에 샴페인을 들며 K의 노고단 초등과 나의 회갑을 축하했다. 지리산의 밤이 깊어갔다.

아이스폴 뷰 커피숍

우리나라의 저명한 국어학자가 서울의 다방 이름을 조사한 일이 있다. 물론 옛날이야기고, 그때에는 할 일 없는 사람도 있나 보다 했는데 역시 그분의 생각이 앞섰던 것 같다.

다방의 이름은 볼수록 재미있다. 해방 전 이북 평양 신시가에 '세르팡(세르팡)'이라는 커피집이 있었는데, 어렸을 때 나는 이 색다른 간판이 무엇을 뜻하는지 몰랐다. 언젠가 문이 열려서 들여다보니 담배 연기 속에 많은 사람들이 앉아 있었다.

해방 후 서울 거리에는 큰 탁자에 흰 천을 덮은 찻집이 몇 군데 있었다. 지금은 상상도 못할 일이다. 그 무렵 명동에 음악으로 이름난 'dolce(돌체)'가 있었던 것을 기억하는 사람도 많으리라.

서대문 근처의 '紫煙莊'은 당시 담배를 모르면서도 우리가 좋아하던 곳이다. 대학에서 영어를 가르치던 Y교수가 『Everyman's Library』 한 권을 손에 들고 종종 혼자 앉아 있었다. 일본의 도쿄대학을 다녔다는 그분은 조용한 성품에 특히 몸이 약해 보였는데 6·25 전쟁 이후 소식을 모른다.

전시에 군복 차림으로 대구 시내를 걷다가 '하이마트'라는 이름에 끌려 들어갔다. 음악 감상실이었으나 커피가 나왔다. 이 무렵 피난민으로 술렁거리는 대전 중심가에서 '田園'이라는 다방이 눈에 띄었다. 서울에 두고 온 '르네상스'가 생각나서 여종업원에게 베토벤의 '전원교향곡'이 있느냐고 물었으니 나도 어지간히 철이 없었다. 이렇듯 간판이 불어, 이탈리아어, 독일어, 영어 그리고 우리말로 된 당시의 다방들은 모두 20대의 나의 커피 편력과 관계가 깊다.

커피에는 그것만이 가지는 무드가 있다. 커피는 때와 장소와 분위기로 마신다고 해도 틀림이 없으리라. 원래 커피의 고향은 아라비아로 알고 있는데, 커피를 세계의 음료로 만든 것은 아라비아 상인이 아니고 바로 서구 사람들이다. 그리하여 그들은 '커피 타임'이니 '커피 브레이크'니 하는 생활의 지혜까지 짜냈다. 고작해서 커피 한 잔 가지고… 할는지 모르나 이 한 잔이 얼었던 몸과 마음을 녹이고 때로는 상상의 날개를 펴게 하니 이상하다.

나는 파리의 샹젤리제에 있는 '후께'를 좋아한다.

레마르크의 반전 소설 『개선문』에 나오는 이 유명한 카페 테라스에서 멀찍감치 개선문을 바라보고 있노라면 에트랑제의 느낌이 물씬 한다. 이때 나는 즐겨 '이탈리안 에스프레소'를 마시곤 했다.

유럽의 커피숍에는 소리가 없어 좋다. 흰옷을 걸친 가르송은 종일 앉아 있어도 얼굴을 찌푸리지 않으며, 손님은 아무 때나 돈을 그 자리에 놓고 나간다.

그런데 파리에서 이름난 찻집이 어찌 '후께'뿐이랴. 유명한 오페라 하우스가 보이는 길목에 '카페 들 라 페'가 있다. 우리말로 옮기면 '평화다방'이니 이름은 별 것 아니다. 그러나 이 카페 역시 넓은 보도를 침범하고도 언제 가나 빈 자리가 없었다.

로마의 베네토 거리는 번화가로 유명하지만 커피만은 스페인 광장 앞에 있는 '그레코'에 가야 한다. 18세기에 문을 열었다는 고색창연한 이 카페는 일찍이 괴테, 리스트, 안데르센, 쇼팽 등 세계적인 문인과 예술가들이 자주 찾은 곳이다.

1977년 에베레스트에 갔을 때, 우리는 표고 5,400미터 베이스캠프에 휴게소를 세우고 누구나 들어가서 쉬곤 했다. 알라딘 석유난로 위에서는 언제나 커피가 끓었으며, 광대하고 황량한 아이스폴이 바로 눈앞에 펼쳐졌다. 누구 말인지 모르겠는데 어느새 이 휴게소에 '아이스폴 뷰 커피숍'이라는 이름이 붙었다. 지옥같이 뜨겁고 악마같이 까마며 천사같이 부드럽다는 커피의 맛을 나는 이 에베레스트 기슭에서 다시 확인했다.

알피니즘

 1955년 마칼루에 9명의 대원이 모두 오르고 히말라야 8,000미터 14봉 가운데 하나를 초등하는 데 성공한 프랑스 원정대의 대장 장 프랑코가 "등산은 스포츠요 탈출이며 때로는 정열이고 거의 언제나 하나의 종교"라고 말했다. 알피니즘의 내면성을 이보다 더 요약한 말이 어디 있으랴.

 알피니즘의 내면성이 강한 정신적인 것이며 그것은 바로 알피니스트의 인격과 관계가 깊다. 이 정신과 인격은 등산의 세계에서 벌어지는 과격한 육체적 노력을 통해서 나타난다.

 지구 위 5대륙에는 4,000미터에서 8,000미터에 이르는 고산군이 널리 퍼져 있다. 이 고산 지대에 인류가 언제부터 오르고 있었는가는 인류문화의 역사를 더듬어 보아야 알리라.

 그러나 등산의 기원은 1786년 유럽 알프스의 최고봉인 표고 4,807미터의 몽블랑 등정에 두는 것이 세계 등산사에서 정설로 되어 있다. 오늘날 등산을 '알피니즘', 등산가를 '알피니스트'라고 하는 것은 여기에서 비롯한다. 만일 등산이 알프스가 아닌 딴 지역에서 시작되었더라면 이와는 다른 용어가 만들어졌을 것이다.

등산은 그 기원과 발달과정에서 볼 때 서구적인 개념이다. 그것은 등산이 시작된 18세기 후엽부터 오늘에 이르기까지 세계 등산계의 주역이 구미지역 출신이었다는 것으로도 알 수 있다. 프랑스 산악계의 중진 뽈 베씨에르가 『알피니즘』이라는 책에서 등산의 세계를 '독자적인 전통과 규칙, 기술, 용어를 가진 하나의 별천지'라고 했는데, 이 세계는 그러한 행동양식과 사고방식이 지배하는 세계이기도 하다. 한 예로 에드워드 윔퍼가 그의 『알프스 등반기』에서 사용한 용어가 지금도 세계 등산계에서 그대로 사용 되고 있다. 그러나 등산이 구미 클라이머들의 독점물이었던 시대는 지나갔다. 물론 아직도 우리는 그들이 개발한 기술과 장비, 용어를 사용하고 있지만, 이런 것들은 이미 인류 공동의 재산이 된 지 오래다.

등산의 행위는 단순 소박하며, 산의 능선이나 측면을 따라 오르고 내려오는 일련의 과정이다. 그러나 이렇게 단순 소박한 행동의 세계로 발전 이행하면서 근대적 알피니즘이 형성되었다. 알피니즘에 근대적 의미를 부여한 것은 대자연과 인간의 욕망이다. 베씨에르는 이 대자연을 "깎아선 암벽, 톱날 같은 능선, 눈과 얼음, 고도, 허공 그리고 넓은 공간"이라고 했고, 지식욕과 탐구욕 그리고 정복욕이 등산을 낳았다고 말했다.

자연과 인간은 태고적부터 공존해 왔다. 그러면서도 고대에서 중세에 이르는 동안 자연은 신성 불가침의 존재로 되어 있었다. 이 터부는 르네상스의 인본주의 사상이 일어나면서 깨지고 자연과 인간의 관계가 새로 정립되었다. 그러나 이렇게 자연에서 해방된 인간이 그들의 이성의 산물로서 '알피니즘'을 창조하기까지에는 오랜 시간이 더 있어야 했다.

월터 언스워드가 1969년에 『북벽-알프스의 재정복』이라는 책을 냈는데 이 책이 우리에게 시사하는 것은 적지 않다.

1865년 에드워드 윔퍼가 마터호른을 초등정했을 때, 당시의 등산가들은 알프스에는 더 이상 오를 데가 없는 것으로 알았다. 1854년 베터호른 초등을 기점으로 10년 사이에 알프스의 봉우리다운 봉우리는 모두 오르고 그 수가 100여 봉에 이르러 세계 등산사에서 말하는 이른바 '황금시대'를 연출했다.

그러나 이 전통적인 등산계에 이단자가 나타났다. 그의 이름은 알버트 프레드릭 머메리(1855~1895)였는데, 그는 윔퍼 이래 아무도 손을 대지 않고 있는 마터호른에 새로운 루트를 개척하여 등산계에 선풍을 일으켰다. 머메리는 정상은 하나지만 정상으로 통하는 루트는 많다고 보았다. 등산에서 그는 '등정'보다는 '등로'에 주목했다. '베리에이션 루트'라는 개념이 이렇게 해서 생겼는데, 이 머메리의 관념과 주장이 근대 알피니즘에 미친 영향은 헤아릴 수 없을 정도로 크다.

머메리는 결국 낭가 파르바트의 디아미르 측면 6,100미터 부근에서 실종되었지만, 그가 처음으로 8,000미터에 도전한 것을 전환점으로 세계 등산계는 히말라야 시대를 맞게 된다.

당시 독일, 오스트리아, 이탈리아 등의 패기 넘치는 젊은 클라이머들이 알프스의 위대한 북벽에 저마다 도전하고 비극도 있었지만 초등반의 업적을 이룩했다. 그런데 이들 전위적인 클라이머들은 말하자면 모두 머메리의 후예였다. 무서움을 모르는 이러한 모험을 맨

나는 산과 같이 살아왔다

먼저 보여준 자가 바로 머메리였기 때문이다.

베리에이션 루트에 의한 신등정주의를 제창한 머메리가 가는 길은 명백했다. 1882년 그는 에귀유 뒤 플랑(3,673m)의 북벽에 도전했는데, 이 침봉은 1871년 이미 일반 루트가 뚫려 있었고 남면으로 오른다면 결코 어렵지 않았다. 그러나 머메리는 광대한 빙하와 험준한 암벽으로 되어 있는 북면에 알피니스트로서 새로운 과제를 찾아 나섰다.

머메리는 하켄 하나 없이 피켈과 자일에 몸을 의지하고 두 번이나 도전 했지만 끝내 실패하고 말았다. 일행이 셋이었는데 나머지 두 사람이 기술과 체력에서 그를 따르지 못했다.

이 싸움은 54시간 계속되어 그들은 지칠 대로 지쳐서 출발 지점으로 돌아왔다. 이에 대해 『알프스의 재정복』에는 이 소름끼치는 북벽을 공격하기에 머메리는 너무나 시대를 앞지르고 있었던 것 같다고 적혀 있다. 이와 같은 월터 언스워드의 논평의 정당성은 문제의 에귀유 뒤 플랑 북벽의 정복이 머메리가 후퇴하고 나서도 32년이라는 세월을 필요로 했다는 사실로 뒷받침 된다.

머메리는 다시 플랑 벽을 찾는 기회를 갖지 못하고 3년 뒤 낭가 파르바트에서 자취를 감추었다. 그러나 그의 등산 정신은 후배 클라이머들에게 계승되어 알프스에 '북벽의 시대'를 열었다. 그 중에서도 아이거, 마터호른, 그랑드 조라스의 3대 북벽에서의 처절한 싸움은 알피니즘의 역사에서도 보기 드문 비극과 영광을 기록했다.

리카르도 카신은 그의 자서전에서 이렇게 말하고 있다. "등산가는 선원이나 시인처럼 선천적인 것이지 후천적으로 되지 않는다. ―중략― 등산가 운명을 지닌 자는 조만간 저항할 수 없는 힘으로 산에 끌리게 마련이다." 그리하여 카신은 타고 난 등산가로 프리츠 카스파레크와 에밀리오 코미치를 예로 들었다. 카스파레크는 힌터슈토이서와 쿠르츠 등 4명이 처절하게 죽어간 1936년의 아이거 북벽의 비극에 이어 1938년에 『하얀 거미』의 하러와 같이 이 알프스의 최대 과제를 성공적으로 푼 오스트리아의 클라이머이며, 코미치는 1925년 그의 나이 25세 때부터 40세에 추락사 할 때까지 15년 동안 200개의 루트를 개척하는 등 총 600이 넘는 주요 등반을 기록한 이탈리아의 클라이머다.

알프스 대암벽의 시대를 살아온 카신이 말하는 등산가의 행태 묘사는 우리에게 매우 시사적이다. '등산가는 억제하기 어려운 격정에 몰려서 미지의 세계로 달려간다. 그러나 힘든 등반에서는 모든 행동을 1밀리미터 안에서 생각해야 한다. 가능성을 끝까지 추구하고 인력의 법칙의 한계와 싸워야 한다. 미묘한 밸런스를 지켜야 한다…'

클라이머가 행동 중에 이 룰에서 벗어나면 그 결과는 너무나도 명백하다. 크리스 보닝턴은 대규모 등반을 떠나려고 할 때에는 언제나 무섭다고 말한 적이 있다. 이들에게서 우리는 알피니스트의 숙명적인 고민을 엿본다. 그럼에도 불구하고 알피니스트는 어려운 등반을 통해서 스스로의 과제를 추구했다. 만일 그가 곤란 때문에 더 이상 과제를 찾지 않는다면 그 순간부터 그는 알피니스트가 아니다.

알피니즘의 위대한 전진은 일류 클라이머들이 꾸준히 새로운 목표를 찾아 나가는 데서 이룩된다. 세계 등반사는 이들 알피니스트가 준엄한 자연을 무대로 자기와 싸운 투쟁의 역사다. 그들의 새로운 목표는 이를테면 고도와 루트와 기상에 따라 정해진다. 알피니스트의 새로운 과제는 등반기술상의 문제만이 아니라 그 이상으로 정신적 부담이 문제가 된다. 따라서 위대한 등산가일수록 강인한 체력에 뛰어난 기술과 불굴의 투지를 소유하고 있다. 코미치, 보나티, 카신과 같은 클라이머는 그러한 인물 중에서도 대표적인 존재다. 코미치는 간 지 오래고 나머지 두 사람들도 나이가 많아 지금은 현역에서 물러났지만 그들은 항상 우리와 함께 있는 느낌이다. 만일 보나티가 1955년에 드뤼 서남 암릉에서 혼자 5박 6일을 극도의 공포 속에 고독과 곤란과 싸우지 않았던들 우리는 그의 이름을 기억하지 않았으리라. 드뤼의 '보나티 릉'은 그의 외롭고 무서웠던 싸움의 자취다.

그러나 과제는 과제를 낳고 등반의 곤란도는 더욱 높아진다. 치마 그란데에 코미치 루트가 생겼을 때 사람들은 놀랐지만 25년 뒤에 여기에 직등 루트가 뚫렸다. '보나티 릉'이 열리고 나서 10년, 1966년에는 아이거 북벽의 동계 직등이라는 알프스 최대 최후의 과제를 영·미·독 합동대가 마침내 풀었다. 그러나 여기에는 요세미테의 영웅 존 하린이 추락하는 희생이 따랐다.

이 무렵 히말라야에서는 이미 이른바 전성기 10년이 지나가고 있었다. 즉 8,000미터 14봉 중에 최후까지 남았던 시샤 팡마(8,013m)가 1964년에 중공대에 의해 등정된 뒤였다.

금세기 후반에 알피니즘은 더욱 새로운 과제를 안기 시작했다.

과학문명의 발전에 따라 각종 장비가 개량되고 경량화 한데다 알피니스트의 체험은 날로 고도화 하여 이제 무산소, 알파인 스타일,

단독등반 등의 행동양식은 하나의 상식으로 되었다. 그러나 아무리 등산의 형태가 첨예화 하더라도 등산가의 정신이 같이 따르지 않는다면 알피니즘 본래의 의의와 가치는 그대로 소멸되고 말리라.

고원의 꽃밭

우리나라에서는 봄이 오면 제일 먼저 개나리와 진달래가 핀다.

꽃은 언제 보아도 아름답지만, 마을에 핀 개나리의 노란 꽃과 산이나 들에 핀 진달래의 연분홍 꽃을 무엇에 견줄 수 있을까.

개나리와 진달래는 원래 소박한 꽃인데 이처럼 아름답게 보이는 것은 우리 마음이 그들을 반기기 때문이리라. 춥고 스산하던 겨울이 지나고 따듯한 봄이 왔을 때의 그 홀가분한 기분이다.

자연은 언제나 아름답다. 맑은 공기, 푸른 초목, 시원하고 깨끗한 산천… 하늘이 그렇게 만들어 스스로 그렇게 되었다고 풀이되는 '天然自然'이니, 굳이 가꿀 필요가 없어서 사람의 손때가 묻지 않았다.

우리나라도 산업화 하면서 점점 고도의 문명사회로 접어들고 있다. 그래서 인간 소외니, 인간성 상실이니 하는 현대사회의 고민거리를 우리도 안게 됐다. 그렇다고 이제 어디로 도망갈 것인가. 이것은 분명 21세기의 딜레마다.

최근 우리의 생활환경은 확실히 나아져서 저마다 인생을 즐기는 것 같다. 그런데 사람들의 마음은 오히려 초조해지지 않았나 싶다. 길거리의 걸음들이 빨라진 것을 보아도 알 수가 있는데, 그것은 활기가 넘쳐서가 아니라 필경 마음이 바빠진 탓이리라.

주위를 둘러본다. 미처 소화할 수 없으리 만큼 쏟아지는 정보의 홍수, 곤두서는 신경, 일일이 귀를 막기도 어려운 소음, 공해, 공해 공해…. 그래서 사람들은 잠시라도 여기서 탈출해 보려고 한다. 관광업체가 활기를 띠고 스포츠 신문이 날개 돋친 듯이 팔린다. 주말에는 하도 사람이 몰려들어 이제는 산천초목이 신음 소리를 낸다. 깊은 산에서도 멧돼지, 너구리, 노루를 보기 힘들고, 집 근처 뒷동산에서 토끼와 다람쥐와 산비둘기가 자취를 감춘 지 오래다.

그러나 때를 따라 산에서는 꽃이 핀다.

'봄이 오면 산에 들에 진달래 피네…' 하고 노래한다. 여기에 담긴 시정은 바로 우리의 마음이 아닐까. 그래서 어른 아이 할 것 없이 모두가 이 노래를 좋아한다.

진달래는 산 밑에서 피기 시작하며 그 뒤를 이어 철쭉이 얼굴을 내민다. 진달래와 철쭉은 같은 진달래과의 관목인데 진달래는 주로 야산에 많고 철쭉은 높은 지대에 군생한다. 이 야생화들이 피어나는 무렵에는 산이 온통 붉게 물든다. 특히 철쭉꽃이 산을 덮은 모습은 장관이다. 철쭉은 진달래보다 크고 붉으며 나무가 탐스러우니 그럴 수밖에 없다.

철쭉이 한창 피어날 무렵이면 철쭉제가 열린다.

지리산의 표고 1,700미터 세석평전은 유산인파로 덮이다시피 한다. 해가 지면 이번에는 철쭉 아닌 천막 꽃이 울긋불긋 피어나는데, 그러다 보니 산 전체가 사람에 밟혀서 엉망이 되어, 요새 와시는 철쭉제를 다시 생각해 봐야겠다는 소리가 들려온다.

사람들은 철이 지나면 산의 꽃을 잊어버린다. 그런데 산의 꽃이 어찌 진달래 철쭉뿐이랴. 한여름 고원 일대에 피는 원추리 꽃은 어떤가. 7월 중순에서 8월 한 달 덕유산과 노고단의 고원을 덮는 노란 천연 카페트. 산비를 맞아가며 무거운 배낭을 진 채 더위와 싸우며 오르는 표고 1,500미터. 지치다 못해 숨이 턱에 닿을 무렵 눈앞에 펼쳐지는 그 장관… 우리나라에도 이런 데가 있었던가 싶어진다.

나는 짐을 내려놓고 꽃밭 위에 눕는다.

흰 구름이 흘러간다. 높은 하늘 저 멀리 히말라야와 그린란드 북녘이 보인다. 죽은 듯이 고요한 히말라야 산록에서 홀로 찬바람에 떨고 있는 에델바이스의 군락, 푸르다 못해 검은 북극 바닷가 툰드라 습지대에 처량하게 피어있는 커튼 그라스의 무리가 눈앞의 넓은 원추리 꽃밭과 겹친다. 에베레스트 원정과 북극 탐험에서 돌아와서 10년이 지난 지금에도 그 애처로운 풍경이 눈앞에 선명하기만 하다.

철쭉은 분명 산꽃의 여왕이다. 그러나 나에게는 드높고 넓은 산등성이에 수줍은 듯이 피어있는 원추리꽃이 더 좋다. 먼 나라의 산과 들에서 본 에델바이스와 커튼 그라스의 군락이 덕유산 고원의 원추리 꽃을 통해 기억에 되살아나는 것은 거기 가느라 고생했던 대가인지도 모른다.

9월 15일

8·15는 양력으로나 음력으로나 잘 알려진 날이다. 그런데 9·15는 어떤가. 이렇게 물어서 대답할 사람이 있을 리 없다. 그 날은 8·15처럼 예로부터 내려오는 명절도 아니요, 우리 민족 전체의 운명을 좌우한 큰 사건이 있었던 날도 아니니까. 그런데 이러한 9·15를 잊을래야 잊을 수 없는 사람들이 있다. 이날 사건의 현장에 있던 주인공들이다.

1977년 9월 15일, 한 사나이가 동료들의 등을 딛고 지구의 꼭대기에 섰다. 시간은 낮 12시 50분. 7년을 기다린 뒤, 60일 사이에 아열대에서 혹한의 세계 8,000미터 높이를 오른 멀고도 험했던 여정이 비로소 막을 내렸다.

이 무렵 우리는 구름 위에서 초조하고 불안한 나날을 보내고 있었다. 달포 전에 떠나온 표고 5,000미터 저 밑에서는 먹구름이 폭우를 퍼부었다. 산이 무너지고 길이 끊겼다는 소문까지 들렸다. 이것이 사실이라면 앞으로 돌아갈 일이 난감했다. 그런데도 우리는 정신없이 8,848미터의 드높은 봉우리만 쳐다보았다.

우리는 쿰부 빙하에 기지를 만들고 눈과 얼음을 헤치며 오로지 높은 데를 향하여 길을 뚫었다. 그렇게 해서 표고 8,500미터에 도달했다. 이제 목표가 눈앞에 있었다. 박상렬이라는 사나이가 동료들의 모든 짐을 혼자 맡아 지고 마지막 남은 길을 나섰다. 그러나 박은 12시간의 사투 끝에 8,700미터 부근에서 산소가 떨어져 오도 가도 못하게 되었다. 결국 그는 이 죽음의 지대에서 아무도 겪어보지 못한 무서운 밤을 지새워야 했다. 만일 이때 박이 생사를 건 시련을 이겨내지 못하였던들 한 주일 뒤 고상돈에게 등정의 기회가 오지 않았으리라.

9·15는 그날 12시 50분에 있었던 순간의 사건만을 뜻하지 않는다. 더구나 원정대 18명이 한결같이 고생한 석 달 간의 결정(結晶)도 아니다. 세계의 정상으로 이어졌던 이 길은 그보다 훨씬 멀고 험했다. 엄동의 지리산 칠선계곡과 설한의 설악산 공룡능선, 대관령에서 동대산에 이르는 혹한과 강풍의 험로, 그리고 설악골 눈사태로 희생된 친구들 앞에서 통곡과 비탄으로 지새운 나날……, 우리는 훗날 그들의 사진을 에베레스트 꼭대기, 창세기 이래 쌓인 신성한 눈 속 깊이 묻었다.

1977년 9월 15일은 그러한 날이었다. 이때 고상돈이 구름 위 드높은 곳에서 지상으로 보낸 무전 보고는 "여기는 정상이다. 지금 도착했다. 더 오를 데가 없다"는 짤막한 것이다.

이 순간부터 우리는 오르고 싶어도 더 오를 데가 없어졌다. 이제 우리는 에베레스트에서 내려와 인생의 새로운 고도를 찾아 나섰다. 그리고 저마다 자기의 지평선을 넓혀 나가야 했다.

세계의 최고봉은 그 신비의 베일을 벗었다. 그것을 둘러싼 처절한 싸움들도 어지간히 끝났다. 그런데도 제3의 극지로 알려진 이 극한의 세계를 겨냥하는 행렬이 끊어지지 않는 까닭은 무엇일까. 아마도 에베레스트는 단순히 높이를 자랑하는 눈과 바위의 덩어리가 아니라 상징이요 비유라는 누구의 말이 이에 답해 줄지도 모른다.

9월 15일은 그러한 상징에 우리가 도전했던 날이다.

우리가 갔던 길

―――

 일본에서 나오는 등산 전문지 「岩과 雪」은 1977년 12월호에서 한국의 에베레스트 원정에 대해 아래와 같이 보도했다.

 '한국 대는 9월 9일, 8,500미터의 캠프에서 박상렬과 앙 프르바가 공격했으나 8,740미터에서 단념. 15일 고상돈과 펨바 노르부가 두 번째 공격을 위해 04시 캠프를 떠나 8시간 50분 뒤 정상에 섰다. 포스트 몬순의 에베레스트 등정은 1973년 일본대, 1975년 영국 대에 이은 세 번째의 기록. 그리고 베이스캠프에서 정상까지 36일이라는 짧은 기간의 성공이다.'

 이 기사의 내용은 당시 에베레스트가 어떤 상황에 놓여있었고 한국 원정대가 이룩한 성과가 어떤 것인지 잘 말해주고 있다.
 오늘날에 와서 보면 그것은 10년 전 옛날이야기요, 이렇다 할 기록도 아니다. 그야말로 한 마디로 평범한 것이다. 그러나 당시 에베레스트 원정은 세계 등산계의 가장 큰 이벤트였다. 그것은 우리가 하산하여 카트만두로 돌아오자 며칠을 두고 외국 관광객들이 찾아온 것으로도 알 수 있다.

요사이는 사람들이 마치 이웃집 드나들 듯이 에베레스트에 다녀오는 데, 우리는 1971년 초에 네팔 행정부에 입산 허가 신청을 내고 나서 이에 대한 회답을 1973년 저물어갈 때 비로소 받았으며, 그 내용은 1977년 포스트 몬순에 오라는 것이었다.

그 무렵 에베레스트에 오른 나라는 불과 다섯이었다. 그것도 모두 프레 몬순에 동남릉으로만 올라갔다.

「岩과 雪」의 기사는 바로 이와 같은 당시의 시대적 배경을 말해주었다.

에베레스트 등산의 역사도 이제 60여년이 되었다. 그동안 에베레스트 그 자체는 변할 리가 없지만 등산 양상이나 산을 보는 사람의 눈은 많이 달라졌다. 그리하여 최근에는 이 세계의 최고봉을 그리 어렵지 않다고 보고 있는 듯하다. 그런데 진실은 어떤가. 나는 지금도 이런 문제에 대해 자신 있는 답을 내리길 주저한다.

산이 높을수록 오르기 어렵다면 에베레스트는 가장 어려운 산이리라. 1953년 에베레스트가 처음으로 등정될 때까지 이것을 의심한 사람은 아무도 없었다. 영국이 1921년 여기에 도전하기 시작하여 32년 동안 열 차례에 걸친 원정활동을 벌였던 끝에 성공한 것만으로도 알 수 있다.

당시부터 에베레스트를 산소 없이 오를 수 있다, 없다 하는 논쟁이 있었으나 그것이 반세기가 훨씬 지나서야 해결된 것을 사람들은 알고 있다.

그러한 세계 최고봉이 근년에 와서 이변을 겪고 있다. 즉 1978년 가을 서독과 프랑스 합동대가, 그리고 이듬해에는 새로운 서독대가 에베레스트에 도전하여 셰르파를 끼어 각각 14명과 13명을 그 정상에 올렸다. 그들은 물론 전통적인 루트로 전통적인 방법을 써서 성공한 것이지만, 한 원정대에서 이렇게 많은 사람이 오른 적은 일찍이 없었다.

그 외에도 에베레스트에는 30년 사이에 일곱 군데 루트가 뚫렸고, 등반방식도 대원정에서 무산소, 알파인 스타일, 솔로, 동계 등반 등 새로운 양상이 빠른 속도로 이루어지고 여성팀까지 등장했다.

이런 변화는 우리가 오르던 무렵만 해도 감히 상상조차 못했다. 그러나 그렇다고 이것으로 최고봉의 운명이 결정되지는 않았다.

초등 후부터 1983년까지 30년의 과정을 보면 에베레스트는 총 67회의 도전을 받았다. 이 가운데 30개 팀이 등정에 성공하였고 143명이 정상을 밟았다.

그런데 이 수치는 우리 한국대가 오른 1977년을 사이에 두고 거의 반반으로 나뉜다. 다시 말해서 전 25년과 후 5년의 기록을 보면 도전 횟수나 성공 횟수나 모두 같은 비례다. 이것은 에베레스트 등정의 어려움이 예나 지금이나 조금도 다를 바가 없다는 것을 말해준다.

역사는 한 사건을 계기로 그 흐름을 바꾸는 일이 많다. 에베레스트에서도 그러한 사건이 있었는데, 그것이 다름 아닌 1978년의 라인홀트 메스너와 페터 하벨러의 무산소 등정이다. 이 일이 있고 나서 에베레스트에는 새로운 시대가 열리고, 드디어 전통적인 대원정의 시대가 막을 내리게 된다.

그렇다고 에베레스트에 다시는 큰 원정팀이 나타나지 않은 것은 아니다. 바로 1979년에는 31명으로 구성된 유고대가 도전하여 4명밖에 오르지 못했는가 하면, 이탈리아 등산가 35명을 주축으로 한 네팔과의 합동대 50명의 대 부대는 셰르파의 아이스폴 사고로 좌절되기도 했다.

존 헌트는 그의 저서 『에베레스트 등정』에서 이렇게 말했다.

> '이들 고산에 모험을 감행하는 사람들이 마주치는 공포에는 세 가지가 있다. 즉 고도의 문제와 기상의 상태 그리고 등반 자체의 어려움이다.'

에베레스트를 겨냥하는 등반가라면 체력이나 등반 능력에는 특수한 경우를 빼고는 큰 차이가 없다고 본다. 그렇다면 결국 가장 불확실하고, 등반을 어렵게 하는 요소는 기상 상태가 아닌가 한다. 원정대가 실패하는 원인에는 인명사고, 팀웍의 결여 등도 있으나 강력한 팀도 악천후로 후퇴하는 일이 적지 않다.

히말라야 자이언트 개척기인 1955년에 프랑스 대는 마칼루를 처음 공격하면서 전 대원 9명이 정상에 오르는 놀라운 기록을 세웠다. 물론 대장은 당대 이름났던 장 프랑코였고 대원 중에는 리오넬 테레이 같은 뛰어난 등산가가 있었지만, 대장의 말을 빌면, 등반하는 동안 날씨가 그렇게 좋았고 모든 운행이 순탄했다고 한다.

금세기 초에 벌어졌던 남극점 도달 싸움에서 영국의 스코트 대는 돌아오는 길에 데포 지점을 18킬로미터 남겨놓고 모두 죽었다. 이 안타까운 일은 바로 대자연의 무서움과 인간의 능력의 한계를 말해주고 있다.

물론 고산 등반의 어려움은 기상에만 있지 않다. 산의 높이가 7,000에서 8,000미터에 달하면 자연 산세가 험하고 기압이 낮으며 고소 장애가 따르기 마련이다. 이에 대한 준비와 운행 모두가 복잡한데다 도중 뜻하지 않은 사태가 일어나기 쉽다.

10년 전 그 옛날, 우리는 길을 떠나서 올라갔다 돌아온 것으로 보이리라. 그러나 첫 준비 과정부터 훈련 중의 사고, 380킬로미터 캐러밴의 어려움, 산소 문제, 장비 도난 사고, 셰르파들과 불화, KBS 특파원의 와병, 1차 공격 실패 등의 시련, 트레킹 서비스의 영국 책임자와의 싸움 등등 이루 말할 수 없는 고통이 꼬리를 물었다.

카트만두를 벗어나 람상고로부터 에베레스트 산록 빙하지대까지 380킬로미터의 캐러밴은 거의 한 달 가까이 걸렸으며, 이 사이에 우리는 아열대에서 한대로 수직 이동을 해야 했다. 그러나 문제는 여기에 있지 않았다.

우리의 경우, 계약했던 포터들이 나타나지 않은데다 다음날부터 포터들이 도망가는 사고까지 잇달았다. 그래서 원정대는 짐 때문에 사분오열이 되어 그때마다 인부를 현지 조달해서 그 많은 짐들을 날라야 했다.

이 일로 후일 포터를 알선했던 영국인 마이크 체니라는 자와 배상 문제로 대립했는데, 여기에 불만을 품은 그는 훗날 우리 원정 활동을 악의에 찬 어투로 보도했다.

우리는 또한 프랑스에서 구입한 산소통 50개가 레규레이터와 맞지 않아 못 쓰게 된 것을 베이스캠프에서 알았다. 그 산 속에서 프랑스 현지와 몇 차례 전보로 시시비비를 논해야 했던 어처구니없는 사태에 부딪치기도 했는데, 그때 마침 하늘이 도와 아이스폴에서 프랑스제 산소통 13개를 얻어 그것으로 2차 공격에 나서게 되었던 것이다.

이 일에 대해서도 체니는 한국이 5년간이나 준비하면서 베이스캠프에서야 산소통의 사고를 알았다고 꼬집었다. 그는 우리 사정을 쥐꼬리만큼도 모르고 제멋대로 입을 놀렸다. 당시 프랑스 메이커는 그쪽 사정으로 서독에서 봄베를 들여다 가스를 충전했던 것인데, 그것도 카트만두에 약속한 날짜까지 보내주지 못했고 결국 우리는 베이스캠프에 가서야 그 물건을 받았다.

이외에 우리를 크게 당황케 한 것은 주요 장비를 도난당한 일이다. 베이스캠프에서 짐을 정리하다 보니 그중 등산화와 다운 베스트, 고글 등 전략물자가 온데 간 데 없었다. 조끼 정도는 없는 대로 견디기로 하고 고소 등산화는 8,000미터 고도에 진출할 때 신을 것이니 다시 구할 때까지 시간 여유가 있었으나, 검은 색안경 없이는 사람이 당장 움직일 수 없었다. 그래서 고글은 셰르파들과 교섭해서 비싼 값으로 구하고, 등산화는 서울에 연락해서 급히 보충했던 것이다.

뿐만 아니라 등반에 있어 잊지 못할 일이 많았다. 메스너의 에베레스트 등반기를 보면 전년도에 한국대가 버린 쓰레기가 캠프에 많더라는 글귀가 있어 기분이 언짢았다. 서양 사람이 다른 인종을 멸시하는 경향은 오래된 그들의 버릇인데, 메스너의 경우도 그렇다.

그런데 우리가 처음 캠프에 올라가 보니 이미 쓰레기장이었다. 먼젓번 원정대가 버린 이 물건들을 놓고 셰르파들 사이에 싸움이 벌어

나는 산과 같이 살아왔다

졌던 일이 있다. 한정수 대원이 보다 못해 텐트를 먼저 치라고 하자 셰르파들은 우리한테 달려들었다. 나는 베이스캠프에서 이 보고를 받고 사다에게 일렀다. 그 물건은 모두 셰르파들의 것이니 걱정 말고 우리 일을 먼저 도와달라고 애원하다시피 했다.

에베레스트에서 내가 가장 걱정했던 것은 등정 여부보다는 인명 피해였다. 1976년 설악골에서 눈사태로 최수남 등 유능한 대원 셋을 잃은 나로서는 에베레스트가 무서운 대상이 아닐 수 없었다. 여러 가지 일 중에서도 결코 잊을 수 없는 사건이 있다. 1차 공격 때 박상렬이 8,700미터 고소에서 쓰러졌던 일하고 박과 앙프르바의 생사를 몰라 암담했던 그날 밤의 일이다.

그러나 그들이 초인간적인 힘을 발휘해서 그 죽음의 지대를 탈출하여 무사히 내려왔던 것을 나는 잊지 못한다. 그날 밤 늦게 로체 페이스 밑에서 기다리던 고상돈은 박상렬을 보자 울음을 터뜨렸는데, 그 소리를 무전으로 듣고 나는 가슴이 철렁 내려앉았던 기억이 있다.

박상렬 부대장이 캠프로 내려올 때 나는 어두운 텐트 안에 장문삼 등반대장과 말없이 앉아 있었다. 밖에서 죽었던 사람이 돌아온다고 환성이 터졌다. 그러나 우리는 텐트를 나가지 않았다. 그때 내 가슴은 메어지는 듯했다. 그토록 믿었던 박이 8,500 이라는 엄청난 고소에서 왜 산소를 마시지 않았단 말인가. 그때의 억울함과 의문은 시간이 가면서 차차 가시고 풀렸지만, 당시는 그 일이 정말 분하기만 했다. 한편 대원들은 대장 때문에 8,000미터까지 가보지 못했다고 나를 원망하는 눈치다. 박상렬이 선두에 서서 사우스콜까지 루트를 뚫자 의무대원 조대행, 보도대원 김운영 등 대여섯이 표고 7,500의 캠프를 떠나 사우스콜로 떠났다.

 그날은 날씨가 좋아서 그들의 진출 광경이 캠프에서 육안으로도 보였다. 그러나 시간적으로 다소 늦은 감이 있어 나는 모두 캠프로 돌아오라고 했다. 이때 그들은 로체 페이스를 뚫고 제네바 스퍼까지 산소 없이 갔던 것이다. 호흡은 물론 아무런 이상이 없었다고 한다.

 1977년 9월 15일 낮 12시 50분. 고요했던 설원에 무전기가 울렸다. 8,848미터, 지구의 꼭대기에서 연락이 왔다. 우리는 모두 일어서서 만세를 불렀다. 셰르파들도 두 손을 번쩍 들며 어쩔 줄 몰랐다. 그때 누군가 "우리는 8,849미터에 올라갔다"고 소리쳤다. 정상에 눈이 1미터 쌓였다는 이야기였다. 우리는 모두 웃었다.

 1978년 7월 하순, 북극탐험 나서기 사흘 전이었다. 프랑스에서 800만원이 돌아왔다. 생각도 하지 않았던 산소통 50개의 값이었다. 북극에서 돌아오니 이번에는 독일에서 책이 와 있었다. 라인홀트 메스너의 『에베레스트』였다.

 이리저리 들춰보다 한 장의 사진에 눈이 갔다. 메스너가 정상에 쭈그리고 앉아 있는 모습이었다. 물론 중공 원정대가 묻은 삼각대가 같이 나타나 있었다(이 물건은 1975년 이래 에베레스트 정상의 표지가 됐다). 그런데 웬일인가! 우리 때에는 삼각대의 꼭대기가 조금 보였는데 이 사진에는 그것이 메스너의 앉은키만큼 나와 있었다. 정상의 적설량이 우리 때보다 그 만큼 적었다는 이야기다. 그제야 나는 우리가 '8,849미터'에 오른 것을 알았다. 뿐만 아니라 박상렬이 정상을 향해 남봉으로 진출할 때 눈이 깊어 얼마나 고생했을까 짐작했다.

대관령에서 설악산까지

　속초는 물론 동해안에 있는 한 어촌이다. 나는 여행가도 아니요 지리나 향토사를 연구하는 사람도 아니다. 그렇다고 여기저기 이름난 곳을 따라가며 풍물과 맛있는 음식을 즐기는 멋도 가지고 있지 않다. 그러한 나에게 속초는 한낱 동해안의 어촌이었다.

　그런데 이날의 속초는 그전과 달랐다. 나는 부둣가에 있는 횟집에 앉아 비내리는 바깥을 내다보고 있었다. 1987년 8월 15일이었다. 나는 7박 8일 동안 태백산의 주릉을 타고 설악산 대청봉을 거쳐 동해 어촌에 내려온 참이었다.

　화채봉 샘터를 떠나려는데 비가 쏟아졌다. 8일째 되는 마지막 행군에 몸은 지칠대로 지쳤다. 권금성 산장의 따끈한 커피 생각이 간절했다. 설악동에 떨어지면 속초로 달려가 목욕을 하고 옷을 갈아입으리라. 그리고 부두로 나가 횟집으로 가자. 그러면 더 이상 무거운 짐이나 젖은 옷을 몸에 걸치지 않아도 된다. 여태까지 마음 한 구석에 쌓여있던 하나의 과제, 대관령에서 설악까지 태백산 준령을 종주하려던 꿈을 이루게 되리라……. 이러한 생각의 연장 선상에 속초가 있었다.

그날의 속초는 유난히 승용차와 사람으로 붐볐다. 시원한 바닷가를 찾아온 무리였다. 올 여름은 장마의 피해가 심했다. 그들은 태풍이나 폭우 같은 천재의 위력 밖에 있는 사람들로 설악의 대청봉과도 관계가 없었다. 어두워가는 속초 거리에서 초췌할 대로 초췌한 나는 분명 이방인이었다. 그리고 나는 그러한 자신이 좋았다.

부두에 매인 크고 작은 어선들이 땅거미 속에 축축이 비를 맞고 있었다. 갖가지 물건들이 제멋대로 팽개쳐진 갑판과 돛대 저편에 저물어가는 앞바다가 어슴푸레 내다 보였다. 약간 굽어보이는 듯한 수평선 멀리 태백산의 거대한 준령 너머로 대관령의 앙상한 고원이 나타났다. 저기서 나는 왔다.

8월 8일이었다. 그토록 지루하고 심했던 장마철도 한 걸음 물러간 듯해서 젊은이 둘과 태백산맥 종주길에 나섰던 것이다.

우리는 대관령에서 시작하여 고원 목장지대를 지나 노인봉과 오대산 줄기인 동대산을 거쳐 멀리 북녘으로 뻗은 태백산맥 등골을 타며 설악산 대청봉으로 가기로 했다. 모두 300리 산길, 하루 평균 40리를 걸으며 산속에서 7박 8일을 지낸다는 이야기다. 생각만 해도 가슴이 설렜다.

태백산맥 종주는 새로운 일이 아니며 그 길을 간 사람들도 적지 않다. 그런데 여기를 내가 택한 데는 이유가 있었다. 앞으로 달포면 우리가 에베레스트에 오른 지 10년이 된다. 이 원정 10주년을 생각하고 우리는 옛날 갔던 그 길, 카투만두에서 에베레스트 산록 빙하지대까지 380킬로미터를 다시 한 번 걷자고 했다. 옛 친구들은 지금까지 이날이 오기를 기다렸다. 그래서 서로 적금도 들었다. 그런데 세상은 뜻대로 되지 않는 법이어서 막상 때가 다가오니 모두 갈 형편이 아니었다.

몇 년 전 회갑 때 지리산을 혼자 종주한 일이 생각났다. 무거운 짐을 지고 동쪽의 천왕봉에서 서쪽 노고단까지 100여리 산길을 혼자 걸었다. 산을 타다 보니 느는 것이 고집이요, 등산가의 숙명이라는 미명 하에 스스로 무거운 과제를 찾게 된다. 60대 초반에 지리산 먼 길을 이렇게 나선 것도 이를테면 그런 마음에서였다. 그리고 이번에는 히말라야에 갈 것을 국내 산길로 돌린 셈이다.

대관령부터 시작되는 태백산맥 종주 길은 눈앞에 훤했다. 그 길은 보나마나 험할 것이고 짐도 무겁겠지만 가장 걱정되는 것은 물이었다. 도중에 샘이 있으면 좋으련만 그것을 기대하기는 어려웠다. 이런 점에서 태백산 줄기에 비하면 지리산의 경우는 처음부터 문제가 안 되었다. 걷노라면 적당한 곳에 샘과 산장이 있으니까.

대관령에 들어서니 지난날 훈련하던 생각이 났다. 엄동설한이었는데 당시 우리는 눈길을 헤치며 동대산까지 3일을 걸었다. 이른바 극지법에 의한 운행이었다. 그런데 이번에는 우선 대관령 어귀에 있는 대관사 암자에서 첫날을 묵었다. 유난히 밝은 보름달이 떠 있었는데 처마의 풍경소리라도 듣고 싶어지는 그러한 밤이었다. 그러나 앞으로 갈 길을 생각하니 마음이 무거웠다.

이렇게 해서 300리 산길 여행이 시작되었다. 날씨가 무덥다보니 반소매 반바지 차림이라 첫날부터 팔과 정강이가 풀과 나뭇가지에 걸려 사정없이 긁혔다. 게다가 이튿날부터 비가 쏟아졌다. 장마가 그만큼 기승을 부렸으니 이제 맑을 줄 알았는데 강원도 산골은 다른가 보다. 준비했던 우장 따위는 아예 문제가 안 되었다. 한참 걸을 때에는 몰랐으나 저녁이 되면서 체온을 뺏기니 추웠다. 등산은 필경 스스로 사서 하는 고생이며 이런 일을 처음부터 알고 나섰던 터였다.

해가 질 시간이라 주위가 어둑어둑해졌다. 그러자 심마니 터가 나타났다. 시간은 아직 있었으나 퍼붓는 비속에 방향과 위치를 확인할 길이 없고 온몸이 물에 빠진 생쥐처럼 됐으니 오늘 행차는 여기서 끝내는 것이 좋을 듯했다. 심마니들은 맑은 물이 흐르는 계곡 옆에 터를 닦고 나뭇가지를 얽어서 그 위를 비닐로 덮었는데, 움막은 웬만한 천막보다 좋았다.

대관령을 떠난 지 3일째 되던 날은 쇠나드리라는 곳으로 가는 길이었는데 이날도 하늘은 하루 종일 비를 뿌렸다. 덕분에 더위를 몰랐으나 앞이 보이지 않아 길이 한없이 멀어보였다. 가도 가도 쇠나드리로 떨어지는 길이 나서지 않았다. 날은 차차 어두워지고 숲속에서는 길이 가물가물했다. 헤드램프를 켜고 용기를 내보았지만 그러다가는 잠잘 시간까지 까먹게 되겠으니 적당한 산길에서 야영하기로 했다.

어둠 속에 천막을 치고 옷을 갈아입고 자리에 누웠다. 달 밝은 암자와 아늑했던 진고개 산장 그리고 물소리 요란했던 심마니 움막이 그리웠다. 산비가 천막을 계속 때렸다. 도대체 여기가 어딜까. 그리고 내일은 또 어디에서 밤을 맞이할 것인가…… 나는 잠이 들었다.

아침이 되어 우리는 여느 때보다 일찍 떠났다. 저녁 늦도록 헤매던 쇠나드리 길을 찾기 위해서였다. 한 시간 남짓 봉우리가 몇 개를 오르내리다가 옆으로 빠지는 길이 나왔다. 지도를 보니 지형이 일치된 듯했다. 우리는 서슴지 않고 그 길로 내려섰다. 그런데 이게 웬일인가. 물이 흐르는 계곡에 내려오니 오래된 심마니 터가 있을 뿐 여기서부터 길이 끊겼다. 되돌아서자니 난감했다.

우리는 그대로 계곡에 들어섰다. 물을 따라 밑으로, 밑으로 내려갈 작정이었다. 그러노라면 농가 두 채가 있다는 쇠나드리가 나올 것만 같았다. 계곡은 나뭇가지로 덮였고 물줄기는 빨랐으며 암석은 미끄러웠다. 그럴 수밖에 없다. 그러나 이제 우리가 갈 길은 여기뿐이다.

양쪽 능선이 낮아지고 앞이 밝아왔다. 계곡의 물줄기도 한결 부드러워졌다. 산기슭에 내려온 것이 분명했다.

순간 눈앞에 넓은 냇가가 나타나고 건너편으로 길도 보였다. 계곡을 빠져나오니 그곳이 쇠나드리였다. 우리는 서로 쳐다보며 활짝 웃었다. 오늘은 당초 계획에는 없지만 하루를 쉬기로 했다. 자갈밭에 짐을 풀고 몸을 씻으며 젖은 옷들을 말렸다. 햇살이 좋아 모든 것이 잠깐 사이에 뽀송뽀송해졌다. 개울 저편에 농가가 보여서 그리로 찾아갔다. 그날 밤도 달이 밝았다.

집 주인은 60세에 가까운 촌부였다. 그는 홍천이 고향인데 한여름 이곳에 와서 배추 농사를 짓는다고 한다. 그런데 지난번 홍수로 올 농사는 모두 망쳤다는 이야기였다. 집 앞으로 난 큰 길을 따라가면 현리에 이른다고 했다. 현리는 6.25때 적에게 포위되어 쓰라린 경험을 했던 곳. 그로부터 35년이 지나도록 가본 일이 없다. 알고 보니 촌부는 당시 같은 부대에 그 고생을 겪었던 노무자였다.

쇠나드리는 태백산맥 종주길 가운데쯤 있었다. 그러나 앞으로 점봉산 계곡까지 길은 멀고 험했다.

날씨는 좋았다. 산이 깊고 지대가 높기 때문인지 걷는 데 걱정했던 것보다 힘이 덜 들었다. 행로의 반을 넘어섰다는 생각에서 힘이 솟았는지도 모른다. 그런데 문제가 생겼다. 지형이 까다로워 지도를 제대로 읽을 수가 없었다. 서쪽으로 한번 크게 꺾여야 하는데 그 길이 자세하지 않았다. 헤매다가 길을 잘못 들면 그만큼 시간과 노력을 낭비하게 되니 그런 일이 없도록 정신을 바짝 차리고 걸었다. 그런데도 끝내 우리는 고생길에 빠져들고 말았다.

어느새 눈 아래 오색 약수터가 보였다. 그럴 리가 없었다. 길을 잘못 들어도 이만저만 잘못 든 것이 아니었다. 낯익은 오색 약수터인데, 바로 내려가면 하루의 여장을 풀 수는 있겠지만 그렇게 되면 태백산맥 종주 길에서 벗어난다.

우리는 지칠 대로 지친 다리를 끌고 온 길을 되돌아갔다. 그리고 무턱대고 서쪽으로 숲을 뚫고 나갔다. 그날의 목표인 점봉산 계곡으로 빠지려는 것이었다. 시간은 이미 늦었지만 산 속 깊이 들어가는 것 같으니 틀림없이 점봉산에 다가서고 있었다. 우리는 다시 용기를 얻었다.

숲은 갈수록 깊어지는데 날이 어두웠다. 밑에서 물소리가 들렸다. 계곡이 가까운가 보다. 우리는 무거운 다리를 더욱 재촉했다. 길이 나타났다. 이제는 됐다. 틀림없이 단목령일 게다. 그렇지 않고서는 이런 산중에 길이 있을 리가 없었다. 길을 따라 오르니 마루턱에 아늑한 터가 나타났다. 점봉산으로 오르는 입구였다. 그날의 목표였던 계곡은 아니었지만 시간도 이미 늦었으니 여기에 천막을 치기로 했다. 고도계가 표고 900을 가리키고 있었다.

  아침 일찍 북으로 난 길로 들어섰다. 지금까지 오던 중 가장 산길다운 길이었다. 깊고 음침한 골짜기에는 대풀이 키를 가리고 고목이 군데군데 쓰러져 있었다. 점봉산의 높이가 1,400이니 앞으로 표고차 5~6백 미터 오르면 되었다. 그런데 도중 오색에서 올라오는 길이 나타나면서부터 경사가 심해졌다.

  정상 밑에 포수막 터가 있고 샘이 흐른다고 한다. 여기가 계획상으로는 어제 저녁에 왔어야 하는 곳이니 그러기에는 너무 멀었던 것 같다.

  짐이 더욱 무거워졌다. 두서너 걸음 걷고 쉬는 것이 고작이었는데 이렇게 힘들어 보기는 처음이었다. 지금까지 더 높은 데도 올랐지만 이번에는 여러 날 겹친 산행으로 피로가 쌓인 모양이다.

  그러나 고생은 길지 않았다. 기다리던 포수막 터는 보이지 않고 어느새 앞이 훤히 트였다. 점봉산 마루턱이었다. 한계령에서 오색으로 내려가는 길이 굽이치고 서북주릉이 한눈에 들어왔다. 물론 멀리 대청봉이 보였다. 이런 각도에서 서북주릉과 대청봉을 바라보기는 처음이다.

  설악 상공 일대에 떠 있는 뭉게구름이 볼만했다. 이것이 바로 여름이다. 구름은 어디에서 일고 모여드는지 삽시간에 하늘 높이 뭉실뭉실 피어오르다가 어느덧 흩어지고 또다시 층을 이룬다. 헤르만 헤세의 글이 생각났다.

  점봉산에서 한계령으로 내려가는 길은 도중에 만물상을 거치는데 여기를 가려면 다소 바위에 대한 감각이 있어야 할 것 같았다.

한계령은 휴가철이라 차와 사람으로 붐볐다. 그들 틈에서 우리는 아예 어울리지 않았다. 우리는 잠시 쉰 뒤 다시 산길로 들어서서 오늘의 막영지인 한계령 샘터로 발을 옮겼다.

그런데 드디어 한계령에 왔다는 생각과 휴게소에서 마신 맥주 한 잔으로 온몸이 나른해져서 걸음을 뗄 수가 없었다. 일행의 두 젊은이가 내 배낭에서 텐트와 콜맨 스토브를 꺼냈다. 그래도 짐은 여전히 무거웠다. 나는 먼저 일행을 보내고 천천히 따르기로 했다.

한계령에서 설악주릉으로 붙는 길은 깎아 섰다.

나는 여기를 자주 쉬며 올라갔다. 그동안 우리는 외로이 산길을 왔는데 지금은 오가는 사람이 많았다.

우리는 샘터에서 물을 긷고 능선 위로 올라가 자리를 잡았다. 7박째 되는 마지막 야영이니 한결 기분이 홀가분했다. 그런데 주위를 둘러보니 온통 쓰레기에 악취가 코를 찔렀다. 지방에서 왔다는 대학생 팀이 옆에 천막을 쳤다.

이튿날 아침 가벼운 걸음으로 대청을 보고 떠났다. 날씨도 좋았다.

두 시간 남짓해서 끝청에 이를 무렵 안개가 일며 사방을 덮었다. 가파른 꼭대기에 올라설 무렵 한 청년이 물이 있느냐고 물어왔는데 사뭇 애원하다시피 한다. 일행 중의 여자가 탈진 상태였다. 이러한 젊은이들의 산행태도가 불쾌했지만 나는 물을 나누어 주지 않을 수가 없었다.

중청에 가까이 오면서 사람이 더욱 많아졌다. 깊은 산의 고요함은 사라지고 도시의 거리를 가는 느낌이었다. 설악이 이 꼴로 된 지는 오래나 이 현실을 어떻게 할 것인가. 중청에서 대청 가는 길은 장터나 다름없었다. '대청봉'이라는 푯말이 서 있는 부근은 아예 발 디딜 틈이 없다. 사람들이 애국가를 부르고 게다가 만세 삼창까지 했다. 그들의 감격도 모를 바는 아니었지만 그들에게 산은 무엇일까 새삼 생각했다.

설악의 변모는 이것뿐이 아니었다. 어느새 대청과 중청에 산장이 서고 장사가 한창이었다. 우리는 화채능선으로 내려섰다. 권금성까지 약 네 시간 거리다. 우리 앞으로 젊은 여자들이 10여 명 발랄한 옷차림으로 걷고 있었다. 이런 그룹을 정상에서도 많이 보았는데 그들은 한결같이 홀몸이고 물통도 가지고 있지 않았다. 그런 식으로 설악을 오를 수야 없을 터인데, 아니나 다를까 그 일행은 줄곧 물 타령을 하며 죽지 못해 발을 옮기고 있는 듯했다.

화채봉 샘터에 나왔다. 샘터라고 하지만 물을 뜨려면 능선에서 한참 내려가야 한다. 적당히 간식을 들고 있노라니 하늘이 어두워지며 빗방울이 뚝뚝 떨어졌다. 우리는 급히 짐을 챙기고 걸음을 재촉했다. 그러자 비가 본격적으로 쏟아졌다. 이제는 한 걸음이라도 빨리 가는 수밖에 없다. 점점 고도가 낮아지며 건너편에 능선이 보였다. 그러나 권금성 산장은 생각보다 멀었다.

70년대 초 화채봉에 왔던 일이 생각났다. 이 길이 처음 뚫리고 나는 아내와 같이 왔었는데 그때는 그렇게 힘든 줄 몰랐으니 역시 젊었던 모양이다.

주능선을 거의 내려오자 계곡이 나왔고 여기를 건너서니 전망이 좋은 암릉을 트래버스하게 되었다. 암릉에는 철봉이 꽂히고 철책이 둘려있었다. 모두 옛날 그대로다.

    비는 아직도 오락가락했다. 구름이 바람에 날려 천불동 계곡과 건너편의 공룡능선이 보이다 안 보이다 한다. 멀리 울산암이 거무틱틱했다. 설악은 때로는 우아하고 때로는 호쾌하며 때로는 침묵이고 때로는 웅변이다. 설악은 역시 장대하다.

    밑에서 인기척이 났다. 산장이 가깝다는 이야기다. 사람 말소리가 간간히 들려오자 발밑으로 건물이 나타났는데 바로 권금성 산장이었다. 산장은 케이블카로 올라온 사람들로 들어설 자리가 없었다. 이제야 길고 길었던 여정이 끝났다.

    우리는 산을 내려와 속초로 달렸다. 물치 앞바다가 어두운 하늘 밑에 끝없이 펼쳐졌다.

아, 대청봉!

얼마 전에 독일에서 책이 왔다. 제목은 『ÜBERLEBT』. 한 사나이가 높이 8,000미터가 넘는 14개의 고산을 모두 오른 기록이다.

세계에서 제일 강하다고 하는 이 유럽의 등산가는 1970년부터 16년 동안에 에베레스트를 포함한 히말라야 자이언트들을 모조리 올라갔다. 그야말로 인류 역사에 처음 있는 일이었다.

책이 나오자 일본에서는 재빨리 번역하여 제목을 『살았다, 돌아왔다』고 했는데 우리말로는 '모조리 해냈다'로 옮기고 싶다.

지난 10월 황금연휴 때 설악산에 인파가 몰려 그 꼭대기는 발디딜 자리가 없었다고 한다. 그런데 사람들이 이렇게 대청봉에 모여드는 까닭은 무엇일까? 자기 몸을 생각해서거나 모처럼 시간이 생겨서만은 아니라고 본다.

바닷가에서 바로 1,700미터 솟은 그 기암절벽, 산마루에서 내려다보이는 넓은 동해의 수평선과 울산암의 검푸른 거대한 덩어리, 이름 그대로 용의 이빨같이 생긴 용아장성과 멸종된 태고의 괴수처럼 보이는 공룡능선의 줄줄이 잇단 봉우리들… 이렇게 내설악과 외설악이 한눈에 들어오는 곳이 바로 이름도 대청봉 마루턱이다.

설악산은 한라와 지리 다음가는 높은 산인데, 유독 설악산에는 계절 따라 수많은 사람들이 몰려든다. 그들은 대부분 설악동 여관 촌에 짐을 풀고 가까운 데를 구경하고 나면 집으로 돌아간다. 그러나 설악을 아는 사람들은 땀을 흘려가며 아픈 다리를 끌고 높이, 높이 오른다. 그리고 대청봉은 이런 사람들 앞에 비로소 나타난다.

나는 지난 8월 8일, 대관령을 떠나 황병산, 노인봉, 동대산을 거쳐 한계령을 굽어보는 점봉산 마루턱에 올라섰다가 7일 만에 드디어 설악산 대청봉 꼭대기에 섰다. 그 거리 120킬로미터, 이른바 태백산맥 종주길 중의 300리를 갔다.

마침내 설악 일대는 비구름이 걷히며 내설악과 외설악이 그야말로 절묘 유연한 모습을 드러냈다. 설악산에 올라도 이런 때는 만나기 어렵다. 그러자 표고 1,708미터 대청봉 정상을 메운 무리가 느닷없이 애국가를 부르고 만세를 외쳤다. 흔한 '야호' 소리가 아니었다.

그들은 필경 '드디어 해냈다'는 감격에 사로잡혔으리라.

설악산 대청봉은 이러한 감격을 안겨주는 곳이다. (1987)

한 권의 산 책

1940년대라 하면 일제 말이니 해방 전의 일들이 생각난다. 나는 평양에서 당시 5년제였던 중학교에 다니고 있었다.

평양은 넓은 들판에 선 도시고 그 한가운데를 큰 강이 지나간다. 유유히 흐르는 이 대동강 기슭을 따라 모란봉과 을밀대 등이 있는 풍치는 서울에서 찾아보기 힘들다. 그런데 서울에 있는 것이 평양엔 없다. 북한산이며 도봉산 같은 바위로 된 수려한 연봉이 그것이다.

물론 평양에도 가까이는 대성산이 있고 좀 더 나아가서는 용악산이 있다. 그러나 그것들은 산이라고 하기에는 너무 낮았다. 나는 이런 속에서 자라다 보니 결국 중학 시절을 마칠 때까지 산을 몰랐다.

당시 학생들은 일본 책을 주로 읽었다. 교과서 외에 이른바 문학이니 철학에 관한 책을 읽을 기회가 많았다. 나 역시 학교 공부보다는 이런 책을 읽는 데 재미를 붙여 몇 집 안 되는 책방을 찾아 시내를 돌아다녔다. 때는 태평양 전쟁이 한창인지라 물자가 귀했고 따라서 새로 나오는 책이 드물었다. 그래서 자연히 헌책방이 판을 쳤는데, 우리가 구하는 것도 그러한 헌책들이었다.

이러한 중고서점을 순례하다시피 다니던 어느 날 나는 색다른 책과 부딪쳤다. 색다르다는 건 그때까지 즐겨 사던 문학이나 철학 책이 아니라는 뜻이다.

이름은 『山-硏究와 隨想』. 오시마 료키치(大島亮吉)라는 저자도 내게는 낯설었다.

그러나 이런 책에 눈이 간 데는 까닭이 있었다. 우선 책을 낸 곳이 당대에 이름난 출판사며, 국판 크기의 검은 크로스 양장이 풍기는 멋이 또한 마음에 들었다. 나는 이런 책이 내 책장에 꽂혀 있는 품을 생각하며 책을 펼쳐 보았다.

첫머리에는 논문들이 실려 있었다.

'동계등산과 스키 등산의 정의', '암벽등반의 미래', '산에 대한 편상', '눈사태에 관하여' 등 그야말로 이해하기 어려운 재미없는 글들이었다. 나는 망설였다. 이런 책이 나에게 무슨 소용이 있을까 그러나 나는 책을 놓고 싶지 않았다. 나는 몇 장 더 넘겼다. 이번에는 수상·시·번역시 같은 것들이 나왔는데. 그 속에 '산장·모닥불·꿈'이니 '등성이·골짜기·서재'와 같은 소품들이 들어 있었다. 나는 군데군데 읽어보았다. 그리고 또 읽었다. 결국 나는 책을 사들고 책방을 나왔다.

이 책을 쓴 오시마는 1899년에 태어나 케이오 대학을 졸업하고 1928년 일본 알프스의 마에호다카에서 추락사했다. 『山』은 그가 생전에 쓴 글을 그의 조난 뒤 동료 산악인들이 모아서 펴낸 것이다. 훗날 알았지만 이 책은 당시 한정판으로 나왔는데, 전후 일본에서 복고붐이 일면서 희귀본으로 엄청난 값에 거래되었다고 한다.

일본에 등산이 소개되기는 1900년대에 선교사로 와있던 영국인 월터 웨스톤의 힘이라고 하며, 근대 등산의 신풍을 몰고 온 사람은 1921년에 유럽 알프스의 아이거 미텔레기 능선을 초등한 일본인 마끼 유꼬였다.

오시마는 대학 시절 산악부원으로 활약했지만, 인간이 성실하고 산을 대하는 태도가 진지했다. 남달리 어학에 뛰어나서 일찍이 유럽 등산계를 일본에 소개하여 그 이름이 널리 알려져 있었다. 이러한 그가 훗날 마키 유꼬를 맞아 어떤 산행을 벌였겠는가 짐작하기 어렵지 않다. 결국 오시마는 고전적 등산에서 전위적 방향 전환을 모색했는데, 그는 해외 원정을 모른 채 국내 일본 알프스에서 갔다. 향년 30세였다.

오늘날 일본은 세계 유수의 등산국이 됐지만, 그러한 일본의 산악계가 오시마를 대선배로 우러러보는 것도 당연하다.

구미 등산가들 가운데는 산에 관한 명저를 남긴 사람이 적지 않으나, 금세기 초엽에 오시마 만큼 무게 있게 글을 쓴 사람은 적었다. 특히 등산가의 작품이 하나의 전집 형태로 남은 일은 일찍이 이탈리아의 귀도 레이와 일본의 오시마 료키치 정도가 아닌가 싶다. 물론 근년에는 크리스 보닝턴과 라인홀트 메스너가 많은 글을 썼지만…

오시마의 등산관은 한 마디로 구도적이었다. 그러나 이것은 머메리즘 부정을 뜻하지 않는다. 그가 살았던 1920년대라는 시대적 배경을 고려한다면, 개화기를 벗어난 당시의 일본 등산가로서 히말라야는 고사하고 알프스도 가본 일이 없는 그가 벌써 스키 등산이며 눈사태에 대한 과제를 진지하게 다루었으니 등산가로서 그가 얼마나 앞서 있었던가 알만하다.

'산에서 밤에 모닥불이 그리는 인간의 실루엣, 그것은 레브란데스크의 힘찬 명암의 필촉, 자연이 그린 가장 오래된 조용한 인물화.'

'산과 산의 대화는 바람 소리로 듣는 길밖에 없다.'

'자일은 자네와 나의 마음을 묶었다.'

'베르그슈타이거는 누구나 산에 자기의 하이마트를 가지고 있다.'

나는 이러한 글들을 그때 오시마의 『山』에서 읽었다.

그의 글에는 여기저기 독일어가 나왔는데, 중학생인 내가 그 뜻을 알 리가 없었다. 그러면서도 나는 그의 글을 읽고 또 읽었다. 이렇게 하며 들여다본 오시마의 등산 세계는 먼 훗날 나의 산행으로 이어졌다고 생각한다.

1945년 겨울에 나는 혼자 38선을 넘었다.

그런데 서울에 와서도 나는 옛 버릇을 버리지 못하고 안국동과 충무로에 있는 고서점들을 자주 드나들었다. 그러던 어느 날 오시마의 『山』과 다시 만났다. 나는 빈 주머니를 털었다. 그러나 그렇게 해서 구한 책은 6.25때 다시 내 곁에서 떠나고 말았다.

세월이 흘러 1970년대 초에 일본에서 『大島亮吉全集』이 나왔다. 나는 다섯 권으로 된 이 전집을 사지 않을 수 없었다.

슈퍼알피니슴을 지닫고 있는 요즘, 반세기나 100년 전에 앞서 간 사람들이 걸은 길을 생각하기란 어려우리라. 그렇지만 사람에게 고향이 있듯이 산사람은 마음의 고향이 그리워질 때가 있다. "베르그슈타이거는 누구나 산에 자기의 하이마트를 가지고 있다"는 오시마의 말은 그런 뜻에서 지금도 나에게 살아있다.(독일어로 베르그슈타이거는 등산가, 하이마트는 고향이라는 뜻)

언제나 정상을 향하여

1986년 5월 9일 텐징 노르게이가 죽었다. 이 소식이 나돌았을 때 그의 죽음에 관심을 가진 사람이 얼마나 있었는지 모르겠다. 텐징을 아는 사람은 그다지 많지 않을 테니까.

텐징 노르게이는 1953년 5월 29일, 영국의 등산가들이 세계에서 처음으로 에베레스트에 올랐을 때 힐라리와 짝이 되어 그 꼭대기에 섰던 셰르파다. 그는 1914년에 마칼루 가까운 산마을에서 태어났다.

오늘날도 그렇지만 히말라야 고산 지대에 살고 있는 이들 셰르파의 인생은 현대 문명과 동떨어져 있으며, 교육도 받지 못한 채 고도 4,000미터 안팎의 높은 곳에서 야크라는 소를 키우며 히말라야를 찾는 외국의 등산가들의 길잡이나 짐꾼 노릇을 하고 있다. 이러한 운명의 별 밑에 태어난 텐징이 죽었는데, 그 소식이 전파를 타고 삽시간에 지구 위 구석구석까지 알려졌다. 그 까닭은 무엇일까. 출신 성분을 보면 하찮은 인간이지만 텐징은 세계 최고봉에 처음으로 오르는 큰 업적을 남겼기 때문이다.

텐징이 에베레스트에 오른 지 30여 년이 흘렀다. 그러나 이 최고봉에 도전하는 사람들의 수는 해를 거듭할수록 늘어갈망정 조금도 줄지 않는다. 그동안 네팔 행정부는 에베레스트의 입산을 해마다 봄과 가을로 두 차례밖에 허가하지 않았다. 따라서 원정대가 입산 허가를 얻으려면 여러 해를 기다려야 했다. 우리도 1971년에 입산원을 냈던 것이 1977년 가을에야 그 차례가 돌아왔다. 그토록 가기 어려웠던 히말라야 등산도 이에 대한 정보가 많아지고 필요한 장비와 식량 등이 크게 개량되며 등산가들의 체력과 기술이 향상됨에 따라 근년에 와서는 그 좁았던 문이 활짝 열렸다. 그리하여 1984년 같은 해에는 무려 8개 팀이 에베레스트에 몰려들어 그 가운데 넷이 오르고 여섯이 죽었다.

그런데 에베레스트로 이렇게 사람이 몰리는 까닭은 무엇일까.

1976년 미국 독립 200주년 기념으로 에베레스트에 도전했던 릿지웨이는 그의 원정기 속에서 아래와 같이 말했다.

'평생에 한 번도 에베레스트 등산을 꿈꾸지 않은 미국인은 그다지 많지 않으리라. 에베레스트는 바위와 얼음과 눈의 덩어리 이상의 것이다. 세계에서 제일 높은 산이라는 것으로 끝나지 않는다. 에베레스트는 상징이고, 비유며, 궁극의 목표요 지상의 위업을 뜻한다.'

그러나 세계의 최고봉만이 산은 아니다. 우리에게는 저마다 올라가야 할 산이 있다. 1,000미터 높이를 오른 사람 앞에는 1,200미터와 1,500미터 그리고 1,700미터와 1,900미터 등 줄줄이 있지 않은가. 높다고 해야 2,000미터도 안 되는 우리 한국의 현실이 서글프지만 따지고 보면 설악·지리·한라 등 한국의 3대 봉우리를 제대로 오른 사람이 얼마나 되겠는가 싶다.

산을 사나이들의 독점물로 그리고 등산을 등산가들의 특별한 행위로 보는 눈이 있다. 그러나 이러한 산과 인간과의 관계가 차츰 달라지고 있다. 마칼루를 초등한 프랑스 원정대의 대장이었던 장 프랑코가 등산을 탈출이라고 말한 적이 있는데, 고도 산업화 사회에서 시달리는 현대인은 저마다 탈출을 시도하기 시작했다. 그리하여 잠시나마 자연의 품에 안기려고 한다. 한편 기업체에서는 사원들에게 특수 산업훈련이라는 이름으로 등산 의식을 심어주고 있다. 주말이나 연휴에 산으로 몰리는 인파 역시 일상성에서 탈출하려는 모습이다.

사람이 산에 가까이 간 것은 18세기 중엽의 일이다. 1760년에 드 소쉬르가 몽블랑을 바라보았을 때부터 산은 이미 사람의 적이 아니었다. 알프스의 최고봉인 이 산에 오르는 사람에게 상금을 주겠다는 그의 제안은 1786년에 가서야 받아들여졌지만, 인간의 속성인 탐구욕과 모험심은 그 후 지구상의 공백 지대를 하나하나 메워나갔다. 그리하여 금세기 초에는 남극과 북극이 탐험되고 중엽에는 히말라야 자이언트 급 14봉이 완등되었다.

사람은 누구나 내일을 내다보며 산다. 이러한 내일에 대한 기대는 전진을 뜻하며 높이에 대한 갈망이기도 하다. 셰르파 한 사람의 죽음에 전 세계가 뉴스 밸류를 둔 데에는 이러한 고소 지향성이 높이 평가되었기 때문이리라.

극점까지 걸어간 사람들

　지구가 생기고 나서 남극점까지 걸어간 사람이 여덟 명 있다. 그들은 남극대륙의 해안인 에반스 곶에서 극점에 이르는 1,413킬로미터의 눈과 얼음으로 뒤덮인 버림받은 땅을 그대로 걸어갔다.

　오늘날 지구의 한쪽 끝인 남위 90도에 위치한 남극점에 발을 디딘 사람은 결코 적지 않다. 그러나 그들은 거의 문명의 덕을 보았으며, 맨 먼저 극점에 도달하여 영원히 역사에 이름을 남긴 노르웨이의 탐험가 아문센도 개썰매를 타고 갔다. 그리고 보면 '선착'이라는 점에서 아문센이 앞섰으나 '도보'로서는 그를 뒤따라 간 영국의 스코트가 단연 먼저다.

　물론 스코트 일행도 처음부터 자기 힘으로 걸어갈 생각은 아니었다. 인간의 보행 능력에는 한계가 있는데, 남극 대륙은 바로 그 한계를 넘어선 곳이다.

　남극점을 둘러싼 싸움은 금세기 초에 벌어졌다. 당시 아문센과 스코트는 오늘날처럼 정보가 발달되어 있지 않았던 탓으로 서로 상대방의 움직임을 모른 채 준비를 갖추고 행동에 나섰다. 그러나 사람의 생각은 크게 다를 바가 없었던지 그들은 모두 많은 개를 끌고 갔다. 이밖에 영국 탐험대의 기동력에는 시베리아 포니와 모터가 달린 썰매 등이 있었다. 그런데 운명의 여신은 한쪽만을 도왔다. 노르웨이 팀 9명은 좋은 날씨에 개썰매를 몰고 일사천리로 달렸으나 스코트 일행은 첫날부터 악운이 꼬리를 물었다. 크게 믿었던 썰매 하나가 배에서 짐을 풀 때 물에 빠지고 나머지도 며칠 안 가서 망가졌으며, 말과 개도 얼음이 갈라지면서 떠내려갔거나 추위에 견디지 못했다. 결국 스코트 일행 5명은 무거운 짐을 끌고 남은 길을 걸어야 했다. 이리하여 이 세상에서 가장 비극적인 사태의 하나가 생명이 없는 눈과 얼음과 블리자드의 고향인 남극대륙 황무지에서 벌어진다.

포경선을 개조한 전세기의 유물이면서 이름만 신천지인 '테라 노바'호로 1910년 6월, 명예와 희망을 걸고 영국을 떠난 스코트 해군대령 일행은 상상을 초월한 천신만고 끝에 1912년 1월 중순, 아문센보다 한 달 남짓 늦어서 극점에 도달하고 돌아오는 길에 피로와 추위와 허기로 모두 죽었다. 그것도 이런 날에 대비해서 많은 식량과 연료 등을 남겨두었던 데포 지점을 18킬로미터 앞에 둔 최후였다. 1912년 3월 29일이었다. 금세기 최대의 전기 작가인 슈테판 츠바이크가 「남극점을 둘러싼 싸움」이라는 글을, 승리자 아문센에 대해서는 한마디 언급도 없이 오직 스코트 탐험대 이야기로 시종한 것으로 보아도 당시 그들이 펼쳤던 인간 드라마가 어떤 것이었던 가 짐작이 간다.

그런데 서기 2000년을 눈앞에 두고 그 스코트 일행의 죽음의 행로를 그대로 더듬어 간 지독한 사나이들이 있다 나이 30 안팎인 영국, 미국, 캐나다의 세 젊은이가 에반스 곶에서 극점까지 75일 동안 걸어갔다. 이들 3인조의 도보 여행팀은 600톤급 배로 1985년 2월 5일 남극대륙 해안에 도착하여 지난날 스코트가 묵었던 건물 옆에서 월동한 뒤 그해 11월 3일 길을 떠나 이듬해 1월 17일 극점에 닿았다. 그들의 행동 기록은 훗날 '스코트의 발자국을 따라서'라는 표제로 세상에 알려졌다. 이 젊은이들에게 옛날 스코트 일행과 다른 점이 있었다면 남극점까지만 걸어갔다는 점이다. 그러나 그들은 자기 몸만 가지고 저마다 200킬로그램의 짐을 끌고 가며 남극대륙의 극한적인 대자연과 싸웠다.

아문센과 스코트 뒤에도 극지 탐험의 드라마는 수없이 벌어졌으며, 그 극적인 행동과 양상은 그때그때 세상 사람들의 마음을 흔들어 놓았다. 그러나 문명이 고도로 발달한 오늘날 극한적인 탐험일수록 항공기에 의한 물자 보급이나 인공위성을 이용한 항공술에 기대는 것이 상식이며, 에베레스트를 혼자 무산소로 올라갔다고 해도 또 하나의 기록이 나온 정도로 보고 그 이상의 관심도 없다. 그런 세상에 여기 스코트의 뒤를 따라 그 죽음의 지대를 필수 장비인 무전기조차 안가지고 자기 힘만으로 걸어간 젊은이들이 있다.

나는 누구인가

새해가 밝은지도 두 달이 지나가고 있을 때 한 젊은이가 찾아와서 덕유산을 종주한다고 했다. 구정 무렵이었는데 나는 '종주한다'는 말에 귀가 번쩍해서 그를 따라나섰다.

'종주'라는 말은 일반적으로 생소하다. 사전에는 '능선을 따라 산길을 걸어 많은 봉우리를 밟는 하나의 등산형식'으로 풀이되어 있다. 그러니 이렇게 산을 타려면 으레 며칠씩 걸리고 짐도 무거울 터이니 힘이 든다.

우리나라에는 산이 많아서 종주할 데가 흔할 것 같지만 실은 그렇지도 않다. 산세가 좋고 고도와 거리가 있으면서 유명봉에서 유명봉으로 이어져야 하는데 그런 곳이 많지 않다. 이를테면 지리산 동쪽 천왕봉에서 서쪽 노고단까지 이어지는 장장 45킬로미터의 능선길이나, 내설악 12선녀탕 계곡에서 서북 주릉을 따라 대청을 거쳐 화채능선을 타는 30여 킬로미터의 산길이며, 또한 대관령에서 시작하여 오대산 줄기를 타고 한계령을 거쳐 설악으로 가는 120킬로미터, 즉 300리의 태백산맥 등골을 타는 것 따위가 그것이다. 여기에 팔공산 32킬로미터 능선길이라든가 북덕유 향적봉에서 무룡산을 지나 남덕유까지 20킬로미터의 오르내리는 산길도 종주 코스로서 부끄럽지 않다.

나는 이 덕유산 종주를 3박 4일 예정하고 떠났다가 하루를 단축하여 2박 3일에 끝냈다. 떠날 때에는 올 겨울은 눈이 적고 날씨도 춥지 않아 큰 기대를 가지지 않았는데, 덕유산은 역시 덕유산이라 일대의 능선길이 깊은 눈으로 덮여 있었고, 북덕유 정상인 향적봉 바로 밑에 있는 산장의 아침은 영하 10도를 기록했으며, 주위에는 설화가 만발했다.

산장에는 남녀 젊은이들이 30여명 있었는데 북덕유에서 남덕유로 가는 팀은 별로 보이지 않았다. 그들은 대체로 명소로 이름난 무주 구천동 계곡을 따라 향적봉까지 올라왔다가 내려가거나 산장에서 하루를 묵는다. 그것이 보통 덕유산 등산인데 하기야 그만 하기도 결코 쉬운 일은 아니다. 높이가 1,500미터 넘으면 등산의 양상이나 스케일이 달라지니까.

인간에 인격이 있듯이 산에도 산격이 있다고 말한 사람이 있다. 덕유산은 이러한 산격을 갖추고 있다고 생각된다. 표고 1,614미터. 무주 구천동의 계곡이 끝나는 무렵에 있는 백련사까지 길은 멀어도 걷는 데 이렇다 할 것이 없지만 문제는 백련사에서 향적봉에 오르는 데 있다. 경사가 심해서 힘이 들다보니 길이 끝이 없는 것 같다. 추운 겨울에도 땀이 날 지경이니 여름에 여기를 오르는 고생은 아는 사람만이 안다. 그런데 겨울의 덕유산에는 설화가 만발하지만 여름에는 노란 원추리 꽃밭이 땀 흘려 찾아온 손님을 반긴다.

덕유산에 올라서면 남쪽으로 높고 낮은 봉우리가 이어지며 멀리

의젓한 산이 보인다. 20킬로미터 밖에 있는 표고 1,605미터의 남덕유산이다. 그러나 덕유산이라고 하면 보통 북덕유를 가리킨다. 높고 산세가 크며 무주구천동 같은 수려한 계곡을 끼고 있으니 덕유산을 대표할 만하다.

덕유의 정상에 오르면 서남쪽으로 고원이 펼쳐진다. 여름에 이 고원은 노란 원추리 꽃밭으로 바뀐다. 겨울의 설화와 여름의 원추리 꽃밭을 모르면 결국 덕유산에 오르지 않은거나 다름이 없다. 겨울 꽃 여름 꽃을 구경하지 못했다는 이야기가 아니라 추운 겨울과 더운 여름에 등산하지 않았다는 이야기다.

아침 일찍 산장을 나오는데 누가 인사를 한다. 지방 산악회의 회원이었다. 그는 겨울산을 찍으려고 혼자 왔는데 마침 설화가 만발했다며 기뻐 어쩔 줄 몰라 했다. 우리는 같이 그 기분을 나누었다. 산을 좋아하고 산 사진을 좋아하는 그가 눈이 오길 얼마나 기다렸을까. 덕유산은 눈이 많기로 유명하며 한번 온 눈은 늦봄까지 간다. 그는 결국 이러한 덕유산을 알고 찾아왔을 것이며 덕유산 역시 그를 실망시키지 않았다. 나는 계곡 길에서 만났던 두 젊은 여성을 생각했다. 보기 드물게 제대로 등산 차림을 한 그들의 목표도 향적봉이었다.

나는 누구인가?

우리는 세상을 살아가면서 이렇게 늘 묻고 있다. 만일 묻지 않는 사람이 있다면 그는 자기를 의식하지 않을 뿐이다. '나는 누구인가?'는 자기반성이고 회고인 동시에 분발이며 결의다. 그것은 실망과 좌절에서 오는 것이 아니라 새로운 발돋움을 위한 자기 인식에서 온다.

　세상에는 파란 만장의 생애를 보내는 사람이 있지만 대부분의 인생은 평범한 나날의 연속이다. 그러나 아무리 평범한 사람도 늘 무엇인가 생각하고 일을 꾸미며 이렇게 꿈틀거리기 때문에 인간의 생명이 유지된다. 해마다 새해를 맞으며 누구나 새 출발을 다짐하는 것은 자기의 과거를 알고 그것과 다른 자기의 미래를 바라보는 마음에서 비롯하리라.

　20세기의 위대한 철학자가 인간의 속성 가운데 '조르겐'을 찾았다. '심려한다.'는 이 말에는 우리가 살아가면서 주위를 살피고 걱정하며 대비하는 뜻까지 들어있다. 결국 인간은 세상 속에서 살아가려면 이렇게 안할 수가 없을 것이며 그러한 '조르겐'의 밑바닥에는 언제나 '자기 자신'이 깔려있기 마련이다. 내가 생각하고 내가 살피며 살아가야 하기 때문이다.

　드락카는 현대의 특징을 '단절'이라는 말로 표현했고 기독교에서는 '결단'을 중요시 한다. 오늘날 이렇게 나도는 '단(斷)' 속에는 우리가 넘어설 수 없는 것과 넘어서야 하는 상반되는 상황이 들어있다. 그리고 이러한 상황 속에 매몰된 채 그날그날을 살아가고 있는 것이 현대인이다.

　오늘날 인간은 문명의 고도화를 얻는 속에서 공해와 인간성 상실을 또한 얻고 있다. 개인과 기업과 국가가 저마다 경쟁의 와중에 휘말리고 있으며 이제 아무도 여기서 탈출할 자가 없다. 소외당하는 자의 운명은 바로 자멸을 뜻할 뿐이다.

　인간은 저마다 대기업가, 대정치가, 대학자가 될 수는 없다. 그러나 인간에게는 자기가 주관하는 세계가 있다. 그것은 다름 아닌 자기 자신이다. 그것은 스스로의 권한과 스스로의 판단과 스스로의 책임으로 움직이는 세계다.

나는 내 힘 가지고서는 도저히 저항할 수 없는 거센 소용돌이 속에서 이따금 주위를 살핀다. 나에게는 특수한 기술도 재력도 없다. 그러나 대신 건강과 의욕이 있다. 이것은 나의 재산이요, 앞날을 살아가는 데 필요한 오직 하나의 밑천이다. 나는 언제나 이것을 바탕으로 출발한다. 이번의 덕유산행도 이러한 출발이었다.

세계에서 최고봉급이라고 하는 히말라야의 표고 8,000미터가 넘는 고산 열넷을 인간으로서 처음 완등한 라인홀트 메스너가 "큰 규모의 산행은 그것으로 하나의 인생이나 다름없다"고 말했는데, 등산을 인생에 비유하는 발상은 굳이 메스너를 빌리지 않아도 된다. 산은 높이와 험함을 전제로 하기 때문에 산에 오르는 것은 벌써 하나의 고행이며 이 고행을 극복한 끝에 충족감과 환희를 얻는다. 그래서 등산이 인생에 비유되고 그 값어치가 높이 평가된다.

사람을 규정하는 말은 옛날부터 많았다. ― 호모 파베르, 생각하는 갈대, 나투르킨트…… 여기 나도 한마디 하고 싶다. 사람은 산에 오르는 자와 산에 오르지 않는 자로 나뉜다고.

나는 우리나라 3대 산이 한라와 지리와 설악이라는 것과 그 높이를 모르는 사람이 의외로 많은 데 놀랐다. 그러니 그들에게 거기를 오른 적이 있는가 물어 보나마나다.

"산은 산사나이의 독점물이 아니며 등산은 산악인들만의 세계가 아니다. 처음부터 산을 좋아하는 사람이 없으며 처음부터 산을 아는 사람도 없다. 등산은 낮은 산을 오르는 데서 시작한다. 그리고 한 번 두 번 오르노라면 산은 높아지고 자기도 모르는 사이에 힘이 붙는다. 경쟁 사화를 살아가는 데 자신을 불어넣어 준다." 이것은 1865년 유럽 알프스에 최후의 보루로 남았던 표고 4,478미터의 마터호른을 올라 세계 등산 역사의 흐름을 바꿔놓은 에드워드 윔퍼의 말이다.

덕유산 20킬로미터 종주는 1988년 새해를 맞으며 '나는 누구인가?' 자문 한 데 대한 자답이었다.

산의 사상

산이란 무엇인가?
사람은 왜 산에 오르는가?
산에는 무엇이 있는가?
……

산에 대한 물음은 끝이 없다. 등산은 이러한 물음에서 시작했다. 그리고 오랜 세월에 많은 사람이 산에 갔지만 산에 대한 물음은 지금도 계속하고 있다. '등산자의 수만큼 등산이 있다'는 뽈 베씨에르의 말이나 '등산은 모두가 초등'이라고 한 귀도 레이의 말은 산과 인간의 관계의 깊이를 말한다.

괴테는 '산마루에 쉼이 있다……'는 시를 남겼다. 그런데 어찌 산마루에 있는 것이 휴식뿐이랴? 산에는 자유가 있다고 읊은 등산가도 있다.

나는 가지고 싶은 것이 없다.
나에게 필요한 것은 자유뿐인데,
그 자유가 내게는 있다.

전자는 18세기를 산 유명 시인이고 후자는 20세기의 무명 등산가로 산을 보는 눈이 서로 다르다. 그러나 휴식과 자유는 다른 개념이 아니며 오히려 본질에서 같다고 본다.

휴식은 무위(無爲)가 아니다. 하는 일이 없는 것을 휴식이라고 한다면 그것은 소극적인 휴식이다. 휴식은 자유를 예상하며 사람은 자유롭게 움직일 때 적극적인 휴식을 취한다. 『韓國名山記』의 저자 김장호의 알파인 에세이에 「손의 자유 발의 자유 정신의 자유」라는 것이 있다. 등산가는 심한 육체의 노동을 통해서 자유를 즐기고 자유를 노래한다. 휴식과 자유는 하나의 양면이다.

자연은 '천연자연-天然自然'이라는 사자성어(四字成語)에서 왔을 것이다. 하늘이 그렇게 만들어서 스스로 그렇게 있다는 뜻이리라. 그러니 산에는 임자가 없다. 그 누구의 것도 아니라는 이야기다. 산은 인간의 지혜나 능력이나 문명의 소산이 아니며 인간을 초월한 존재다.

산은 높다. 높지 않으면 산이라고 하지 않는다. 얼마나 높아야 하는가 묻는 것은 어리석은 일이다. 산이 높다는 것은 낮지 않다는 이야기다.

산에는 물이 흐르고 돌이 구른다. 새가 날고 꽃이 핀다. 산에는 바람이 불며 나뭇잎이 떨어진다. 겨울이 되면 눈이 오고 얼음이 언다. 그때 산은 죽은 듯이 고요하다. 그러나 무음의 세계가 아니며 잠시 침묵할 따름이다.

산이란 대체 우리에게 무엇인가? 사람들은 산을 바라본다. 높은 데를 좋아하기 때문이다. 우리는 누구나 목표를 세울 때 그 목표를 높이 둔다. 그리고 저마다 그곳을 보고 힘들여 기어오른다. 등산을 인생에 비하는 까닭이리라.

  산은 언제 가도 즐겁다. 등산에는 사실 계절이 없다. 산에 주인이 없다지만 반드시 그런 것은 아니다. 산에 가는 사람, 산을 좋아하는 사람이 주인이다. 산의 자유를 누리는 자가 주인인 셈이다.

  그러나 산에는 구속이 있다. 그 높이와 어려움과 위험이 우리를 구속한다. 자유와 구속이 상충하고 대립하는 세계가 또한 산이다.

  자유는 처음부터 있는 것이 아니며, 자유는 '……로부터의 자유'다. 자유는 구속을 전제로 한다. 그래서 자유에는 구속과의 싸움이 따른다. 싸움으로 쟁취하는 것이 자유다. 산의 자유가 등반의 아르바이트를 거쳐 비로소 자기 것이 되는 까닭이다.

  산을 좋아하는 사람은 등산의 어려움을 안다. 고난의 정도가 희열과 감각을 규정한다. 산에 미친다는 말이 있는데, 산에 미친 사람들은 고난과 위험을 넘어선 희열과 감격이 어떤 것인가 그 세계를 아는 사람이다. 세계 등산의 역사는 이런 사람들이 간 길이다.

  산과 사람의 관계는 태고로 거슬러 올라간다.

  세상에서 가장 오래된 책이라고 할 수 있는 성서에는 노아의 방주가 아라라트 산(5,165m)에 걸렸다고 했다. 그리고 인간의 조상인 아브라함과 모세가 산에 오르는 이야기도 자세히 기록되어 있다.

  이토록 인간은 옛날부터 자연과 더불어 살아왔고 오늘도 필요한 의·식·주의 문제를 자연의 힘을 빌려 해결하고 있다. 그런데 현대인은 문명 속에 묻혀 자연을 날로 잊어간다. 그들은 자연을 정복하여 오늘의 문명이 탄생했다고 믿고 있다. 그러나 문명이 발달함에 따라 자연과 문명의 대립 관계가 날카로워지고 비로소 미래에 대한 불안이 싹트기 시작했다. 문명 없이는 살아도 자연 없이는 살 수 없다는 것을 실감하게 됐다.

등산을 '탈출'이라고 말한 사람은 마칼루를 초등한 쟝 프랑코다. 탈출은 곧 문명사회에서 벗어나는 것을 말한다. 사회적 동물이라고 하던 인간이 이제 오히려 사회에서 도망갈 수밖에 없다는 이야기다.

문명사회에서 탈출함은 자연으로 돌아가는 것을 말한다. 이것은 인간의 귀소 본능이라 할 수 있다. 그러나 그것도 슈테판 츠바이크의 '세 번째 비둘기' 신세가 되기 전의 탈출이요, 귀소가 되지 않으면 아무런 뜻도 없을 것이다.

세상은 정치적 이데올로기의 싸움이 끝나고 경제적 경쟁시대를 맞았다고 누구나 생각하는데, 진짜 싸움은 그런 데 있지 않다. 인간이 주역을 맡고 있는 정치적 경제적 싸움으로 당장은 아니지만 조만간 살아남기 어려울 것 같다. 그러나 인간의 생존이 걸려 있는 곳은 정치와 경제가 아니라 우리 생의 기반인 자연이다. 그 자연이 이제 문명으로 오염되고 파괴당하는 나머지 다시는 그전 모습을 되찾지 못하는 지경에 이르렀다. 어디를 가나 산이고, 산으로 둘러싸인 자연인줄 알았던 시대는 영영 가버렸다.

산을 등산가의 무대라고 하던 것은 옛날이야기다. 그리하여 산이 등산과 관계가 없는 사람들에게, 문명의 예찬가와 추종자들에게 비로소 산의 존재 이유를 알리기 시작했다. 하지만 이미 때는 늦었다. 두고 보면 알 일이다.

산에 길이 있다

―

 산을 오를 때마다 생각하는 것은 시지푸스의 이야기다.

 큰 바위를 산 위에 올리도록 벌을 받은 시지푸스가 천신만고 끝에 그 일을 해내려는 순간 바위가 산 밑으로 굴러 떨어진다. 시지푸스는 다시 그 바위를 산마루로 굴러 올린다. 이 끝없이 되풀이 되는 일, 그것은 절망과 싸우는 시지푸스의 몸부림이며 그의 숙명이다.

 시지푸프스의 이러한 절망은 그가 올라가야 하는 산에 길이 없다는 데 있다. 그가 넘어서거나 빠져나갈 길이 없기 때문이다. 그리스 신화에 나오는 이 이야기는 부조리한 인간의 실존 문제를 다룰 때 곧잘 인용되는데, 이러한 문제 제기는 등산가가 아닌 알베르 까뮈의 공이다.

 등산가는 어딘가 시지푸스를 닮은 데가 있다. 무거운 짐을 지고 고생하며 산마루를 보고 오르는 점에서부터 목적을 이루지 못하면 몇 번이고 다시 해보는 것까지도 닮았다. 한 가지 다른 데가 있다면 시지푸스는 그가 지은 죄 때문에 하는 수 없이 그 끝없는 고역을 치르지만, 등산가는 스스로 그 고생을 사서 한다고 할까……그리고 등산가는 반드시 정상에 이르는 실이 있으리라고 믿고 그 어려움과 싸우는데 그 길은 언젠가 뚫리게 돼있다. 그러기에 등산가에게는 절망이 없다. 그가 설사 조난을 당해도 그것은 결코 강요된 것이 아니다.

산에는 원래 길이 없다. 사람이 오르지 않았는데 거기 길이 있을 리가 없다. 그것이 산의 산다운 모습이고 그것이 산의 매력이다. 이 매력에 이끌려 사람은 산을 오를 생각을 했다. 말하자면 산에 길이 없기 때문에 등산이 시작된 것이다. 에베레스트에 왜 가려는가 하고 물었을 때 "거기 에베레스트가 있으니까 가련다."고 했다는 조지 말로리의 말은 유명하지만, 이때 에베레스트가 그토록 문제의 초점이 됐던 것은 아무도 오를 사람이 없다기 보다는 도저히 오를 수 없는 산으로 보았기 때문이다.

산에 길이 없을 때 산은 산으로서의 값어치가 있으며, 길이 없는 산을 오를 때 등산이 등산으로서의 가치와 의미를 갖는다. 처녀봉이니 미답벽이니 하는 것들은 등산가들이 높이 평가하고 기어코 먼저 오르려고 하는 까닭이 거기 있다.

만일 산이나 벽에 길이 생기면 등산가는 거기서 발걸음을 돌려 길이 없는 데를 찾아 간다. 이러한 사실은 등산 200여 년의 역사에 잘 나타나 있다.

산에 길이 없는 데 이끌린 역사적 인물은 스위스 제네바의 대학교수인 드 소쉬르였다. 그는 알프스에서 가장 높은 몽블랑을 쳐다보고 그 정상에 오르는 길을 찾아내는 사람에게 상금을 주겠다고 했다. 1760년의 일인데, 이렇게 해서 몽블랑에 사람이 처음 오른 것은 그로부터 25년이나 뒤의 일이다. 사람들이 길이 없는 산을 두려워 하다가 끝내 들어붙는 데 그렇게 시간이 걸린 것이다. 여기서 산과 사람의 첫 만남이 이루어지고 산과 사람 사이에 새로운 관계가 생겼다. 이른바 '알피니즘'이 탄생하는 역사적 사건이다.

프랑스의 등산가 뽈 베씨에르는 『알피니즘』이라는 그의 책에서 고산과 칼날 능선, 절벽과 허공, 눈과 얼음의 세계를 등산의 무대로 규정하고 있다.

이러한 자연은 당연히 험할 것이며 '길이 없다'는 것이 그 두드러진 특징이다. 산이나 벽에 길이 없다는 것은 인간의 접근을 거부한다는 뜻이다. 그래서 아무도 접근하지 못한 채 그대로 있는 데를 처녀봉이니 미답벽이니 하는데, 오늘날 땅 위에는 그러한 곳을 찾아보기가 어렵게 됐다.

그러나 등산가들은 굳이 그런 곳을 찾아 나선다. 등산은 언제나 초등이라는 귀도 레이의 말도 있지만, 자기가 처음 오르는 산은 언제나 그에게 처녀봉인 셈이다. 등산의 발전은 길이 없는 곳에 길을 내는 과정이고 그 흔적이다.

사람은 산에 가는 사람과 안가는 사람으로 크게 나눌 수 있다.

산에 가는 사람들 가운데서도 길이 있는 데로 가는 사람과 길이 없는 데만 골라 가는 사람으로 다시 나뉜다. 이 모두가 각자의 취미와 생각과 살아가는 태도에 따른다. 그런데 이러한 산과 사람과의 관계 여하에 따라 그의 인생은 크게 벌어진다.

'산에 길이 있다'는 명제는 실은 '산에는 길이 없다'는 것을 전제로 한다. 그리고 이러한 명제를 믿고 내세우는 사람은 길이 없는 데를 찾아다니는 사람들이다. 정말로 산을 아는 사람이고 진짜 등산가다. 알버트 미메리가 등산사에 빛나는 까닭은 그가 '의지 있는 곳에 길이 있다'며 '배리에이션 루트'의 개척을 처음으로 들고 나오고 그 길을 몸소 갔기 때문이다.

몽블랑에서 마터호른에 이르는 80년에 걸친 알프스 등반기의 개척기로부터 히말라야 자이언트들이 완등 되는 20세기 중엽의 15년 등 세계 등산의 역사 가운데 주류를 훑어볼 때, 길도 없고 알려지지 않은 무서운 대자연에 도전한 선구자들이 생명을 내놓고 집요하게 추구한 것은 오직 정상으로 통하는 길이었다. 그들은 인적미답의 황무지를 갔지만 그들이 처음으로 내디디는 곳이 길이었다. 뛰어난 클라이머에게는 그가 잡고 디디는 곳이 홀드요 스텝이라고 한다.

보통 사람 눈에는 길이 보이지 않는데 우수한 클라이머들은 그 길을 본다는 이야기다. 서부 알프스의 등산가는 암벽을 디디지만 동부 알프스의 등산가들은 허공을 디딘다는 말도 있다. 모두 범용한 등산가들로서는 이해하기 어렵고 흉내 낼 수 없는 깊이에 들어간 알피니스트의 세계라고 할 수 있다.

등산가는 길이 없어도 길이 있다고 믿고 나서는 사람들이다.

'등산은 길이 끊어진 데서 시작한다.'는 프랑스의 등산가 샤떼리우스의 말 만큼 등산과 등산가의 조건을 요약한 글은 쉽지 않다.

히말라야는 우리에게 무엇인가

 히말라야는 우리에게 무엇인가. 특히 20세기에서 21세기로 넘어가려는 세기적 문명적 전환기에 서 있는 우리 인류에게 히말라야라는 대자연은 어떤 의미를 지니고 있을까.

 히말라야는 우리가 살고 있는 지구 위에서 수평으로나 수직으로 가장 넓고 가장 높으며, 인류 문화권에서 가장 멀리 떨어져 있는 산악 지대다. 이러한 놓임 새와 생김새는 아래와 같은 숫자풀이로도 가히 짐작이 간다. 즉 히말라야는 동서로 2,500킬로미터 남북으로 400에서 500킬로미터의 길이와 넓이를 자랑하고 있으며, 지역으로 볼 때 파미르, 카라코룸, 힌두 쿠시, 쿤론, 톈샨 등에 펼쳐 있고, 중국을 비롯해서 네팔, 부탄, 인도, 파키스탄의 다섯 나라에 걸쳐 있다.

 오늘날 히말라야라고 할 때 우리는 먼저 '세계의 지붕'이라는 개념부터 머리에 떠올린다. 한마디로 중아 아시아의 높은 산 전체를 묶어서 가리키는 이 지역에는 표고 7,000미터 급 고산이 줄잡아 350, 그리고 고도 8,000미터가 넘는 세계 최고봉급이 열넷이나 있다. 사실 지구 위 5대륙이 저마다 고산군을 자랑하고 있지만, 그 높이는 한결같이 6,000미터를 밑돌며 그 위를 넘어서지 못하니 히말라야야말로 이름 그대로 세계의 지붕이다.

히말라야는 산스크리트 말로 눈(雪)이라는 뜻의 '히마'와 집(居處)라는 뜻의 '알라야'로 된 복합어다. 산스크리트의 고향인 인도에서는 멀리 북녘 하늘에 사시사철 흰 눈을 쓰고 햇빛에 반짝이는 드높은 산줄기가 바라보여서 그곳 사람들은 어느덧 '눈의 집'이라고 부르게 됐으리라. 그런데 이처럼 연중 눈을 덮어 쓰고 있는 데가 어찌 히말라야뿐이랴? 유럽 알프스를 비롯하여 남미의 안데스와 북미의 로키 하며 그 준엄하고 웅대한 만년 빙설의 대자연을 누구도 부정 못한다. 그러나 진정 눈의 집다운 곳은 뭐니 뭐니 해도 아시아 대륙의 중앙 일대를 뒤덮고 있는 히말라야뿐이라 해도 조금도 지나치지 않는다.

그런데 이러한 히말라야가 세상에 알려지기는 그리 오래지 않다. 중앙아시아의 고지대는 일찍이 기원전에 알렉산더 대왕이 힌두 쿠시를 넘었고, 그 뒤 마르코 폴로가 파미르를 가로지르기도 했다. 그들은 식량도 장비도 정보도 넉넉지 않은 그 옛날 적어도 표고 5,000 미터나 되는 산허리를 넘었을 터이니, 공기가 희박하고 만년 빙설에 덮인 가혹한 대자연 속에서 그들의 행차가 어떠했을까 짐작하고도 남는다. 그러나 이러한 지구의 벽지 히말라야에도 여명의 날이 다가 왔다.

19세기 중엽, 정확하게는 1852년 히말라야에서 가장 높은 산이 발견됐다. 세계 최고봉 에베레스트가 비로소 알려진 것이다.

영국이 인도에서 식민 정책을 펴나가던 무렵, 육군 측지부대가 지도를 만드느라 멀리 떨어진 변경 하늘 높이 솟은 봉우리에 차례로 PⅠ, PⅡ, PⅢ…… 등 부호를 붙여놓고 삼각 측량을 하다가 마침내 PⅩⅤ 즉 '제 15호 봉'이 세계에서 가장 높다는 것을 알게 됐다.

그런데 영국은 그 최고봉에 '초모룽마'니 '사가르마타'니 하는 티베트와 네팔의 현지 이름이 있는 줄 몰랐던지, 인도 측량국의 초대 장관을 지낸 육군대령 조지 에베레스트의 공을 길이 새기려고 '마운트 에베레스트'라고 이름을 붙였다. 에베레스트 다음으로 높은 K2가 발견된 것은 그 뒤 일이지만, 그 색다른 이름은 다름 아닌 '카라코룸 2호 봉'이라는 측량 부호가 그대로 남은 오직 하나의 예다.

최고봉이 알려지자 히말라야는 인적미답의 땅 중앙아시아에 탐험의 물결이 밀려왔다. 이들 초기 탐험가들의 주된 목적은 지리학과 고고학 그리고 생물학 분야의 탐구였으나, 그러한 활동의 전제가 되는 것은 다름 아닌 준엄한 대자연과의 싸움이었다. 고드윈 오스틴이며 스웬 헤딩 같은 탐험가는 이 무렵에 활동한 대표적인 인물이다.

히말라야 등산의 여명은 1885년 무렵에 트기 시작했다. 그러나 무엇이든 초창기에는 명확한 구별이 없는 법이니, 1887년 영국의 청년 장교 영허즈번드가 중국 북경에서 아시아를 가로질러 카라코룸에 도달한 뒤 무즈타크를 넘어 발토로 빙하로 나간 것은 고산 등반도 곁들였지만 아직은 지리적 탐사의 테두리를 벗어나지 못한 행차였으리라. 그러나 당시의 이러한 탐험적 등산 활동이 다음에 오는 본격적인 히말라야 등산의 기풍을 자극하고 적어도 그 기초가 된 것은 부인하지 못한다.

그리하여 히말라야에서 순수한 등산이 이루어졌는데, 1880년대에 영국인 그레암이 알프스의 가이드와 같이 6,000미터의 무명봉을 오른 일이 있지만, 1895년 알버트 머메리가 낭가 파르바트에 도전한 것이 근대 고소 등산의 획기적 사건이다. 이 등반은 머메리의 조난으로 끝났으나 인간이 8,000미터 고소에 도전한 첫 시도였다는 점에서 의의가 크다.

당시 히말라야를 찾은 탐험가 등산가들이 주로 영국 사람이었다는 것은 영국의 아시아 진출이 다른 나라보다 일렀던 데서 비롯했지만, 19세기 말에 프레쉬휠드가 히말라야 제3의 고산인 캉첸중가 일대를 살피고 『라운드 캉첸중가』라는 탐험기를 남겼으며, 20세기 초에는 롱스태프가 처음으로 7,000미터 급 고산을 올랐는데, 이때의 기록은 그 뒤 20년 동안이나 깨지지 않았다.

히말라야에서의 고전적 전통과 대원정의 효시는 1921년의 영국 에베레스트 원정이다. 그러나 엄밀히 말하면 1909년 K2를 노리고 발토로 빙하로 들어간 이탈리아 원정대가 있었다. 이 조직적인 원정대의 시도는 실패했지만, 그 전술과 전략은 그로부터 반세기가 지나서 이탈리아 등반대의 K2 초등을 가져오는 기초가 됐다.

히말라야와 인간과의 관계는 시대적 배경에 따라 나누어지는데, 이상과 같은 초기의 탐험 등산은 1차 대전으로 막을 내린다. 그리하여 1920년대에 들어와서 드디어 영국의 숙명적인 에베레스트 원정이 시작되어 결국 32년이라는 긴 세월을 보내게 되지만, 이어서 독일의 캉첸중가와 낭가 파르바트, 프랑스의 히든 피크, 미국의 K2 원정 등 주로 8,000미터 급 고봉에 대한 도전이 줄줄이 이어졌다. 그러나 이러한 초기 도전은 하나도 뜻을 이루지 못했으며, 그 가운데서도 독일의 낭가 파르바트 원정은 두 차례에 걸쳐 사상 유래 없는 엄청난 인명 피해를 가져왔다.

자연과의 싸움에서 제일 문제되는 것은 고도에 있다고 할까. 1, 2차 세계 대전 사이에 히말라야 등반은 주로 7,000미터 급으로 이루어졌으며, 이른바 히말라야 자이언트라는 8,000미터급 고산들은 1950년에서 1964년에 이르는 사이에 비로소 완등 된다. 그리고 이 위대한 시대의 선봉을 장식한 역사적 등반은 프랑스의 안나푸르나 원정이었다. 머메리가 낭가 파르바트에서 실종된 지 실로 50여년 만에 이루어진 성과였다.

인간이 처음으로 8,000미터 고도를 넘어선 안나푸르나 등정은, 그러나 결코 우연히 이루어진 것이 아니다. '스위스 산악구조 재단'이 처음으로 히말라야를 공중에서 사진을 찍고 과학적으로 히말라야를 조사한 것이 바로 1949년의 일이며, 프랑스가 이 공중사진에 자극 받고 나선 데가 안나푸르나였다. 때는 과학 문명이 성숙해가던 20세기 중엽인데도 프랑스 원정대는 히말라야 지도가 미비해서 당시 안나푸르나와 다울라기리를 제대로 가늠하지 못해 현지에서 애먹었다.

20세기가 머지않아 문을 닫으려는 1993년 어느 날 에베레스트에는 19개의 원정대가 모여들고 그 가운데 35명이 그 정상을 밟는 사태를 빚었다. 그러나 이러한 현상은 이제 에베레스트에 그치지 않고 지구상의 고산군 어디서도 흔한 일로 되었다.

반세기 전까지 공포의 대상이고 접근을 거부해온 지표상의 수직의 세계가 지금 거세게 밀려오는 투어리즘의 물결로 크게 신음하기 시작했다.

나는 산과 같이 살아왔다

1786년 8월 7일, 유럽의 근대화와 함께 개막한 알피니즘이라는 인간의 새로운 의식과 행동이 오늘날 과학기술 문명에 병들고 인류의 유일한 생존권인 지구가 오염과 황폐에 직면했다.

히말라야는 단순한 고산 지대가 아니다. 그것은 문명의 소산이 아니며 문명으로 다시 살리지도 못한다. 인간이 문명 없이는 살아도 자연 없이는 살지 못함을 생각할 때 히말라야의 의미가 새로워진다.

히말라야는 이제 그 고도(altitude)가 중요한 것이 아니라 히말라야를 대하는 우리의 태도(attitude)가 더욱 중요하게 됐다.

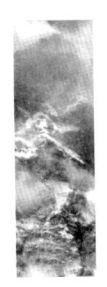

책을 내놓으며

　산다운 산이 없는 평양에서 중학교에 다니던 시절, 책 한권과 만나면서 나는 산을 생각하게 됐다.
　그러자 1945년 겨울, 혼자 38선을 넘고 이남에 내려와 대학에 들어갔는데 그 무렵 눈앞에 북한산이 나타났다.
　당시 서울은 돈암동에서 미아리 고개를 넘어서거나 동대문 신설동 밖으로 나가면 벌써 인적이 드물었다. 그러던 때였으니 북한산, 도봉산 일대에는 사람의 그림자를 보기가 힘들었다. 새알이 들어있는 둥지가 길가에 있었다.
　나는 이북에서 지고 온 이름뿐인 배낭 속에 청량리 대학기숙사에서 자취하며 쓰던 냄비와 됫병을 넣고 곧잘 북한산으로 갔다. 지금은 흔적도 없는 성동역에서 기차를 타고 창동에 내렸는데, 그 초라한 괴나리봇짐 차림으로 멀고 먼 북한산에 가곤 하던 일이 엊그제 같다.

이러한 나날이 훗날 에베레스트니 북극이니 하는 지구의 벽지로 이어지면서 어느새 산은 나의 생활 속에 깊이 파고들었다. 여기 모은 글들은 이를테면 이렇게 살아온 나의 한 생의 단면인 셈이다.

작년 4월 나는 10년 만에 스위스를 찾았다. 아름다운 호반 도시 루체른 남쪽에 자리 잡은 조용한 산간 마을인 엥엘버그에서 있었던 국제산악연맹회의에 나가는 길이었다.

스위스의 산은 어디에 가나 높았다. 마을을 두르고 있는 산의 높이가 보통 2,000미터를 넘어 보였고 산마루에는 아직 눈이 있었다. 문득 '알피니즘'이란 무엇인가 생각했다. 그리고 '알피니스트'의 조건이 바로 이러한 것임을 새삼 느꼈다.

이런 생각은 이 글들을 정리하는 동안 내 머리를 떠나지 않았다. 지금까지 나는 자기 글 속에 '알피니스트'로서의 아이덴티티를 기대했으나 그것은 헛수고였다. 필경 나는 알프스의 앞산만도 못한 한국의 자연에서 자란 나 자신에 지나지 않는다.

나는 이 책을 내놓으며 여기에 더 이상 붙일 말이 없다. 5대륙 6대주에 걸친 고산군에서 벌어진 처절했던 싸움, 그 200년의 역사를 기록해나간 수많은 거인들의 발자취 앞에 나는 그저 침묵할 따름이다.

1990년 초여름을 맞으며
한국 등산연구소에서 저자 씀

김영도 1924년 평안북도에서 출생하여 서울대학교 문리대 철학과를 졸업하고, 제9대 국회의원을 역임했다. 1977년 한국 에베레스트 원정대 대장으로 한국인 최초로 고상돈을 정상에 올렸고, 1978년에는 한국 북극탐험대 대장과 사단법인 대한산악연맹 회장을 역임했다. 한국 등산연구소 소장으로 한국 산악 문화발전에 큰 기여를 했고, 서독 산악지 「Der Bergsteiger」 편집동인으로, 대내외 한국산악계의 창구로 활동하며 세계 산악사조 교류의 대동맥 역할을 했다.

저서로는 『우리는 산에 오르고 있는가』, 『산의 사상』, 『우리는 왜 산에 오르는가』, 『나의 에베레스트』가 있으며 자전적 저술로 『나는 이렇게 살아왔다』가 있다. 편저로는 『에베레스트 '77 우리가 오른 이야기』와 『8일간의 반데룽』이 있으며, 2010년 일본 〈文藝春秋〉의 『일본 베스트 에세이集』에 입선하기도 했다. 역서로는 헤르만 불의 『8,000미터의 위와 아래』와 예지 쿠쿠츠카의 『14번째 하늘에서』, 라인홀트 메스너의 『검은 고독 흰 고독』, 『죽음의 지대』, 『제7급』, 이본 슈나드의 『아이스 클라이밍』, 에드워드 윔퍼의 『알프스 등반기』가 있다. 편역으로 『하늘과 땅 사이』가 있다.

한국산악명저선 01
우리는 산에 오르고 있는가

초판 1쇄 인쇄 | 2012년 4월 16일
초판 1쇄 발행 | 2012년 4월 30일

지 은 이 | 김영도
펴 낸 이 | 이수용
펴 낸 곳 | 수문출판사
주　　소 | 132-890 서울시 도봉구 삼양로 628(쌍문동)
전　　화 | 02-904-4774
팩　　스 | 02-906-0707
이 메 일 | smmount@chol.com
카　　페 | cafe.naver.com/smmount
인쇄 제본 | (주)상지사P&B
등　　록 | 1988년 2월 15일 제7-35호
편집디자인 | 조동욱

ISBN 978-89-7301-121-6 (03810)
ISBN 978-89-7301-922-9 (set)

※ 파본은 바꾸어 드립니다.